Savremena proza 2000.

Rada Milčanović

CONTRA RATIONEM

PROSVETA

Popodne se satima s mukom cedilo. Što se više približavao trenutak Ivanovog dolaska, to su moje misli bile više uzburkane. Beograd, ustalasan i prašnjav, kupao se u žućkasto zlatnim tonovima jeseni. Čak su i platani u parkovima izgledali umorno. Ulice su bile prepune ljudi koji, samo na prvi pogled, besciljno tumaraju. Nisam bila sasvim sigurna šta je narod nateralo da izađe: ljutnja, bes, nemoć, inat, osveta? Svakako nije ništa bilo slučajno. Pretpostavljam da značajnu ulogu u svemu ima i ludilo koje je zahvatilo celu zemlju.

Čekala sam. Prišla prozoru. Sela u fotelju. Ustala i otišla da skuvam sebi kafu. Ponovo prišla prozoru. Na kraju sam počela da čitam pismene zadatke svojih đaka. Pokušavala sam bezuspešno da usredsredim misli, ispunjena proteklim danom. U meni se budio strah.

U početku mi se činilo da ova zbivanja neće izmeniti Beograd, da će on ostati poželjan i još uvek prisan. Sada me taj strah upozoravao da neće biti tako: vešto vođena okupljanja, bučni nagoveštaji jalovih političkih uzbuđenja i stereotipni govori političara počeli su da me plaše. Kao da sam došla sa druge planete, bila sam potpuno nepripremljena.

A opet u svemu tome sam videla i neku vrstu provere sopstvenih osećanja prema Ivanu i nekih svojih sumnji. A kome sve to da iznedrim, sve to što se nakupilo i što me je pritiskalo i gušilo, taj bol u srcu, gorčinu, bes, ironiju, što su natapali svaku moju misao.

Sećanja su oživela; slike su uporno navirale i remetile ionako poljuljani mir.

Napetost nije popuštala. Samo da se Ivan pojavi. Mislila sam: Gospode, nije valjda da će nas sve to snaći. Još uvek sam se nadala da se to tamo negde u svetu događa, verovala sam, istrajavala u toj veri, koju dugujem svom odrastanju u bogatoj seoskoj kući, temelju hrabrosti i nade. U njoj sam naučila da nema veće snage od vere. Bez sumnje tako sam i živela, neke životne teškoće sam savlađivala, sa nekima se borila, i na kraju likovala zbog pobede. Otac je govorio: „Da bi bol i poraz čovek izbegao treba da ide niz struju, a ne protiv nje." Skoro po pravilu radila sam suprotno. Nesposobna da shvatim kako niko nije stvarno slobodan već je svako na svetu sâm, bila sam ponosna što sam uspela da pobedim oca, okruženje, i da svojom verom ispunim pogled u budućnost.

Nekako još na početku studija sukobila sam se sa ocem i bez razmišljanja odrekla se spokojstva rodne kuće. I tako, umesto da čujem njegov savet, ja sam mu na kraju studija priredila još jedno iznenađenje: najavila sam mu udaju za Ivana. Kad je otac stavio lice u dlanove, shvatila sam koliko je razočaran, povređen i svestan da će mu uzalud biti da me u tome spreči. Sve mogu da razumem: oca koji više nije imao volje da razgovara sa mnom, majku koja je tiho, bez reči istrajavala pored njega, tu čudnu njenu ulogu, deo njene sudbine. Sve sem trenutka u kome bi moja vera došla u pitanje. Sada, posle toliko godina, kao da mi se dogodio taj trenutak, zatečena i nepripremljena, pitala sam se nemo, otkuda najednom sva ta sećanja. Iznenadna, teška, ispunjavaju me i šire se, izmiču mojoj kontroli, bodu me i bole. Osetila sam želju da ustanem, da viknem, da ih stisnem u šaci, silom zaustavim, da uradim bilo šta. A opet, znala sam isto tako da neću učiniti ništa i da sam nemoćna.

Videla sam oca kako najednom stoji ispred mene, začula njegov glas; sećanja su kao cement, od njih se ne može pobeći, u mladosti se mlako i tečno razlivaju i protiču kroz nas, ne vezuju se i ne učvršćuju na jednom mestu, ili se učvršćuju podmuklo, s vremenom umesto da slabe uvećavaju se i nosimo ih kao kamen, koji se ne pomera, ne da nam da dišemo. Počela sam da osećam nešto kao bol ili šok zbog saznanja koliko je živa slika oca koja u meni traje. Živa je, znam. Sećam se običnih stvari, malih radosti, čaše vode na bunaru u dvorištu, mirisa proje ili tamjana uoči velikih praznika. Neki put i u snu me bude sećanja koja guše, muče.

Gledam na ekranu, tražim pitanja koja bih da postavim sebi dok spiker bezbojnim glasom čita vesti... Uporno mi se vraća misao da je otac bio u pravu. Prvi put izdvojena i jasna, hoću da je potisnem, progutam. Ipak, ne činim ništa, nemoguće je... nekoliko trenutaka tišine, samo slika na ekranu, sa one daleke strane sna. Osetih miris maslina, ta čudna stara stabla zamirisaše drevnim životom. „Šta one predskazuju?" upitah se glasno. Trenutak u kome sam se našla, između dva živa sećanja, bolno me podseti na krhkost misli, kao i samog vremena. Osećala sam da ništa više neće biti isto... Ovo nevidljivo, snažno prisustvo u sobi s mirisom je prodiralo u dušu, u tišinu, u celo popodne. Osećala sam žestok bol... ali, nisam se pomerila. Dala bih sve dane koji mi predstoje samo kad bih beskonačno mogla da produžim ovo popodne, da se u nedogled vrtim između ta dva sećanja, u krugu, umesto ovog što vidim da jeste, što predosećam, i zbog čega strahujem...

„Bože, ako postojiš, ako uopšte postojiš, u šta ne verujem, učini nešto da ovo ludilo stane."

Bacih pogled na sat. Veče je, Ivana još nema. Sonja do dvadeset časova ima vežbe na fakultetu. Najednom, i sama poverovah da je sve postalo moguće – sve. Bol podstiče strah i on postaje težak do te mere da sam sama sa sobom razgovarala na putu između kupatila i dnevne sobe. U ogledalo ne smem ni da pogledam, sliku sa ekrana vidim svuda po kući. Osećam je u sebi, tešku kao olovo.

U nekoliko trenutaka sagledala sam čitavo svoje detinjstvo, ranu mladost, naporne razgovore sa ocem, nepremostiv jaz do Ivanove majke, koji sam svim silama nastojala da zatrpam ćutnjom, trpeljivo... Osetih ubod u srce. Kako sam mogla sve to podneti, kako? Prođoh kroz ceo stan. Slike, biblioteka, Ivanova mala radna soba, Sonjina, ogromne saksije s cvećem; ništa nije nedostajalo mozaiku mog uspeha.

– Ali – kazala bi moja ćerka – u tvom shvatanju života ima nečeg starinskog, prevaziđenog. Moraš se menjati.

Nikad se nisam ovako bojala, nikad! Sve veća ravnodušnost ljudi, čak bezobzirnost u odnosima, posebno podivljali nacionalni duhovi nagnali su me da prepoznam onaj uzdah koji bi se nehotice provukao kroz Ivanove reči u trenucima dok o svemu ovome razgovaramo. To se događalo nekako učestalo u poslednje vreme, sve više je ćutao. Najpre rat, potom sve što je usledilo... ta ćutnja, ona nas je i razdvajala. To su čudne stvari, trenutak ovaj sad, vezuje se za onaj drugi, onaj iz vremena prošlog, ili, možda iz onog nestalog vremena, iz tih prošlih godina, u kojima stoji moj otac, uspravan, strog, zamišljen, i rukom lupka po stolu. Stalo mu je da ga čujem. I slušam ga; dok govori tiho i razumno.

„Balkan je, dete moje, stanica na putu koji povezuje mnoge narode, kulture, i svetove... ali, on je i istina u kojoj nismo razlučili karaktere od nacije i vere. Mnogo je smutnji koje to remete..." Sećam se, trebalo mi je mnogo vremena da dođem sebi, ali nisam odustajala, upadala bih mu u reč: „Ljubav ima svoje zakone, oče, svoje uslove." „U uslovima, Vera, i jeste istina." Zagrlio bi me. „Ima stvari koje se ne smeju nikad zaboraviti, nikada." „Slažem se. Ali, ima stvari koje se moraju uraditi. I šta onda?" Gledao me je zamišljeno. „Ništa", kaza tiho, gotovo nečujno, „ako te čini srećnom. Ako ti život odredi, učini ih – ali, šta ćemo, dete moje, ako te one stave pred izbor između dva puta?" „Na šta misliš?" upitah. Osmehnuo se. „Postoji još nešto", nastavio je nasmešen kao da mi prašta. „Na putu kojim si krenula stalno moraš biti na oprezu, više davati nego uzimati."

Otac je znao, neosporno, ono što ja nisam htela ni da shvatim ni da prihvatim: da se njegova i moja merila stvari razlikuju, i ne samo to, već ih je on vešto dovodio u vezu, što je još za mene bolnije saznanje. Još u početku naših razgovora, govorio je: „Kad se neman probudi i krene da razbija svu tvoju stamenost, počne da proždire sve što su tvoji čvrsto postavljeni principi, šta ćeš tada raditi? Istina je – svaki dug se mora naplatiti! Neočekivano, naglo buđenje, eksplozija! Nacionalno pitanje Srba i Hrvata, doba u koje se zaklinješ nije rešilo, nije tu stvar postavilo na noge. Svi smo u tom sivom blatnjavom moru u čije ćemo se alge zaplesti, i koje će nas vući sve više na dno... Tamo, preko, mržnja traje. A ti govoriš o ljubavi, dete moje."

Ćutala sam neko vreme. Onda stala ispred njega. Gledala ga malo ispod oka, stvarajući zid koji je trebalo da me zaštiti... Rekla sam posle svega da ne odustajem od svoje namere. „Jednostavno, ja se udajem za Ivana." Osmehnuo se odsutno, ali se osmehnuo: „Bože, kakvu sam ja to kćer rodio!" Nisam ga tada razumela...

Ivanu sam prećutala svoje misli, iznenadna sećanja, strah. Nisam mu rekla ni koliko me sva ta događanja opterećuju. Jednostavno, ćutala sam. Ako čovek stalno pokušava da pronađe odgovore, iste situacije ponavljaće se u nedogled. Mislila sam: što više starimo, postajemo sve popustljiviji. Kao istina moga postojanja, iluzije su bile sve vidljivije: na svakom koraku, tokom minulih dana, slušala sam u raznim varijacijama, da je centralni problem opstanka zemlje – ekonomska politika! Ne, to nije glavni problem, razgovarala sam sama sa sobom, ljude treba vratiti samima sebi, da bi bili u stanju da shvate bit istinskih problema, da bi mogli da se nose sa njima... Politika, moralno i ekonomsko nasilje, pokralo je i ogolilo dušu ljudima. Ne mogu da se otrgnem osećanju da živimo u vremenu parola, lakomislenosti, neodgovornosti, bojim se... toliko mi drugih stvari nedostaje, ono što je otac govorio... govorio; gotovo ljut trudio se da uhvati nedoslednost u mom razmišljanju, malu emotivnu grešku koja bi mu pomogla da me odvrati od mog nauma, udaje za Ivana. „Još nije kasno", i, kad bi poverovao da me je ubedio, ja bih se tek tad pobunila. „Gospode bože, jesam li te dobro čuo?" uzviknuo bi ljutito!

Likovala sam, još osećam onu ironiju u svom glasu kojom sam ga, verovala sam tada, pobedila. Danas treba da objasnim onaj očev osmeh, koji je nečujno senčio život preda mnom. Odjednom bih htela da njime objasnim nešto drugo: za što je sve kadar čovek na ovim prostorima na kraju dvadesetog veka, za koja zla i činjenja?

Kroz prozor promicalo je blago, ozareno predvečerje. Pod zalazećim suncem senke na zidu najednom su postale zloslutne, preteće. Žagor ljudi, negde u blizini, dopirao je kroz otvoren prozor, s vrha starog platana čuo se cvrkut ptica. Odsutna u mislima, zurila sam u ekran. Bez prošlosti i bez budućnosti, zaustavljena u vremenu, u rukama stiskam dan koji sve objedinjuje, koji sažima trenutke svih ostalih. Ja, koja sam verovala, iluzijama obgrlila ovu zemlju... Ne, nije to rat, agonija nestajanja jedne zemlje, bol i kolone... ovo je umiranje. Umiranje pre nego što je rat i počeo. Zatečeni i uplašeni, predani nestajanju.

Ustajem, i okrećem se po sobi. Tišina. Sev sunčeve svetlosti. U prozorskom staklu hvatam trag svoga lica, upitan pogled, čudne senke na zidu. Senovit odblesak u staklu, znak pobune, izgubljen u dalekom plavetnilu neba, moru nebeskih znakova, u mirisu maslina... Ovo je strašno, kao mučnina, u ovakvim situacijama kako biti pametan? Sve je ovo nezdravo, depresivno... čitav narod uliva se u more ludila. Okruženje je inficirano, truje nas iznutra, ali iluzije zatočene u mojoj veri još su žive. Uznemirena i ćutljiva ne marim za sve ono što čujem, vidim na ekranu. Okrećem se i prelazim preko sobe do stola punog knjiga. Samo ja nisam imala svoj kutak.

Naslonih se obema rukama na sto. Napolju je bilo tiho veče, svetlucavi suton odlazećeg leta stvoren za večernju šetnju, razgovore... U takve večeri Ivan i ja smo tumarali ispod Marjana, obalom mora, sedeli ispod maslina ili, istraživali stare zidine... a sve je to bilo nabijeno iluzijama o velikoj budućnosti. Šta reći Sonji koju ovo vreme potkrada, goni u sumnje i razočarenja. Ko je to sve učinio, zar smo toliko izgubili pamet? Zar opet, ljudi koji žive od nesreće drugih, da bi vladali – moraju da zavade! Mi koji smo verovali u čuda poverovali smo da su moguća. Trebalo je samo malo da zastanemo, da nam popusti pažnja, da skrenemo pogled, pa da na scenu dođu oni kojima život zajedno kvari račune, koji žive od podvojenosti, tuđe muke i nesreće.

Neki dan, u nastavničkoj zbornici, jedan kolega reče: „Sloboda je stvar uma, u koju se tajno povlačimo iz svakodnevnog života..." Baš kao što i ja još uvek više živim u onom drugom sada, nego u realnosti. Možda ta utopija u ovoj zemlji podstiče nerazumljivu toleranciju pred nacionalnim propadanjem...

U stanu je nešto guši i pritiska, iako je dolazak večeri napolju svežiji. Svetlost sutona je iskrila čisto, u jasno plavo nebo nad Beogradom. Volela je tu jasnoću iz koje se sve potopljeno u vatru samo nazire, predmeti samo naslućuju. Iako je tu i tamo gubila nit, gušeći se od neke unutarnje vreline...

Sa ekrana su navirale slike. Poredim ono tada, sa ovim sad, sa toliko godina između a sve nalik jedno na drugo... Čudne sličnosti vezivale su kolone ljudi, spajale ih, i tako potpuno poništavale razliku vremena, toliko godina između otkrivaju mi smešno ništavilo različitog viđenja. Zurim u ekran, hoću da pojmim da postoji samo ono od pre koje je zaustavljeno u prostoru trajanja, večno. A zar se isto ne događa i sada, u leto 1991. u Beogradu, dok gledam kolone ljudi, trenutak iščupan iz onog drugog vremena o kome je govorio moj otac. Suviše sigurna u smisao sadašnjosti, samouvereno sam istrajavala, a on, uveren u moju zabludu, ljutio se govoreći mi da je to – sigurnost stvarno nepostojana ne samo zbog toga što izrasta iz iluzije koju pothranjuju laž i novac: „Surova iluzija, biće i surovo pokidana", odjekivale su njegove reči. Stajala sam ukočena, ništa više nisam videla ali sam primala ta zračenja, i odjednom su trenuci počeli da se pale u meni, trenuci za koje sam verovala da su davno iščezli.

Veče je oticalo i suton, Ivana još nije bilo, Sonja je negde u gradu... Sve je bilo spremno da ovog leta odemo u Split, kod Ivanovih... Ali, rat je počeo... Ivan je mnogo brinuo na malo pogrešan način: sve je više ćutao. Naslućivala sam da on, sasvim verovatno, čak i više voli tu ćutnju u kojoj ja nisam prisutna, a koja je počela da liči na sva ona njegova nekadašnja ćutanja, na dane bez mene, dane akademije, na poslove sa strogo utvrđenim redom i pravilima službe što pojačavaju usredsređenost na misao i zadatke koji ga čekaju... Teško je to objasniti. „Tako možeš da provedeš ceo život ćuteći", dobacila bih mu uz kafu.

Dugo je trebalo da se otreznim, da se probudim... Stalno sam vodila neke bitke, savlađujući ih na sve moguće načine. Da je te večeri neko bio sa mnom, možda bi i shvatio, razumeo moju priču. Dok sam sve to gledala svojim očima... Tada. Sastavili se nebo i zemlja, a sat otkucava, vreme prolazi... Trebalo je sve to videti, u trenu. Sada. Da bi se razumelo i shvatilo nešto od svega toga. Moje oči su bile prikovane za redove koji u nepreglednoj koloni promiču na ekranu. Reči spikera, jedna po jedna, pretvarale su tutnjavu u bol i zastajale u grlu – to je sada istina. Istina koja se mora ispričati, preneti, poput tajne, tajne koja ne sme da izbledi u nečijem odricanju, ćutnji, ili nečijoj moći, ona mora da preživi u pamćenju i tu, poput presude, da odzvanja snagom i svakog da zaustavi, da se više ne ponovi. Reka ljudi; praznina i bol među rebrima zaustavljaju mi dah, ne dišem, ne mogu da sedim, ustajem i piljim u slike koje promiču. Tog trena osećanje u meni je bol, ali, ne umem ništa da shvatim: stvari se ponekad događaju bez naše volje. Svuda strah, bol i nemoć. Činilo se da su svi spremni na sve...

Događaji nas pretiču, okupljanja ne prestaju, parole iz dana u dan nove, osećao se dah nečeg novog. Čega? Nervozno istražujući po sebi, merila sam taj osećaj ali ništa nije bilo nalik, nije vredelo. Ovaj osećaj, za razliku od drugih, bio je ponižavajuće bolan... Hiljade ljudi, čak i više, okupljaju se u stvaranju veličanstvenog skupa koji zbija prostor i mrvi vreme, prekraja granice i kida snove... Posmatram ta lica koja se ne boje da će se zemlja raspasti. Možda je trenutak bojazni postojao samo na početku, kad su nekom posebnom pažljivom naklonošću iscrtavali parole, prve poruke, pored onih običnih, upravo iscrtanih. Čudno je to. Potrebno je da se štošta dogodi, pa da se upale svetla koja će upozoravajuće zasvetleti. „Hoćemo oružje." Da li je to način da se budućnost šapuće, umesto da se stvara? „Hoćemo oružje", a onda? Onda sam ja, za nekoliko trenutaka, u kojima nestaju vreme i svaka svest o trajanju, tražila način da u toj zbunjenosti što neprimetnije pronađem sebe. To je, u isti mah, značilo i da sam pristala, bez pravog otpora, na sve to ludilo, na događanja koja su mi bila strana, na promene koje nisam razumela, shvatila i nisam prihvatila. Krotko sam pristala na sve to, za šta sam slutila da nam donosi nešto nejasno tamno i gotovo sudbinsko. Istovremeno sam suzbijala tu slutnju i, valjda zbog toga, postala sam i sama sve ćutljivija. Znam, više ništa nije isto.

Kako je moguće sve ovo što nam se događa, do đavola? Nije moguće, mrmljala sam, ne može tek tako da nestane jedna zemlja. Da odem negde, da ovo više ne vidim, možda bih lakše podnela priču?

Tog popodneva Ivan je nešto izrazitije ćutao. Beznačajnom upadicom pokušala sam da razbijem tu ćutnju. „Sve ovo, Ivane, pomalo deluje komično", rekla sam. Pogleda me upitno: „Da, sve deluje komično, nestvarno: kao da se događa nekom drugom a ne nama." „Bojim se, Ivane", ne sačekah. Odmahnuo je glavom. Gutao je reči, ali u očima mu pročitah: to je samo početak.

Političari su se sastajali i dogovarali, posmatrali jedni druge kao prave zverke, sve udaljeniji i sa izvesnom mržnjom koja se prenosila na ljude na skupovima. Talas agresivnosti počeo je da raste... Sve ima granice, mislila sam, mada užas koji izazivaju ove slike nema ni trajanje ni prostor, u njemu nestajemo, gubimo se i tonemo svi... a, kad se izađe iz njega, sve je poznato.

Te večeri želela sam uporno da razgovaramo, da ga pitam i povežem neki redosled događanja, ali Ivan je ćutao. Polako, Vera, upozoravao me je ćutnjom; ništa nije ono što smatramo da treba da bude, možda je trebalo da živimo sasvim drugačije, da sve ono što nismo učinili, ipak učinimo, oslobođeni od svega onoga što nas sputava i vezuje i odvlači od života. Na svetlosti koja je dopirala sa prozora mogla sam da čitam sa njegovog lica. Ivan je piljio u mene. Tišina potraja, kao da je želeo da čujem oštrinu u sopstvenom glasu. „Ti se ponašaš kao da je sve gotovo, Ivane. Ćutiš." „Žao mi je, ali ja u svemu ovome nisam pametan, ne posedujem nikakvo čarobnjačko iskustvo." Tiho je dodao: „Uostalom, moramo biti strpljivi."

Najednom mi se učini kao da se ceo svet vrtoglavo vrti ukrug, neprekidno u krug, u glavi mi se vrti, sve misli mi nestaju pred Ivanovom ćutnjom, i sva ostala popodneva koja dolaze pretvaraju se u neko ludo iščekivanje. Ustala sam i otišla do kuhinje, nema, bez ijedne misli, duboko u sebi slutila dolazak nekog novog vremena... U očima, u umu, i dalje u nervima trajao je taj trenutak. Neprekidne kolone ljudi, uzvici, parole, lica, miris vatre, životinje, Ivanova ćutnja, iscrpljujuće očekivanje da se političari dogovore. Slika položena u dubinu duše, priča bez kraja. Kao da su iščezle sve lepe reči, ljubav... nema više vremena za tu divnu, tešku, zrelu reč. Da li u ovom ludilu možemo opstati? Do juče sam mogla da se smejem. A sada? Bilo je nečeg bolnog u svakom mom pokretu: kao da sam želela da sa sebe stresem sve, i samo vreme.

Opet je popodne nalik na ona prethodna. Sama sam. Gde da usmerim svoje misli, sebe? Razgovaram sama sa sobom. Moje postojanje se pretvara u jedno veliko odricanje. Bože, kao da više ne postoji ni prostor ni vreme, sem sati provedenih pred televizorom, gde samo otkrivamo da čitav život liči na bekstvo u kome se ništa više nema vremena. Kako sam mogla tako da verujem, tvrdoglava, posvećena svojoj veri kao žrtvi koja bi, možda, mogla da bude od pomoći u ovom ludilu, možda sam baš ja, Vera, određena da budem most koji spaja, nad provalijom koja zjapi.

Kad su počela sva ova zbivanja uistinu se nisam bojala; ako bude imalo pravde ne može nam se to dogoditi, to nismo zaslužili. Ivan nije nimalo verovao u pravdu. Osetila bih to po načinu kako izgovara: „Misliš da treba verovati, posle svega? Možda i ne treba, ali to sad i nije važno. Nije važno ni da li će mi oni verovati da ne mogu da mrzim... Govorim o mržnji zato što hoću da ti to znaš, Vera. Ona nikad nije prestala, izbijala je kroz pukotine, rasipala se, padala i primala se. Da, izgleda da je trebalo da nam se sve to dogodi. Ali izgleda da nije trebalo da ćutimo kad su počeli mitinzi i haos. Trebalo ih je zaustaviti. Istorija nas uči da su prvi naleti uvek najopasniji. A ja sam, Vera, od istorije učio više od drugih. Učio, ali nisam naučio gde bi mogao da smestim ovo što nam se događa sada, za to nema skloništa. Ne samo zato što svuda u okruženju, u istočnom bloku, isti je pakao promena, i isti sunovrat država. U tom lomu isplivaće oni koji seju mržnju, koja će na ovoj balkanskoj vetrometini ukrštati dobro i zlo, podstaći čovekovu iracionalnost... i tako će se istaći novi ljudi." Stresao se kad je izgovorio *novi ljudi*. I ja sam se stresla. „Političari, a ne državnici", mucala sam. „Ne mogu da shvatim zašto se ne dogovore, Ivane? Zašto?" mrmljala sam. „Eh", Ivan je uzdahnuo, „kad krenu da se događaju neugodne stvari, lomovi su neizbežni. Jedan za sobom vuče drugi."

* * *

Osećao je bol u grudima, izlomljenost u udovima, njihov otpor. „Ne smemo izgubiti moć zdravog rasuđivanja", govorio je tiho, posmatrajući njeno lice i senke oko očiju. Ostarila je, najednom... prolete mu kroz glavu. Znao je da u strahu, mrzovolji i očajanju čovek postaje sebi neprijatelj; predosećajući gubitak, sam sebe hoće da uništi, kako bi, napokon, ubrzao kraj koji mu preti. Ali, ovu Veru pred njim kao da nije poznavao, ženu koja doskora nije znala za strah. Učini mu se kako i soba i stvari u njoj izgledaju tuđe, nepoznate. Nalazio se i sam negde između straha i istine koja je lebdela u vazduhu, zatvarajući ga u ćutnju. Nešto neočekivano se zbivalo! Kako da joj objasni sve to? Najbitnije i najteže uvek je skrivao u sebi. Osećao je opasnost u nuždi koja iziskuje da menja tu svoju prirodu. Da li je moguće išta zaustaviti u ovom haosu koji će doći, koji dolazi, koji je došao. Ćutao je tako, užasno zbunjen, pokušavajući da nađe mesta za bol koji se u njemu rađao. Dogodiće se ono što je neminovno i što se ničim ne može sprečiti. Nemilosrdnosti nije samo u ovim novim ljudima koji govore o promenama, u njihovim putevima, ima je i u njima. Zar ne pokazuju da su spremni, a po starom partijskom metodu, opet čine isto; izdvajaju sudbine jednih od sudbina drugih? Gde je granica tom izdvajanju iz zajedničke sudbine?

* * *

Posmatram Ivana ćutljivog a ponekad i raspoloženog. U meni tmina. Crne misli. Ne umem da biram između opasnosti, ljutim se, ni da razlikujem veće od manjih. Možda je sad čas da nam se neke stvari dogode, da se suočimo sa njima. Na bilo kojoj strani. Da se odelimo.

Kakav bi trebalo da imam odnos prema svemu ovome, prema Sonji i Ivanu, prema vremenu u kome živimo, koje parčićima života iz onog drugog vremena sačuvanom u sećanju daje izmenjene oblike samim tim što menja trajanje? Ne znam. I ovo sada, vreme je, valjda, kao i parčići, kao i sećanje, jedan od suštinskih sastojaka življenja.

Od bola napregnuta, mrvice ovog vremena oblikujem u sećanje, koje se poslednjih dana uporno kotrlja pred mojim unutarnjim okom, a ćutim, mučim se, ne bi ni da ga vidim ni da ga uzmem u obzir. Ali mrvice su tu i ne daju se, i u meni su, vidim ih iako to neću, trenutak jednog sunčanog popodneva, i u tom trenutku stojim pred ogledalom. Pogled mi je odsutan, kao da i ja u sebi nosim krivicu onog što se događa u ovoj prelepoj zemlji. Neverovatan bol, uzdahom seče tišinu, upozorenje, ili? To nepoznato, novo, nadolazi iz vazduha, gustog od svetlosti sutona i miriše na iščilela leta i na kratke oštre noći. Možda iz tog lišća koje pada, usporeno lebdi, iz te prozračne lepote nestaje zauvek jedna zemlja. Ona Jugoslavija iz onog drugog sada. Nestaje u povicima, ispisanim parolama, mrveći se u raspaljenoj vatri mržnje.

Već je veče, opet sam sama u kući. Šta ako sve ovo potraje? Baš je ovo čudno leto. Kao da se nešto u meni razbolelo i tiho vene. Kao da se sve više pretvara u zvuke, u senke, u nestajanje.

Telefon dugo i uporno zvoni, nervozno uzimam u ruke slušalicu, ne prepoznajem Ivanov glas sa druge strane žice, ne čujem ga kad kaže da će na poslu ostati nešto duže, da ne brinem... Spuštam slušalicu. Na ekranu ista slika, dugi isprekidani redovi... u stvari u poslednje vreme samo to i gledam. Zastajem, glas spikera je takav da ništa ne obećava, prazan, ravnodušan, prestrašen... izgleda da niko još nije shvatio da smo oni i mi jedno, uprkos svim razlikama.

Pogled mi zastaje na avionskim kartama za Split. Odmor koji nije iskorišćen. Karte koje nisam vratila, nije li to moj poslednji let za Split? Umorna i slomljena ćutim.

„Postoje okolnosti u kojima je vera bespomoćna", govorio joj je otac. „Nismo u stanju da utičemo, da menjamo, da se protivimo..."

Uzimam karte. Već dvadeset pet godina s Ivanom letujem u Splitu kod njegovih, mojih!... Kako to sad nazvati? Smejem se. Neki bolan, iskidan smeh izlazi iz mene. Nepoznat smeh. Kako iz te nejasnosti koja mi s jedne strane izgleda poznata iznaći reči i šta reći Sonji? U poređenju sa onim vremenom pre, slika ovih dana će potrajati: deluje suludo, nezanimljivo, u stvari.

U gradu, u kojem sam godinama, u nastavničkoj zbornici, više se ne snalazim, kao da su mi misli pokidane, a putevi nepoznati. Okruženje mi najednom postaje nepoznato. Više nema sumnje. Ipak nam se događa. Suviše me sve to boli, da se pitam da li ću imati snage da sve to podnesem, to što vidim, što osećam u sebi? Čvrstina mog verovanja neprekidno se odbija o tvrdinu svakodnevice, one koja neprekidno govori o promenama. Taj osećaj apsolutnog predavanja sadašnjem trenutku valjda sam bila usavršila živeći sa Ivanom, boraveći u takvoj različitosti u kojoj se životni instinkti izoštravaju do krajnjih granica: u Splitu, kod Ivanovih, doticala sam neverovatnost ove stvarnosti, potpuno sulude, pomislih kako se sve brzo događa, stvarno brzo, stvarnost se za tili čas preobrati i obrće naglavačke.

Nisam više imala snage ni za jedan telefonski poziv. Jednostavno kao da i nisam čula da telefon zvoni. Mučila sam sebe pitanjima kako da funkcionišem u svemu ovome. Kako? Ništa mi više nije polazilo za rukom. Tu sam, i pokušavam da izdržim. Šta drugo mogu da uradim? Netrpeljivost, nesporazumi koji godinama traju, kulminiraju u ovim skupovima, mitinzima... Kažu – čista slučajnost, narod se okuplja. Zagledana u događaje postajem sigurnija ne samo u to da se tu ne radi ni o kakvoj slučajnosti, već naprotiv, moralo je da se dogodi. Priznajem, ali nerado.

„Život je ponekad baš nedokučiv", kazao bi moj otac. Da li sam tad imala da ga pitam još nešto? Imala sam, ali ga nisam pitala. Gledao bi me. Dugo i uporno. Hteo je da ga pitam, i da ga molim. Ali ja to nisam mogla učiniti. Zablude, šta su one u svemu tome što nam se događa? Slučaj? Ali to nije uteha.

Umela sam neke stvari da prepoznam izdaleka. Jedna slika za drugom, promiču u nizu... Slučajnost je isto što i neizlečiva bolest, kao život, kao ovo što nam se sada događa! Ničeg slučajnog dakle nema, neko vuče nevidljive konce, a onda, šta nam ostaje onda?

Gospode! Sa izvesnom mrzovoljom danima sam pomišljala da odem negde, a kuda? Svuda je kuvalo, u celoj zemlji... Moram izvući iz sebe bodljikavu žicu, sačuvati mir, dostojanstvo, a biti spremna na najgore, na sva moguća pitanja.

Skupim se u fotelji, čekam u tišini. Čekanje je počinjalo svako popodne kad bi Ivan javio da kasni a završavalo se njegovim dolaskom, čekanje koje je događaje u zemlji pretvorilo u otkucaj bila, u jek koji se približava. U tišini i izmicanju krstarile su moje misli, škripale iluzije, rastočene u parole iz severnih republika; škripale su, izmešane u krhotinama nade. Kao da se između svega, onog juče i ovog sada, nazire granica. Možda baš treba misliti na tu granicu, ne zaboraviti više nikad na nju...

Kako je to samo moguće! „Kida se i lomi", te dve reči, sada prhnuše i počeše da kruže po sobi kao ptice u kavezu kojima se krila lome o zidove.

Resko zvono na vratima me prenu. Otključavam vrata i nervozno ih širom otvaram. Dvoje ljudi stoje preda mnom, muškarac i žena, dva nepoznata bezbojna lika. Poznati? Iz kućnog saveta, ili iz partijske organizacije.

„Skupljamo pomoć za izbeglice...", u isti mah izgovaraju oboje, sigurni da ne treba čekati.

„Za koga", izlete mi.

„Kako za koga", uzvrati mi žena.

Muškarac je ćutao, siguran u to što čini u tom novom, siguran u trenutak koji menja sve... čekao je da progovorim. A ja ni reč da izustim. Izbeglice... zvoni u meni kao budilnik: koga treba pomoći sada? Ko su ti ljudi preda mnom, kao da su najednom bili bez lica, ili, kao da imaju bezbroj maski? Ne znam kako ja njima izgledam, ispunjena strahom otpora i bola, strahom neizvesnosti. Ćutim i posmatram ih kako odlaze, ja – drhtavo nemo biće ispunjeno strahom. Na kojoj strani je moj Ivan?

„Mama, je li sve u redu?" pita me Sonja nesigurno.

Ćutim. Osećam da je prepoznala moj nemir, da se čudi ali ne ume da razjasni od čega on dolazi i koji je razlog mojim slutnjama. Naša mržnja i naše slabosti jače su od zajedničkog puta. Lagano sam išla kroz kuću. Kao da sam u sebi osećala mrak koji nikakva svetlost više ne može da razdani.

„Najgušća tama je u ljudskoj glavi", govorio bi moj otac, „ona je tamnija od svih crnih noći." Zašto mi sada dolaze te reči, da mi nešto odgonetnu ili poruče, da me ohrabre ili uplaše... Ljudi se ne smeju, osmeh im se istopio, nestao negde. Očeve reči dobijaju novo značenje. Od njih osećam bol kao od udarca. Da li Ivan isto misli kao ja? Ili...? Šta da ga pitam kada dođe kući? U poslednje vreme funkcioniše po onom čudnom parčetu mehanizma koji je pronašao u sebi i njime opstaje u nemogućem.

U nesanici misao mi ispunjavaju očeve reči. Kako zaboraviti sve ono što nas je vezivalo, iste prijatelje, knjige iz kojih smo učili, imovinu, ljubavi... Kako da kažemo da ničeg nije bilo, i da ništa više ne postoji... Ako je sve ovo moralo da se dogodi, bolje da se dogodilo mnogo ranije a ne sada i na ovakav način. Toliko godina smo živeli u istoj zemlji, zar sve to mržnjom rušimo. Teško dišem, teško je to sve podneti.

„Misao je velika stvar, dete moje, ona je, u stvari, vera, nadahnuće. Ali, bojim se da si ti gospodar nestalnih misli u svetu koji si sama stvorila...", govorio bi otac.

Kakva nas budućnost čeka, mene i Ivana, o tome ne razgovaramo. Toliko je sada toga što me muči a sve ostalo je odjednom postalo bez ikakvog smisla. Bože! Ne smem izgubiti moć zdravog rasuđivanja. Znam, u strahu i bolu čovek postaje sam sebi neprijatelj, sam sebe hoće da uništi, kako bi, tobože, ubrzao kraj koji ga svojom pretnjom plaši. Gde sam ja u svemu ovome...?

* * *

Ivan je u ćutnji podnosio sva ta događanja, samo sam mu u dahu slutila strah, a kad ne bi mogao da izdrži, izašao bi napolje, nije hteo da mu se tad vidi lice. Išao bi satima, samo da bude sam sa sobom, da ćuti... obalom Save, da pusti da ga voda ispuni, da ga popije, dok on u nju gleda bez prestanka, kao da iz nje čeka odgovor koji danima traži duboko u sebi. Ali je, kao da se preporodio, u povratku pričao o svemu ostalom. O svojoj majci, Hrvatici po rođenju, tihoj ali dominantnoj osobi, o svom ocu, mirnom i tako povučenom čoveku, iako godinama na čelu firme... od pre nekoliko godina u penziji, o sebi, umeo je da govori odmereno i nenametljivo.

* * *

Kao laka jeza, sećanje mi ispunjavaju dani s početka naše veze. Ti prvi dani. Ivan i ja. Trenuci vrtoglavog uzbuđenja... Ivan mi šapuće o svojoj odluci da krene na Vojnu akademiju... Sin jedinac iz bogate splitske kuće. Sve vreme je opisivao Split, okolinu, svoje detinjstvo, kao da ispoveda ljubav, a još tada, osećala sam, da je hteo da priča o nečem drugom. „Ti ne znaš, Vera, kako to izgleda?" govorio je. „Čak ti to ne mogu ni objasniti... Živeti u senci crkve. Sve je tako nerealno. Moja majka. Ona je prava katolkinja, a otac, e, on je nešto drugo."

I ja sam govorila, zapitkivala... osećala sam da smo na istim talasima, nešto što se retko događa. A sada? Odjednom, posle toliko godina Ivanu neću reći ništa o razgovoru koji sam po podne obavila sa njegovim roditeljima, o nečem čudnom što sam prepoznala u njihovom glasu, kao da su mi šutnjom rekli, „idite, zašutite, Vera, već jednom!". Bože moj, ništa ne shvatam! Možda je i ranije tako bilo; nije mržnja naišla iznenada, postoji ona odavno. Uvukla se u našu krv, pa ne podnoseći jedni druge, rušimo temelje kuće u kojoj živimo. A ipak, to je normalno stanje. Svikli smo na njega kao zapuštena njiva na korov. Ponekad se ljudi toliko promene da mi nemamo više ništa zajedničko sa njima. Što se

Ivanove majke tiče, tu je stvar od samog početka jasna. Ja mislim na njega i njegovog oca, na trenutke koji, izgleda, više ne postoje.

U meni opet ta stara stabla maslina koja šapuću istinu, saznanje, nadu i obmanu... Istorija je završena. A Ivan? „Eh, Vera", govorio je, „život ko zna koliko puta možemo počinjati iz početka. Nema više šta da se čeka, i to je dobro." „Kako se to sve izmenilo najednom, Ivane?" „Što bi stalno govorili o istom? Kao da nemamo drugog posla", izustio bi ponekad mrzovoljno. I tako završio svaki započeti razgovor.

A Sonja?

Jedne večeri smo razgovarale. Noć je bila poodmakla, nisam mogla da joj vidim lice. Sedele smo i pričale tiho. Ivan je radio za pisaćim stolom. Obe smo bile svesne njegove blizine i razgovora koji je tekao, bile smo neobično tihe. „Ti nisi ja. Ti ne možeš da osećaš kao ja, mama", govorila mi je Sonja tiho, u jednom dahu. Gledala sam je upitno. „Ne, ne možeš. Ti si prosto izabrala svoj put, ili tako nešto, i misliš da je sve u redu." „Nije u redu, Sonja. Ništa nema smisla. Pokušavaš i pokušavaš ponovo da budeš srećan, i onda se nešto dogodi, neka luda okolnost, i sve ode."

Setih se reči jedne koleginice od pre neki dan: „Vera, tvoj muž je oficir, on mora poći svojima u Zagreb, šta čeka?" Bože! Stresla sam se. Odćutala sam, ali sam iz zbornice izašla drhteći od bola, uplašena i nema.

Da li je ćutnja odbrana, zakasnelo vreme ili je hir nemoći? Nestaje nam država kao čovek u neizlečivoj bolesti... Pojedena iznutra. Ne od naroda nego od onih koji njome upravljaju, hteli bi više vlasti i bogatstva. Sve im je malo. Zato i postoje naši i njihovi...

Oko sebe danima sam uzalud tražila podršku. Svuda samo unezvereni pogledi, koji nemo prate šta se dešava. Stid me je. Stid me je. Stid. Život je sećanje na one koji su nam potrebni a nisu sa nama.

Očeve reči su žive. Sada... sve mi se ovo čini kao neki san. Otac je tada govorio: „Treba biti razborit. Razmisli još. Ne žuri, Vera!"

Od najranijih godina, pa sve do onog dana kada mu je saopštila da se udaje za Ivana, bio je temelj njenog života. Govorio joj je da su mnoge nepravde obični nesporazumi, da se sve može i dâ razmrsiti, postaviti na svoje mesto... savetovao je da korača uspravno i sigurno, ali ne nadmeno... „Ne priklanjaj se nikada nikom do kraja, političkim ubeđenjima. Lažne istine postoje, i uvek će postojati, na nekim mestima čak uspešno funkcionišu kao prave..." Sada, vidim da je bio u pravu, sve o čemu je govorio otvoreno je uzelo maha; sve je drugačije.

Eh, kad sam mu saopštila da ću se udati za Ivana, odmahnuo je glavom a potom rekao: „Dete moje, mržnja između ta dva naroda traje od pamtiveka. Bojim se da je vaša ljubav neće pobediti..." Od tog dana i njegovih tiho izrečenih reči svi naši razgovori izgledali su daleki, verovatno baš zato su i nastavili da traju u meni.

Udajom sam otkrila da sam postala uljez za obe porodice: nisam pokušala ni da se otrgnem od tog točka na koji su me privezali, ni da se pobunim.

Otpora u meni kao da nije bilo. Neprihvatanje me je mlelo ali nisam posrnula; moj pogled na svet nisam dala: partijska pripadnost, ljubav i vera, sve je i dalje bilo moje. Sećam se nekih retkih prilika kad je otac iznova strpljivo pokušavao: „Vera, to, o čemu ti govoriš, je jedna velika zabluda, koja će ti kad-tad doći glave. Politika je, dete moje, laž. Samo mržnja nije laž. Nju, Vera, nismo zakopali."

Bože. Nikad nisam ni pomislila da bi me očeve reči mogle tako opsedati, podsetiti me na ljudsko dostojanstvo i u isti mah pričiniti mi toliki bol. Možda, ko zna, ovo vreme je kao knjiga koja će nam se samâ otvoriti. Naučeni da se nadamo, skloni veri, vraćamo se iz prošlosti u sadašnjost, lagano kao na kolenima.

„To je moja odluka, oče", insistirala sam prkosno. „Mislim, dete moje, da me nisi razumela", govorio je takvim tonom kao da prelazi zabranjenu liniju. Izbegavala sam njegov pogled... „Oče", bunila sam se, „svako mora da preuzme odgovornost za svoju prošlost." „Odgovornost, za šta? Za mržnju, laži, izdaju." Nasmejao se, odsutno. „Ništa ti ne shvataš."

Od toga dana pa nadalje deo krivice nosila sam u sebi, stajali smo jedno naspram drugog, izgledali zbunjeno i tužno... Kao da sam verovala u sve to što govorim, zatvorila sam se u svoju ljušturu, danima, godinama. I šta sad? Šta treba, pljunuti na sve to... Kako stvarno sve to pomiriti? Nije važno šta se događa. Treba smoći snage to ne videti. Ne priznati.

Opet, počećemo sve iz početka? Zbog mržnje, paranoje i sličnih strahova, ljudi su poludeli? Neću, ne smem da poverujem u te slutnje, to je znak da se bojim.

Priseti se još jednog sukoba sa ocem: počeli su sasvim običan razgovor koji se izrodio u žestok obračun. Nije htela da popusti, iako je negde duboko u sebi slutila... Ali, protivila se, suprotstavljala, terajući ga da joj po nekoliko puta neke stvari objašnjava. „Vera", govorio je tiho, bez uzrujavanja, „to tvoje viđenje sveta, možda i jeste učeno i razborito, ali je bez temelja. Jer to o čemu ti govoriš, ja ništa ne razumem..." Pogledala sam ga upitno, sve do tog časa bio je blag i miran. Kao da ga je moj pogled uplašio, najednom je počeo da govori izmenjenom bojom glasa o životu, o mom političkom ubeđenju, i opet o mojoj udaji za Ivana. Takva strogost i ljutnja, ali bogme i bes, izbijali su iz njega, da to evo ni posle toliko godina nisam zaboravila. „Ti, Vera, nisi prošla kroz one golgote, moj Bože, šta sam ja sve video i kroz šta sam sve morao da prođem... Kao da sam vekove protraćio... Voleo bih da bar taj znak, oprez, nosiš zbog mene."

Mislila sam da je otac pomerio s pameću. Naši narodi su isprepletani mrežom u jednu celinu, kako on to ne vidi?

To što oca tada do kraja nisam razumela nije me zaustavilo, jer jedno mi je bilo sasvim jasno: to je bio sudar dve volje, dva različita ubeđenja: najednom sa ocem našla sam se na raskrsnici. U tom dvoboju niko nije pobedio, svak je ostao na svome. Sve manje i ređe smo razgovarali.

Danas otkriva svog oca u sebi: sa slikom onog dana, kada je svak ostao na svome. Sada je sasvim jasno da plaća cenu pobedi, baš onako kako joj ono otac reče: „Ne zaboravi, Vera, da ima pobeda koje više koštaju pobednika nego pobeđenog!" „Sad ne smeš da izgubiš", izustih sebi u nedra, iako već znam da ova pobeda ništa ne donosi... Ali, kako da priznam sebi da sam opet na početku i da sadašnja hrabrost samo nešto odlaže, a nikako rešava.

U svakom slučaju moram govoriti sa Ivanom još večeras. Nateraću ga da govori. Mora. Ivan se odavno uvukao u neku svoju ćutnju dok smo mu nas dve uvek nekako bile po strani. Samo povremeno bi nas obasuo pažnjom, kad je mogao i koliko je hteo. Ivan nije bio lak saputnik, zatvoren u sebe, čudna priroda kojoj nije bilo lako biti pratilac. Ali, imao je nešto u svojoj naravi što drugi nisu imali, jednostavno nikada ništa nije komplikovao, strpljivo je bio uz nas dve bez mnogo reči – a ako nešto ne odgovara, ili ga možda nešto boli, pogled bi mu dobio sadržaj koji se mogao lako pročitati...

* * *

Zvono na vratima oglašava Ivanov dolazak. Tih, bez reči, ljubi je u obraz, čudna tišina kojom diše cela njegova pojava ispunjava prostor... Vera se smehne, uzimajući u ruke mantil i torbu od Ivana. Ispituju se pogledima bez reči, nemo, u očima im se susreću prošlost i sadašnjost...

Dok stavlja večeru na sto, Vera pokušava da deluje mirno ili bar pribrano. Iz grudi joj se samo ote uzdah veći od mora. Osluškuju vesti iz dnevne sobe: kolone izbeglica ne prestaju, miris rata u vazduhu. Tiho i skoro nečujno zove Ivana da sedne za sto...

„Gde je Sonja?" pita je.

„Nije još stigla", kaže mu suvo.

Ivan je pogleda upitno, reči koje bi da kaže otćuta u grlu.

„Ivane, ja... ja bih da razgovaramo, moramo. Šta se ovo događa?" Zastaje, suze joj se skupljaju u očima. „Da li nam se, Ivane, stvarno sprema nešto strašno?"

„Ne znam", odgovori joj bezbojnim glasom, „ali znam da sve ovo ništa ne valja; kao da je đavo ušao u narod, niko to više ne može zaustaviti. Ali nemojmo o tome, Vera. Koliko je sati? Zaboga, šta je sa Sonjom, moraš pripaziti na tu devojku..."

Vera se prenu, pogleda ga.

„Sonja je odrasla devojka."

Ćutao je.

Posle toliko godina provedenih sa Ivanom, osetila je u sebi želju da se sa njim sukobi; da mu kaže to što je pritiska: da joj je jasno da je živela u zabludi zbog nečeg što nije postojalo, odnosno postojalo je samo u njihovim glavama, u projekciji stavova koje nikad nisu sučeljavali... A opet, ni sada za to nema snage. Strah je hvata i neki čudni grč koji teško može stvoriti i oblikovati pitanje ... „Ivane, plaše me ovi mitinzi, duhovi koji su sputavani u nama najednom vaskrsli..."

Ivan nervozno ustaje.

„Preteruješ, Vera, u svojim crnim predviđanjima, polako sa ishitrenim rečima. Nema ništa savršeno, u svakom žitu ima kukolja."

Nešto u tonu kojim je Ivan govorio upozoravalo je da istraje.

„Ivane, o čemu ti to meni pričaš, zar i sam ne osećaš da se sve uzburkalo u ovoj zemlji, bura negativnih emocija je krenula, a oni koji bi morali da je zaustave kao da to, Ivane, podstiču. Ništa da se dogovore. Ti njihovi sastanci kao da sve to podgrevaju... Izjavama okrivljuju jedni druge, a krivica je u svima podjednaka." Onako umorna i uplašena, bez volje, nije htela da odustane: „Čini mi se, Ivane, da sve ovo što nam se događa mora da je kazna za neke varvarske događaje civilizacije, za neku tešku ljudsku laž. A jedino što nas može sačuvati to smo mi sami."

Ćutao je. Samo je mogla da nazre njegovo lice, njegov miran i odsutan pogled...

„Ovo, Ivane, ne može proći tek tako, bez žrtava." Na tren je uplaši ta reč i sama zaćuta.

„Vera!" povisi ton. „Čemu toliki strah, raspamećena si."

„A rat, Ivane?"

„Kakav rat?" skače kao oparen. „Ovo jeste ludnica, ali kome je do rata, ko je spreman da ratuje? Ko?"

„Svi, Ivane, svi... Zapamti."

„Ali zašto? Zašto?"

„Otac je bio u pravu, Ivane. On nije verovao u zabludu koja se zvala Jugoslavija... Kad bi sad ustao da vidi sve ovo, bojao bi se i on, Ivane. Moj Bože, a tako smo isprepletani, povezani, Ivane, porodicama, decom, prijateljima..."

Ivan kao da je ne čuje, zuri negde u noć kroz prozor, osluškuje korake hodnikom. I sam opsednut strahom, treba mu vremena da progovori, šta da kaže Veri?... Iznenada, pogleda je upitno, samo što ne viknu.

„Vera, ti... ti plačeš!"

Okrenula je glavu na drugu stranu.

„Ne, ne Ivane, ove suze nisu iz duše, već iz oka..." I sama ne zna zašto to izgovori, prvi put neistinu, a plakala je u duši, osećala je hlađenje njihovog odnosa. Tišina u sobi posta još napetija. Počela je da jeca. Ivan ne progovori, nekim čudom ćutao je, izgubljen, bez reči, pustio je da ga emocije grebu i uništavaju... Iako zna da on ne sme da dramatizuje stvari, iako ništa ne može da učini on mora biti priseban i hladnokrvan.

„Vera." Nakon tren-dva izusti suvo: „Čemu toliki strah? U onome što nam se događa on ne pomaže, iako vidiš, pokušaj sebe da ubediš da se nije dogodilo." Zaćuta na tren, kao da je želeo da čuje oštrinu u sopstvenom glasu. A zatim dodade: „Ti, Vera, preteruješ, kao da je sve gotovo."

„Žao mi je, Ivane, ali ja zaista ne znam šta podrazumevaš pod tom rečju 'gotovo'. Ako zaista misliš da se ne treba bojati, da će sve ovo proći tako jednostavno, onda verujem da si ti čarobnjak. Ali imam sasvim drugi utisak..." Potom je i sama zaćutala i počela da zuri u njega. Sa zebnjom je očekivala da Ivan nastavi. Ovo što je govorio već je paralisalo, očekivala je buru. Uz njegovu uzdržanost nije uspevala da uspostavi mir u sebi, nije mogla da savlada strah.

Tišina opet diše između njih dvoje. Uvlači im se ćutnja u dušu. Pogledom je pratila Ivana, a onda ustala i stala ispred njega. Kao da se povratio iz transa. Oči su mu zasijale još intenzivnije, kao crni fosfor, gotovo su sevnule, činilo joj se da će svakog trena zagrmeti... Nije uspevao da pokrije svoj strah, strah bezuman i neobjašnjiv. Upiljila se u njega i rekla:

„Zašto nama, Ivane? Zašto bilo kome sve ovo."
Pokazao je rukom gore, ka nebu.
„Mislim da ni Bog sam ne zna odgovore."
„Nismo mogli da biramo", nastavio je. „Toliko smo se izopačili i postali samo rušitelji koji ne vide ništa od svog plena?" Čitajući jedno drugom strah iz očiju pokušavali su da sebi odgovore: kocka je bačena, treba biti spreman na ono što ih očekuje.

„Na sve se treba priviknuti, Vera, imati snage da se privikavanjem izbegnu neprijatnosti." Međutim, Vera je osećala da to više nije bilo lako ni za njega.

„Ljudi u mom okruženju", Ivan nastavi, „najbliži saradnici, kao da više ne liče na sebe. Iznenađen sam, zatečen, toga se bojim... Trebalo bi da reagujem, da se suprotstavim, da im nešto kažem, a ja ćutim kao da sam se i sam umorio. Ne zato što nemam snage, nego što više ne vidim nigde podršku." Okrenuo se prema njoj i pogledao je: „Ljudi se solidarišu, i ne pitajući s kim, a time ugrožavaju svoje živote, temelje zemlje u kojoj godinama živimo kako-tako..." Uzeo je za ruku i stegao čvrsto. „U realnost ovog ludila do kojeg smo konačno došli, guraju i dalje događanja koja ne prestaju, a mi stojimo i skoro svi umorni od uzbuđenja što konačno vidimo granicu, tako važnu... ličimo jedni drugima na one okovane nosače, kojima će svakog časa skinuti teret proživljenih muka, poniženja, ćutanje i neke nepoznate, a nepostojeće krivice."

„Ivane, bojiš li se?"

„Ne... ne", odgovori tiho.

Na licu nije uspevao da sakrije izraz straha. Znala je da ne govori istinu.

„Nemam ništa protiv što Sonja kasni, ali moraš joj skrenuti pažnju..."

Vera se mršti, gleda negde kroz Ivana i ćuti. Oseća zebnju u Ivanu. Rat? Strese se.

„Kome je do rata", uzdahnu.

Podignute glave, sa jedva primetnim osmehom na licu, pogleda ga i zaćuta, a onda, iznenada, kao da govori sebi ili noći oko njih.

„Sonja", uzviknu Ivan.

„Gospode Bože, nas dvoje mislimo gde si ti!" dodaje Vera.

Kao da ih, dok im nije čula glas, i nije primetila. Oklevala je. Možda, da im ne kaže ništa... ali, kao da je još bila u svom svetu, još koji trenutak, u onom zagonetnom što nosi u sebi. Posmatrala ih je upitno. A onda?

„Gde sam? Ni sama ne znam."

Zabezeknuto, bez daha gledaju u svoju kćer.

„O čemu ti to, Sonja?" skoro nečujno upita Ivan.

„Kako o čemu? O ovome što nam se događa, tata. Nećete mi valjda reći da vas dvoje ništa ne primećujete, ili, možda još uvek živite u prošlosti kao u jednom jedinom stečenom bogatstvu."

Svest o sopstvenoj krivici Ivanu zaustavi dah, a Veru probode zaustavljajući joj reči u grlu.

„Dosta, Sonja, molim te ućuti."

„Zašto, mama?" okrenu se prema majci. „Bojiš se, ili si kukavica, možda ti je žao one mirišljave svetlosti koja se onako opojno probija kroz grane starih maslina u suton i rasipa ružičasto dole, ispod Marjana, sve do mora? Tog smiraja na moru koga više nećeš videti, odnosno nećeš više imati, mama!"

Nikada nije bila takva, nikada. Na njenom licu čitali su nešto nepoznato, neko tvrdoglavo bezumlje, gotovo iritiranost što ih je uplašilo.

„Gde si to pokupila, Sonja, o čemu ti to nama večeras?" reaguje Ivan.

Osmehnula se, još uvek u nedoumici, onda je nastavila:

„Mislim da smo doveli sebe, tata, u situaciju kada više ništa ne izgleda razumno. Od svega želim da pobegnem, a nisam u stanju da napravim ni najmanji pokret. Ljudi gube glavu, tamo negde na ulici. Govore stvari koje ne misle. Ali govore... Prosto, mislim da su ljudi postali slepi. Tako sebični. To je sve što svuda vidim ovih dana. Zbog toga se bojim... bojim. Jer, oni ljudi koji mogu nešto da izmene, izmene pametno, ne čine apsolutno ništa. Ćute. Ali nije problem samo u tome, problem su i te vaše zablude, istina koju ste vi negde zaturili, ne namerno... nastavili da živite u svetu snova. Možda je trenutak da i sami istini pogledate u oči... Tata, možda je to za tebe teže jer si ograničen onim što si naučio da radiš... Ili, kad počne rušenje, za bavljenje istinom nema previše vremena." Namrštila se: „Ko zna", nastavi ironično, „možda ćemo uskoro imati previše vremena, jer kad se sve izgubi onda nam ostaje samo vreme."

Zbunjena, Vera ustaje, odlazi u kupatilo. Ovo nije očekivala od ćerke. Ista slika: ona i njen otac, trag koji ne nestaje. Šta je to Sonju spopalo večeras, nikada nije razgovarala na taj način. Preko noći odrasta. Čuje glas duboko u sebi, strese se od iznenadne hladnoće, suze joj u grlu. Umorna je od uzmicanja, od tolerancije, ustupaka... Pokušava da umiri sebe, da joj glas zvuči što razumnije, da prikrije strah.

Nema snage da izađe iz kupatila, da se pojavi pred svojima, ne čuje ih da razgovaraju. Pred očima joj jure slike iz prošlih vremena. Ko može uništiti tolike godine, ko? Opet je crne misli opsedaju. Dugo i neutešno plače. Nije razumela oca, nije... a on je to umeo da podnese. Ona, sada? Kako razumeti prekor svoje dece, kako? Šta reći Sonji? Sve je to pritiska danima. Kako je zaštititi od grubosti, istina koje je čekaju... Drhtala je zureći u ogledalo, kao da se pomirila, kao da joj više nije ni do čega, kao da ne oseća, ništa je ne boli.

Kad je izašla iz kupatila u sobi je vladala tišina: Ivan je nešto čitao, Sonja je već bila u svojoj sobi. Primiče se ponoć. Ne spava joj se. Htela bi da nastavi razgovor sa Ivanom, ali u njegovom oku vidi samo onaj strah.

„Ivane, ja... ja se bojim."

Okrenuo se naglo.

„Ja, Vera, ne verujem u odlaganje neizbežnih konfrontacija, igru zavlačenja glave u pesak mi već dugo gledamo. Između ostalog, to što smo do sada činili, bilo je pravilo kod komunista. Zato je naša generacija platila visok račun. Nadajući se boljem." Naglo je podigao ruku. „Ovo sada što se događa, isto je što i ono ranije... Ima tu dobrih ljudi koji bi hteli nešto da učine. Ali oni se sve manje čuju."

„Misliš li ti to, Ivane, da se proces ne može okrenuti u suprotnom pravcu? Da je suviše kasno?"

„Hm. Ova događanja u istočnim zemljama, čitav scenarij ludila... koji se preneo i kod nas, ne znam, ne... ostati zato zdrave pameti u igri koja je već igrana..."

„Ali, Ivane, možda ono ranije delimično ograničenje slobode je nužna cena za pravičnije odnose?"

„Eh, čega pravičnog ima u društvu koje je bilo potpuno bez slobode?"

„To znači da je ovaj haos nužan?"

„Moguće je da do rata neće doći. Ali ja verujem, moram da ti kažem, da ovo što se zbiva ništa ne valja. Promene će nas oduvati kao maslačak na vetru. Naša partija, Vera, neće ni postojati. Ako zemlja preživi, od nje neće ostati više od pečata koji ćemo stavljati na dokumenta. Sva vlast će biti u drugim rukama. Može to da nam se ne sviđa, da se ljutimo, možemo i da ličimo na stare nervozne putnike koji sebi drsko dozvoljavaju da opomenu kapetana i posadu kako su nezadovoljni kojim pravcem upravljaju brod. Ali sve je možda kasno, sve, Titanik je lupio u ledeni breg. A ja, usuđujem se reći, da se našim sadašnjim državnim brodom upravlja kako ne treba."

Iako je govorio u jednom dahu, glas mu je na momente postajao ironičan, kao da je nju, Veru, ženu s kojom je toliko godina, hteo da nauči nekim zaboravljenim životnim istinama.

„Pitam se", reče Vera, „da li će naša deca, potomci, imati našu energiju."

„To je savršeno irelevantno. Ono što mene plaši to je apatija u narodu, u mladosti, čak u partijama koje se zaklinju u promene, nažalost." Uputio je ironičan osmeh. „Ne radi se tu o promenama toliko potrebnim socijalnom progresu... Prihvatam toliko partija na sceni, priču kojom bi da poprave položaj obezvlašćenih. Siromašnih... Naravno." Šetao je nervozno po sobi. „Ali, ono što ne prihvatam je to nivelisanje – isti odnos prema znanju, talentu, energiji, požrtvovanju, poštenju, kao i prema kriminalu. Ne mogu da prihvatim da univerzalna norma siromašnog mediokritetstva vodi ka socijalnom zdravlju."

„Ivane, na stranu sva politika."

Podigao je ponovo ruku i zamahnuo, gest kojim bi da potvrdi izgovoreno.

„Nijedan oblik života ne može preživeti u svoj ovoj ludosti. Na osnovu prisilne jednakosti..."

„Ivane?" Nije se obazirao.

„To je biološka činjenica. Cela evolucija zavisi od slobodne individue da stvara i razvija se na svoj sopstveni način. Sva istorija, ljudska i prirodna – demonstracija je upravo tog zakona. Iznova i iznova." Zaćutao je, onda joj se na tren prirodnije osmehnuo, kao da je želeo da joj kaže kako sve ovo ne bi trebala bukvalno da shvati.

„Znači, Ivane, ipak će se sve završiti ratom?"

Kao da mu je ponestalo manevarskog prostora. Pokuša da kaže nešto, da izbegne odgovor. Užasava se da joj kaže istinu. Oklevao je malo, onda nastavi tišim glasom.

„Biće sve dobro... biće. Treba verovati..." Umorio se, ali bio je smiren.

To Ivanovo smireno lice, bez grimasa, bez reči. Strah ga je, oseća ona. Strah u njemu, čudan, kao da je opasniji... njoj nepoznat, sumnjiv? Kao da je do sada živela u nekom drugom svetu, u njegovom prividu. Boji se... boji. Ove kolone izbeglica, mitinzi... podrške, protesti, opozicija na jednoj strani, vlast na drugoj, zatečeni prkosimo jedni drugima, pred neizmernošću ljudskog zla.

O svom poslu Ivan je ćutao, ako bi mu nešto iskliznulo preko usana, to bi bile rečenice koje odaju tišinu u čoveku koji dolazi iz nekog drugog sveta u koji je svojim izborom izgnan. Čak i apsurdna nostalgija za buđenje nacionalne prošlosti koja poslednjih godina raste kao pečurke na trulom panju, na Ivanovom licu ne oslikava neko novo političko ubeđenje, već osećanje nezadovoljstva egoističnom sadašnjošću.

„Mislim da smo napravili veliku zbrku kada smo iz nacije patriota ispranih mozgova prešli u ljudstvo okrenuto svom malom ja. Propustili smo da vidimo šta se stvarno događa, baš kao što smo propustili da se u hodu prestrojimo stvarajući nove političke partije za rešavanje potreba – i opasnosti – sve složenijeg života na Balkanu, a nemamo ni dovoljno poštenja da odbacimo maske. Opsesija nacijom na svakom koraku, svuda je sveprisutna, a ipak, prema njoj se odnosimo kao prema nekoj ličnoj tajni koju treba skrivati od svih drugih, pa prema tome, i kriviti druge, napred sa puritanskom glupošću."

„Ovo ne može dugo da potraje, Ivane."

„Ne znam", a njemu se činilo ranije, verovao je tvrdo, da se to ne bi moglo dogoditi. Sada.

Bilo je to novo kolebanje vere u sopstvene misli, u svoju moć, iluzije u budućnost... i to što pred Verom ne uspeva da prikrije strah, nije ništa drugo do njegova unutrašnja borba, slabost i očajanje.

„U životu mnogo toga nisam priznavala, izuzev vere u ljude, u ljubav... Sada mi se čini da to više nisam ja, nešto me zaustavlja i lomi. Šta!? Ko?"

„Reći ću ti", prekida je, „sve na svetu je rešivo ako to želimo, ako hoćemo, ako bar malo poštujemo jedni druge..."

Prišao je i zagrlio čvrsto, onim gospodskim mirom koji je emocijom iznenada umeo da izbije iz njega, kao da je hteo dodirom da odgonetne onu nit u koju je verovao kod nje, na tren se trže, kao da nije osetio to što je tražio.

* * *

Jutro toplo, jun u Beogradu, nebo oblacima prošarano. Sonju povetarac meko miluje po licu, stoji i čeka tramvaj do Ekonomskog fakulteta, a misli joj... Već drugo leto ne ide iz Beograda, karte za Split stoje na vitrini u dnevnoj sobi... Odblesci svetlosti prelamaju se na prozorska stakla, iznenadna izmaglica magli joj vid. Oseća duboko u sebi gubitak, ali ćuti. Ugrizla se za usnu: kako se ljudi raspolute, etički, na svakovrsne načine, pred nepoznatim...

Nedavno na predavanju profesor iz međunarodnih odnosa govorio je: „Nepoznato je, kolege, velika motivaciona snaga u ljudskoj egzistenciji uopšte... čovekovo neznanje, zašto smo ovde – zašto postojimo. Smrt. Život posle smrti. Sve to."

Ali, šta je on zapravo hteo da nam dokaže? Razmišljala je tog jutra zureći kroz prozor. Kad bi znala konačan cilj, promene koje im nude, onda bi mogla da utiče i na svoje ponašanje. Ovako neodlučno nekoliko trenutaka stajala je pred zgradom fakulteta: „U kakvom to svetu živimo u kome svaka istina može biti neka vrsta laži, a svaka laž neka vrsta istine?" Tu iznenadnu realnost, stepenicu po stepenicu i sama je počela da prihvata, uprkos svim njenim zamkama.

U početku je bežala od toga, nastojala da istera prošlost iz razgovora, a onda i sama polako počela da popušta. Pomalo levičarski raspoložena, valjda zbog roditelja nisam se trudila da te ideje primenim u životu. Nisam bila uporna na majku... Kad stvari krenu loše treba otići negde daleko, šalila sam se. Moj deda, mamin otac, sećam se, pogledao bi me tad smireno i kroz osmeh upitao: „Tamo negde, dete moje, misliš li ti da prodaješ mesečinu i mirise tih svojih maslina? Ako ti je u glavi do tog sveta van... onda se pomoli Bogu i prioni na posao... tamo nema mesta osetljivoj romantici, tamo sve počiva na radu, a ovde u iluzijama..." Bože. Kao da je ova događanja predvideo! Kako je umeo o životu da govori lako i jednostavno.

Ponekad me ta sećanja prosto zabole. Mislim da sam umorna, slomljena od frustracija. Misli su me dovele u situaciju kada mi više ništa ne izgleda razumno. Od sveg srca želim da uradim nešto dobro a nisam u stanju da napravim ni najmanji pokret. Čovek izgubi glavu, kao što se meni dogodilo u svemu ovome. Ne snalazim se, izgovaram ono što ne mislim. Sećanje na dedu, na njegovu toplu ruku, poljubac, ravno je uspomenama na najveća umetnička dela, na najplemenitiju muziku. Trenuci u njegovom krilu...

Optužba ili opomena? Setih se još nekih stvari o kojima mi je deda govorio, šta bi se desilo da ljudi postanu zli, da mržnja krene...? „A to će se dogoditi, dete moje, dogoditi...", upozoravao je. „Kad jednom krene lavina, više je nije lako kontrolisati." Ne. Moram biti razboritija od majke, osećanja su mi u čudnom konfliktu.

Setih se onda ranih buđenja na moru, za vreme raspusta, svega onoga što mi je značilo, onih bora nakupljenih na bakinom čelu, kada me pažljivo pogleda i prebaci preko stolice haljine koje treba obući... Uvek sam volela te male nezaboravne trenutke u Splitu, leto, zimski raspust: poslednji odsjaji meseca na morskoj vodi, prva zelena svetlost, krik iznenada probuđenog galeba, morska svežina, čedna vladavina prirode pre nego što je čovek stigao da isprlja svet. Onda: miris algi, morske vode, što setno vuče u prošlost. Beskraj prostora, toliko tišine, tako malo susreta, da se čini da je pogledom lako obuhvatiti sadašnjost, u kojoj i prošlost izgleda mnogostruko bliža nego što i jeste...

* * *

Besprekorno doterana, sedela je sama... Njena duga kosa, lakim pokretom glave lepršavo se rasipala po leđima. Palila je drugu cigaretu i nastavljala da gleda negde ispred sebe...
„O, nije moguće, Sonja."
Ispred nje stajao je kolega asistent.
„Milane", obradova se.
„Gde si ti, lepa moja, sve ovo vreme?"
„Kao što vidiš, tu sam."
Zurili su jedno drugom u oči... Na tren je izgledalo kao da su bili sami. Sagnuo se i poljubio je u obraz.
„Volim što sam te video."
Nasmešila se. Učini joj se mala promena u boji glasa – kao da je rasla neka druga plima... U glasu neki novi ton, gotovo poštovanje, ili...? Osmehnu se upitno. Oklevao je.
„Imaš li vremena da sedneš?" izlete joj.
Potvrdno klimu glavom i spusti se pored nje na stolicu. „U poslednje vreme kao da mi nedostaje razum", pokuša da opravda brzopletost, „ni u čemu ne funkcionišem dobro."
„Nedostatak razuma", smešio se zagonetno, „ne znači uvek da treba brinuti, Sonja. Često obrnuto, u stvari... ponekad."
Pogledala ga je upitno. Zavrtela glavom.
„Čini mi se, ne znam, kao da živim u dva potpuno razdvojena i udaljena sveta koja nikada neće moći da se sretnu." Pružio je ruku preko stola i uzeo je njenu.
„Nekada smo se sretali skoro svakog dana, Sonja. A sada? Sada živimo u svetu u kome se doga-

đaju samo loše stvari, tako da ne bi bilo ni čudo ako nešto dobro i promakne neopaženo", našali se.

Na momenat su se kroz razgovor vratili na dane kada su počeli da se druže. Još uvek je držao za ruku. Čini se miran, a ipak u grču, kao baletan pred nastup... Osećala je to. Kad bi bar mogla da pozajmi od Milana nešto od njegove vere u sebe. U sadašnjost, ma kakva da je. Kad bi imala čarobni štapić mahnula bi i uzela što hoće, ali da ga i sačuva... U poređenju sa njom delovao je tako slobodno... Usput, govorio je lako, dečački opušteno o nekim novinama na Univerzitetu, o danima koji otiču jedan za drugim, kad se iznenadno čovek oseti srećnim što je sebe sačuvao. Prisustvo haosa, beznađa, uvek dovede do takvih osećanja.

„Milane, ali, ovo... je, čekaj, opet četnici, ustaše... mržnja, svuda..."

Otvorio je usta da je prekine, da nešto kaže, ali je progutao sopstvene reči.

„Mrzim nasilje, političku dogmu, tenziju u partijama, ulicu, okupljanja, bojim se... bojim", uzdahnula je, uzela je cigaretu i nervozno upalila.

„Ne", reče, „ni reči više."

Ustala je, malo nervozno stavila cigarete u torbu, iskrom one stare veselosti, da stvari predstavi humorom, kaza:

„Idemo, Milane, čemu priča, i ovako je sve smišljeno mnogo ranije, tamo u nekom drugom svetu, životu... Ponekad mislim da ću eksplodirati, ostaviti poslednju poruku, kao: Dosta je ovog ludila!"

Milan se nasmeja.

„U životu je nešto drugo mnogo važnije. Preseci sa tim prokletim mislima, sa iluzijama je gotovo. Razumeš šta hoću da ti kažem, Sonja."

„Pokušavam. Naravno", prekinula ga je, i ćuteći nastavila da ga posmatra.

Osmehnuo joj se.

„Ja mislim da od politike ima važnijih stvari."

„Možda." Dotakla ga je za ruku. „To vreme na ulici je kao ono gubljenje vremena, o nečemu što se ne želi upoznati."

„Kako? Zar ti nikada, Sonja, ne misliš o onome sutra? O idućoj godini?"

„Naravno da mislim, njih mogu razumno da predviđam." Išla je u korak sa njim. Ovaj susret je bio drugačiji od onih ranijih... Ti čudni treptaji i nekakva odviše zagonetna lebdenja. Nešto se umešalo, nešto čudno što se i pored svega ne bi moglo nazvati sudbinom, ali ni prolaznom željom.

* * *

„Pukovniče Ivane, spremite se i dođite do šefa."

Ni po čemu nisam mogao da naslutim razlog ovog iznenadnog poziva. Ali način na koji sam pozvan u meni je najednom izazveo uznemirenje, koje me upozoravalo na neizvesnost razgovora koji me očekuje. Pokušavam da razmišljam: šta bi taj poziv uistinu mogao da znači? Ne dolazi mi do svesti.

Lagano sam ustao, uzeo fasciklu u ruke i po ustaljenom običaju krenuo kod šefa. I baš u trenutku kad sam otvorio vrata, zastao sam na tren, neka nezdrava jeza prostruja mi niz kičmu... Za stolom, pored šefa, pukovnika Steve, sedeli su odsutnog pogleda operativac Beli i kolege pukovnici Zare i Miloš... Godinama na istom poslu...

„Izvolite, pukovniče Ivane, sedite tu...", ispred njih rukom pokaza operativac Beli.

Sklon da ne poverujem i kada čujem – zastadoh: nemoguće da treba da sednem tu ispred njih, da to nije neka greška? A greška, već bi morala da se nazre, ona bi se videla, nespojiva sa ovim svakodnevnim činom: zar jedan običan poziv da proizvede strah, a oni se sasvim mirno ponašaju, ili...? Očigledno da za to imaju razloga, to bi možda mogao biti znak da će se sve ovo brzo završiti? Umirivao sam sebe spuštajući se na stolicu ispred njih. I dok sam se trudio da mi se na licu ne vidi uzbuđenje, posmatrao sam ih ispod oka... S vremena na vreme, onako usput, pukovnik Steva bacio bi pogled prema meni, toliko da me upozori da je ovo ipak nešto drugo. Na papirima ispred sebe ponešto je ispisivao menjajući poneku reč sa pukovnicima kraj sebe. Samo operativac Beli je klimao glavom i nešto potvrđivao kao da ispunjava naređenja, menjajući izraz lica mrmljao je nešto sebi u nedra, da bi tren potom, piljio u njih kao da želi da ih nešto pita.

Ne bi bilo pravedno ako bi sada ustvrdio da nisam zatečen i da mi operativac Beli u tim trenucima nije ni po čemu imponovao, načinom na koji ja nisam umeo da vidim. Ne kao kolega u poslu koji smo radili, ne kao neka moja idealizacija nečega čemu sam bio odan. Sada je to, bar tako mi je izgledalo, bio drugi čovek. Najednom pukovnik Steva učini prvi zaokret. Brzo, nespretnošću nepripremljenog čoveka, pomeri telefon od sebe, gurnu ga rukom po stolu i nepovezano poče s pitanjima... Tačno pazeći da ne kažem ni reč suvišnu, a to nije bilo nimalo lako, odgovarao sam bez nervoze, lagano.

Uspevao sam da držim konce u svojim rukama. Mislio sam brzo, govorio jednostavno, da bi odmah shvatili kako su se prevarili, da mi je čista savest i da nema čega da se plašim. Sem toga, oni su navikli u službi na izvesnu vrstu zabluda, koje kasnije ne bi pravdali...

U stvari, čekao sam šefa Stevu da kaže u čemu je stvar. Iako sam znao o čemu bi mogla krenuti priča, sumnja me ipak zaustavljala i vukla na pomisao da sve ovo neće biti priča a još manje da će se brzo završiti. Znao sam da ljudi u našem poslu retko vode radosne razgovore, s obzirom na činjenicu da su im „veliki" šefovi već izdiktirali zadatke koje treba da obave. A čovek, ako je sklon dokazivanju, tim prihvaćenim zadacima obavezno doda ponešto od svoje sitne ljudske pakosti. Pa ipak, s nekom nestvarnom mogućnošću i iluzornom nadom, kao u sličnim, ranijim susretima, nisam bio preterano uznemiren, verovatno i zbog toga što sam i sâm u tom poslu na mnogo toga već oguglao i što se stanje ravnodušnosti prema sličnim slučajevima uselilo u moj život. Zato i nisam razgovor sa šefom Stevom uzimao sa prevelikom zebnjom. Kako ono negde neko od poeta reče: „Što god dođe, ja sam mu naredan." Tako sam i ja bio „naredan" svojim kolegama u službi...

Pukovnik Steva se snebivao, ustručavao, smišljao šta da mi kažu. Prvu jutarnju kafu popili smo zajedno... Kolebao se, ponašao se čudno. Očito, bio je zatečen što mu plan, koji mu se činio da će biti efikasan, ne deluje, ili ne onako kako je on hteo, kad je odlučio da ga pozove na razgovor. Sada mu taj plan smeta. Nervira se. Vreme mu izmiče, a sve ga to za trenutak zaustavlja, dovodi u zabludu! Nije umeo sebi da pomogne. Godinama smo u istom poslu... a sada? Zurio je u mene odsutno.

Osetio sam tada prvi put svu njegovu energiju, njegovu zabludu, nestrpljivost pred mojim mirom, mojom ravnodušnošću. Neskrivena ljutnja ne samo prema meni, već prema svemu onome što je mislio da brani: prema onome u poslu što je pasivno napuštanje, vojničko. Odjednom, Steva otkriva jedan novi lik čoveka koji želi sve da promeni; a ne može, pa zato mu nestrpljenje iskri u oku; da promeni ili porazi mogao je samo mene, kolegu na istom poslu do samo neki sat pre. Buntovnika bez greha. Ipak, ovo nije ono u šta sam verovao, zemlja koju sam voleo. Čak isti ljudi, sada nepoznati, strani... Neki drugi svet, izvan svih svetova, prodanih duša, bezimenih priviđenja. Pukovnik Steva se nervozno vrpolji, moj ga mir uzdrmao, loš početak, zbog onog što vidi u mom oku... On više nije šef, kolega, već samo ime... A to je loš znak za početak.

U trenu, počeo je da se smeši, bez prekida listajući neke papire iz fascikle. Ironično se smejuljio, zadržavajući se na nekim stranicama duže... Šta bi to šef Steva mogao čitati? U sukobu stvarnosti i iluzija čudnih događanja, od Slovenije, preko Hrvatske, u Bosni rat preti da se razbesni, moja savest nije mogla da zamisli ništa drugo, osim da pristane na poraz, ili da smogne snage da se bori. A to što se događalo tu preda mnom, radilo se o dve stvari: ili šef ništa nije čitao, samo se pretvarao da bi me naljutio i uzdrmao, ili... a to je bilo neverovatno i nemoguće! Čitao je o meni. To bi značilo da su već imali moj slučaj: a kako je to bilo moguće, prvu jutarnju kafu smo popili zajedno, kako su onda, i kada sve te stranice popunili bez mog znanja? Šta bi tu moglo da bude? Svi moji telefonski razgovori sa Splitom u poslednje vreme...? Ako su to zabeležili ne treba da se bojim. Voleo sam ovu zemlju, vojsku u kojoj sam, zar posle toliko godina da ih ubeđujem u to...? I to je najteže, taj način. Znači stalno sam bio na oku, za sve ovo vreme. Osetih bol u grudima.

Naravno, u početku, prilikom ulaska u kabinet kod pukovnika Steve, nisam mogao za tako kratko vreme da pretpostavim da je scenario, čak u pisanom obliku, mnogo ranije bio pripremljen: kada, u koje vreme i u kakvoj situaciji će me pozvati.

Predano sam radio svoj posao.

Za sve što sam doživeo za ovih nekoliko sati, i što ću doživeti... tražio sam uzroke. Susret sa Verom, šta ću reći Sonji? Biti na javi kao u snu, tako je bezbolnije. Disati tiše. Manje videti. Zaboraviti da postojiš... Živeti kao biljka: trajati, ne ljutiti se, ne trošiti se, ne nadati se... Ne treba ni da znamo gde je nada, jer je to opasno. Strepeti od svega što može da se dogodi; živeti bez događaja... Kako ih naučiti tome? A opet, bez nade, bez iščekivanja, bez želje... zar to nije i ne živeti? Kao da mi je čitav život bio zimski san, prekinut ovim danas... Pa kad je tako, zar nije trebalo Veri pre neki dan nešto reći?

Nesvestan scenarija koji se odigrava preda mnom, osetih da me obuzima neko lažno zadovoljstvo, koje nisam umeo da obuzdam, zbog onog čudnog nagoveštaja u čijem nenadnom sklopu videh jedino svoju moguću pobedu. Ni bola nije bilo; dobro je što čovek može da ga se oslobodi ponekad kao nepoželjnog prtljaga. Dok su se oni nervozno meškoljili na stolicama, bio sam miran kao da se nalazim u samom oku uragana. Bezbedan i zaštićem, svedok razgovora koji vitlaju oko mene.

Pukovnik Steva me posmatra, kao da će samim pogledom izvući neko priznanje od mene: ono što treba da bude učinjeno, mora on sada da učini. Postoje obaveze i dužnosti. Oni su bili moje kolege, ali i vojnici po zadatku. Na tren sam poželeo da im pomognem, da im kažem: da niko od nas ne zaboravlja na obaveze i dužnosti, i da su sasvim u pravu...! Ćutao sam. Bio sam spreman za teške i odgovorne zadatke, za sve vrste teškoća... ali, za ovu? Ne. Ne, to nije očekivao!

* * *

Vera je nervozno izašla na terasu, nekoliko puta je to činila, a potom se vraćala i nastavila da šeta po kući. Čudno. Ivan se nije javio, na poslu telefon zvoni... ne, nikada ranije to ne bi učinio, javio bi se na minut i rekao bi da kasni. Šta je ovo sada? Pita se, ni Sonje nema?

Sivi suton u sobi, prožet injem od neonskih svetlucanja koje se probija spolja, sa ulice, postaje za nju pozornica mučnih repriza dnevnih događanja, slika jasna počinjenih grešaka i krivica. Očekujući zvono na vratima, pokušala je da misli o nečem drugom, možda kasnije... Odlučila je da ponovo okrene Ivanov broj. Telefon je zvonio dugo do kraja, i kad je signal prekinut još uvek je držala u ruci slušalicu – šta se to događa? Mislila je sa strahom, nije mogla da zaboravi toliko puta okrenut broj toga dana, tu užasnu tišinu sa druge strane žice, trenutak ispunjen ovim rušilačkim vremenom.

Nije ni čula Sonjin ulazak u kuću. Još jednom baci pogled sa terase u pravcu iz koga je Ivan dolazio. Nikog nije bilo na ulici. Strah pomešan sa uzaludnošću iščekivanja oduzima joj svaku misao. Načas ne ume da se oslobodi straha.

I dok je ulazila u dnevnu sobu, Sonjin osmeh, glas, lebdeo je i zastajkivao u vazduhu:

„Mama", ta reč se izdvoji svojom oštrinom. „Tata još nije došao?"

„Nije", izusti. Ćuti. Srce joj se steže. Samo da nam se ne dogodi... „Da nas mimoiđe ovo ludilo", odjednom izgovara glasno.

„Misliš rat, mama?"

„Mislim ovo ludilo", namerno je izbegla drugu reč.

„Mama! Ti se bojiš."

Osećala je to kao prekor, otrpela bez reči, s prigušenim bolom, pogledala u ćerku.

„Skuvaću kafu, mama, a ti molim te prestani sa tim ozbiljnim licem..."

„Ti i tata pripadate onima koji lamentiraju nad svojom sudbinom. U snazi, a odbačeni. Žrtve svoje vere."

Zanemela, smogla je snage da krikne:

„Ućuti, Sonja, zaboga!"

„U životu, mama, ništa nije relativno, iako većina veruje u suprotno. Nema nejasnoća, treba u život gledati kao u prozračnu morsku vodu... i videti sve do dna. Čemu skriveno? Takav treba biti a ne, ne..."

Najednom je zaćutala. Samo mlaz vode iz slavine, odvrnula je do kraja. Zureći odsutno u ogledalo nestala je u mislima. Nešto opominjuće bilo je u svakoj Sonjinoj reči. Nije se iznenadila, poznavala je svoju kćer, ipak, bila je zatečena. Odakle početi razgovor sa njom?

Za tren pogledi im se sretoše. U drugoj prilici Vera bi se ljutila ako bi osetila i trunčicu nadmoći kod ćerke. Sad je ćutala, odbijala je da veruje da je uzalud radila; sve to što je činila celog života. Nije htela da se preda. Toliko toga je u sećanju; nataloženo, nikad tome nije pridavala značaja, sada više nije tako.

Vera je ćuteći još više tumarala po najtamnijim kutovima svoje duše. Kao da ju je ćerka tamo uputila. Umorna od izrečenog i neizrečenog, povređena ćerkinim prigovaranjem i pitanjima, htela je da savlada sopstveni bes. Sa Ivanom nije mogla razgovarati, zbog njegove nepredvidive ćudi. Njegova povučena priroda, sasvim različita od njene, nije prihvatila njen strah, i još manje razgovore. Iz dana u dan, bivao je sve sumorniji i ćutljiviji. Osećala je koliko su joj reči prazne koliko i duša, te izrečene ne zvuče uverljivo.

Sonji to kao da nije mnogo smetalo. Nije mogla ili nije htela da prizna majčin duševni nemir a ni uplašenost, niti da prepozna lažni mir u njenim očima. Jer, u njenim plavim očima, uzburkanim kao more, namah bi zablistala stara vedrina, poznata hrabrost. Neka nevidljiva sila terala ju je na usporenost kao da joj nisu dovoljne istine. I kao da ju je majčino stanje još više dražilo. Znala je po nekoliko puta uzastopce da pita isto... kao provala lavine, vatra krene iz nje; činjenice nisu u politici, u spekulaciji.

„Mene, mama, politika ne interesuje..."

Vera se trže. Nije joj smetalo što Sonja govori, već žar kojim to govori, njena istina u ćerki, zadrhta duboko u sebi. Uplašena i uzdržana, posmatra i prati svaki njen pokret bez reči, bojeći se da je ne pita nešto za oca. Ćutala je, osećajući da je guši pomisao na dalji tok razgovora... Tama večeri lepila se za prozorska stakla. Osluškivala je svaki šum, svaki zvuk, zatvaranje i stajanje lifta, bat koraka kroz hodnik, pozvoniće Ivan, mislila je. Iza ćutnje u njoj vekovala je tišina.

Sonja ustade, nezadovoljna razgovorom krenu do kuhinje:

„Zar smo sve stavili pod noge kao da ničeg nije bilo?" Rojevi teških misli dobovale su u njenoj glavi... „Čak iako ništa ne biramo, ako nas ne pitaju, zar to menja istinu, zar nije bilo ljubavi? Zar ona nije moguća, mama?"

„Dobro, dobro de...", promrmlja Vera.

Uvek tako, nekoliko reči bez komentara. Istina. Naučila je da vešto prikriva svoju muku, slegla je ramenima. Ali, ovo sada, Ivanov nedolazak kući... Htela je na tren da zaboravi na sve... i bol, i događanja – rat i Ivanove roditelje, sliku njenog oca... i poreklo svoje... Ivanovo, sve. Nije mogla da oprosti sebi ni to što odnedavno sve više ćuti. U glavi joj se mutilo, divlje udaralo, a osećaj da će joj glava pući primorao je da zatvori oči. Ako Sonju ne može da ubedi u istinitost onoga što govori, iza čega ona zbilja stoji cela, bez ostatka, kako onda da veruje da to može učiniti sada iz ćutnje u kojoj jeste, u kojoj još uvek sebi dopušta izvesnu rezervu... postoje, zna ona to dobro, odgovori u kojima smo daleko od istine.

To što je Ivana krasilo je osećanje takta, na čemu mu je bila zahvalna. A i na svemu ostalom. Umeo je da živi sa svakom njenom misli, da deli svaku njenu brigu, samo ovaj trenutak u ovom vremenu ćutao je sam bez nje. Njegovo nespokojstvo i njegova ćutnja, ovoga puta bili su samo njegovi. To je i boli, to i izaziva strah u njoj.

* * *

Sadašnjost... samo sadašnjost postoji, mislio je Ivan. Ključ je i prošlog i budućeg... i prolaženja i pamćenja... traga koji se ne briše...! Šetao je po kabinetu savlađujući bol i bes u sebi, ne mogavši da razume sebe, njih... Znao je samo jedno, da ovo beše put nepoznat na koji je gurnut, kakav-takav – mora ga izdržati.

Kratko je odgovarao na postavljena pitanja, čudio se što ga nisu zatvorili, već zadržali, posmatrao ih upitno... Dakle, dogodilo ti se Ivane...

Skučenost prostora u grudima i neprovetren vazduh u kabinetu, odnekud pomoćni ležaj donet na brzinu, vukao je uzdah za uzdahom, na suočenje sa novonastalom situacijom, sa njima, sa preprekama, na hrabrenje ne samo duha... već i sebe, suočiti se sa svim tim odmah. Odmah! I oseti u sebi daleku neku opasnost... i strah skriveni od nečega što će mu se tek desiti. Stajao je nasred sobe, kao sveća u skladištu žita koje gori.

Opet pauza do novih pitanja, saslušanje... ala su istrajni. Ili je to igra? Muti mu se u glavi. Da je igra ne bi bio tu. Izdržaće, mora... tvrđi je on nego što oni misle. Teško je sa kolegama razgovarati, ali, mora im nešto reći, da im pomogne, da otkriju da su i oni u zabludi... Tačno zna gde su, poznaje sebe, njih, otpore. Znam. Sve znam, igrajmo otvorenih karata. Mora im dokazati da se varaju. Mora nešto učiniti što oni ne očekuju: nije on od juče u ovom poslu. To držanje... poznaje on to... ako oni misle da se on... pa, dobro, neka misle da se uplašio. Reći će im da se varaju. Naravno, nervozno korača po svom kabinetu ispred čijih vrata stoji vojnik, lakše je to reći, odlučiti, nego to dokazati. Ili... da nije sve to samo igra...? Scenarij. Možda, optužba!? Zavrteo je glavom, neuverljiva. Nije verovao kad su ga zadržali, taman je hteo izaći iz kabineta...

„Šef vas zove, pukovniče Ivane", nervoznim glasom još s vrata oslovio ga operativac Beli, skoro da je zacvilio.

Korača kroz hodnik ali se čini da ga više ne slušaju ni srce, ni glava, ni oči, ni ruke, noge...

svaki deo u njemu je pobunjen, svaki vuče na svoju stranu...

„Vaš stav, pukovniče Ivane, da čujemo...?"

Nešto u tom tonu nagonilo ga je na oprez, pogledaće ih u oči, makar prslo nešto u njemu, makar ga to slomilo... neće im to pokazati. Nude mu cigaretu. Odbija. Gleda ih upitno, licem bez osmeha. Pauza. Ceo naviknuti ritual odbijanja. Tišina. A krug se mora zatvoriti, čita im to u pogledu... hoće da im to kaže, muči se... To iščekivanje, cela mala demonstracija pritisaka... kao da i sam neke stvari prvi put otkriva, našao se u igri koju nije predvideo, a dogurao do čina pukovnika. I šta god bi pomislio, iz svega bi nasrtala suluda stvarnost posuta vikom i nestajanjem. Da. Naša razna nestajanja na urnisanom tlu Balkana i pred kraj veka u epidemije nacionalne mržnje... u prahu duševnog klonuća i slepila. Nisu u pitanju nijanse u stavovima... u pitanju je nešto mnogo ozbiljnije... oseća to, duboko u sebi... ono što ga očekuje! Da pripremi sebe, da se ne iznenadi, kad pokažu svoje prave namere... o čemu se radi. Kako je ono bilo? Zvonilo mu je u ušima. Kad se greške naprave onda idu jedna za drugom... nije važno kome ih pripisuju... duhovi zla, netrpeljivosti, neznanja iz nas su oživeli i izašli... igra je počela, iza koje se uvek može smisliti neka zamka i nije važno ko će u nju upasti, nije... Kad zemlja nestaje... Seća se, to je neki dan rekao u jednom razgovoru, u omanjem društvu; to mu se već sveti, u nervoznom koraku priseća se još nekih detalja, a nije mu ni samom jasno zašto baš tih... govorio je to iskreno, ne misleći da to može poslužiti nečemu, nekome, nije uopšte razmišljao.

Čovek je čudan mozaik nesračunljivog, ali zatečen, ponekad i bez razloga zanemi, omutavi. Ili se izlane i ponizi. Veruje onom što vidi, i čuje ono šo mu se kaže, a ne da mu se bogzna zašto da čuje drugo. I tu počinje nepopravljiva greška koju umnožava svojim neznanjem. Postavljena pitanja, vraća se na njih, ličila su mu na papazjaniju, tren iz pokidanih zabluda, kao kamičak smutnje u tamnoj noći. Možda, baš taj vaš stav mnogo toga i razjasni... okretao je nekoliko isprepletanih i mukom sročenih rečenica pukovnika Steve. Naježen od samog saznanja da se našao tu, gde se našao... osećao je to kao zaleđene reči u grlu. A za to nije postojao razlog: godinama radi svoj posao, odgovorno, nenametljivo... tih, nije bio grubijan, nije ljude proganjao, nije to čak nikad ni hteo, odbijao je i samu pomisao na to. Kazali bi mu da je uglađen, salonski oficir... to ne prolazi u vojsci, Ivane. Odćutao bi opaske... verovao je da postoji granica koju obrazovan čovek neće preći, mada strah, šta je iza te granice, nije prestao da ga opominje i plaši. U njegovom slučaju sada vidi da je taj strah bio opravdan, to je ono što nije mogao pretpostaviti, a izgleda da mu se događa.

Mislio je da neko treba da obavesti Veru, bar za nedolazak kući... i nekako nisam to mogao da učinim, tu priliku ja nisam imao, da je tražim... tu potrebu bi čitav dan odlagao iz neobjašnjivih razloga. Da ih pita, ne... ne, dobro on zna pravila igre... neće mu dozvoliti, to bi moglo da im oslabi pretnju, a onda to ne bi bilo ono pravo... i šta je drugo mogao da učini sem da čeka? Kad sem njih i pitanja ništa drugo nije poznavao: nijednu veličinu ovde, nijedan ulog u ovoj igri u kojoj je posmatrač i učesnik, a da jedva ume da shvati i jednu od te dve stvari... Nije dugo čekao... Pozvali su ga. Pukovniku Stevi se žurilo, bio je kao na iglama: očni damar neprestano mu je igrao; izgledao je kao da žvaće svoja pitanja...

„Hoćete li govoriti najzad!" počeo je. „Dok još imate drugarsku priliku, Ivane."

Ove reči nešto blažim tonom, prisnijim, nisu ništa izmenile: ništa više nije govorio. Čudan, i jedino mogući scenario. Još ništa utvrđeno. To ga je u početku zabavljalo. Bio je nešto što ni sam nije razumeo... naravno, taj osećaj ga nije plašio; jer imao je jednu drugu, sasvim logičnu i sasvim razumljivu tezu: da je sve ovo neka greška i da je to samo trebao da kaže pukovniku Stevi! Da kaže! Osmeh na licu, upozori ga da to ne čini... jer ako je nestrpljiv da okonča stvar, to bi moglo biti u zamišljenoj igri korist. Pretnja u šefovim očima nije nestala iako je iznenada bila niže vrste, bez pravila, završila se samo susretom pogleda ne ostavljajući prostora za traženje bilo kakve dozvole. Bio je miran: iako ga je hiljadu razloga teralo da insistira da se što pre stvar završi... nedostajale su samo neke nijanse, a ostalo je sve bilo tu. Ćutao je. Strpljivo. Ali ne samo što je čekao, što ih nije pitao da se javi kući... što ih je pažljivo analizirao... za sve to što oni čine trebalo je suviše dokolice, što u vojsci nije nedostajalo, u poslednje vreme naročito; i to je negde nedavno rekao, sinu mu kroz glavu... svega se treba setiti, na tren pomisli: očigledno čovek mora mnogo štošta da proživi, pa i on ovo danas i ovde... ali čemu...? I sad je – a to je ono što je bilo teško – sve od njega zavisilo. Ipak... život nam ponekad dodeljuje uloge za koje nismo spremni.

* * *

„Vi ste, pukovniče Ivane, nešto nervozni, hoćete cigaretu... Razgovor će potrajati... Čujete li se sa svojima u Splitu?"

Pogleda ih začuđeno, samo što mu ne izlete šta je to važno u svemu ovome? Ali, reči stadoše u grlu, da se iz svega ovoga ispetlja biće mu potrebno mnogo strpljenja, snage... Jesu li to oni isti ljudi s kojima sam godinama radio, sa njima sedeo? Od njihovih pogleda, pitanja, čini mi se da će mi prsnuti slepoočnice. Posmatraju me, pitaju, a u pitanjima provlači se i ona nit prepoznatljive ironije, zajedljivosti sa ulice...

„Da, čuo sam se pre dva-tri dana", izustih hladno.

Teško se miri sa svim tim što se događa, sa ratom... Najednom mu se čini da ovaj svet više nije njegov svet. Poželi da im to kaže toplo, ljudski, traži oslonac u sebi, a oseća da se u njemu mnogo toga ruši i kida. I ne izdrža:

„Zar je sve što smo radili i sagradili osuđeno da nestane u mržnji? Opet jedni protiv drugih, a nema više nikoga da stane između nas... Zar je zlo prisutno u nama, vekovno, neuništivo?", gotovo molećivo izustih.

U oku im ugleda: pogrešio je, to što kaza usmeri ga u pravcu koji nije izgledao povoljan za njega...

Naježi se u sebi, bio je lud što je bez rezerve verovao svojim drugovima, partiji, sebi...

„Nisi još odgovorio ni na jedno pitanje."

„Ima vremena, šefe", rekoh pobunjeno.

„Nema vremena! Vidiš, danas smo tu u različitim pozicijama... zato i hoćemo da čujemo šta je vaš stav o svim tim događanjima, o Hrvatima koji listom pripadaju HDZ-u..."

Ispred sebe nervozno prevrće papire i neke fotografije, ne gleda ga, ne podiže glavu... pukovnici Zare i Miloš ćute, pilje u dim cigarete koju pale jednu za drugom i gledaju kroz njega negde u stranu. Samo operativac Beli ima hrabrosti da me pogleda, možda, misle da je moja stvar beznadežna, da sam na putu bez povratka... Sve je ovo ozbiljno, to što su smislili... fraze ne pomažu, kako god da ih kaže... igru mora sa njima igrati do kraja, možda ga igra jedino spase.

„Pukovniče Ivane, znate li broj poginulih u Sloveniji? Ta lista, je li kod vas?"

Gledam ga, i ne verujem.

„Ti podaci su, šefe, kod vas, a uostalom čemu služe ova pitanja", ne izdrža ovog puta i odmah se pokaja, bio je lud što je dozvolio da ga naljute, uzdrmaju... Ovo sa njima ne može da prođe bez lukavosti, mora da se bori bez onog inferiornog osećanja, mora, mora... kaže sebi. Pukovnik Steva vraća ga na prvo pitanje.

„Niste nam odgovorili, vaš stav, Ivane?"

Nasmeših se: već poznata metoda, hoće valjda da vide mogu li da ga iznenade... da im kaže, da bi to i on njih pitao... ne, grešku treba ispraviti, još dok se ne notira, sve to treba prećutati, čak i ono što je nameravao da im kaže, čak i onda kad izgleda da ti pomažu, kad te guraju u pravcu koji na tren izgleda povoljan... neće im omogućiti da mu pomažu, to je samo privid. On mora sebi pomoći. Međutim, za to je potrebna volja... a on kao da je nema. Šta se to najednom događa u zemlji koju je voleo, teško je objasniti: zemlja nestaje, oni malobrojni intelektualci – nemi, ne reaguju, ćute i čekaju... svaki narod ima svoje odrode.

Neki dan je govorio sa svojima u Splitu. Otac umeren, dostojanstven splitski gospon, govorio je bojažljivo, odmereno: – Prošli su izbori, demonstracije protiv armije, prošli su dani straha, sklanjanja od nekih novih policajaca na ulici, mučnog osećanja da nam se to dogodilo... biće bolje, treba, Ivane moj, sve to izdržati junački... govorio je tiho. Majka je bila uporna, zna šta se dešava. Slušao sam je i ćutao. „Zašto ćutiš?" pita me oštro. „Teško ti je da vidiš svoj poraz... zabludu", kaže mi, bez ustezanja. „Možda sam ja u zabludi, ali mnogo gora je tvoja zabluda", izustim ljut što majka oštro i nekako pobedonosno razgovara sa mnom! „Trebao bi doći kući, u Hrvatsku." „Niko me na to ne može naterati." „Bože moj, bojim se da te niko ne bude ni pitao", zaključila je razgovor i spustila slušalicu. Nisam se javljao nekoliko dana, nisam ih čuo... a sada tu, preko puta njih, razmišljam; za kog đavola sam tako bez rezerve verovao... da li i Vera isto misli, ili možda priziva dane u Splitu, kad smo udisali miris mora, i osećali sebe u želji koja nas je spajala! Ćutim. I mislim: ne može se zaboraviti život, izgubiti pamet na ulici.

„Pukovniče Ivane, molim vas da nastavimo."

* * *

Šta je za nas veće zlo: ovi što se dogovaraju i rasparčavaju zemlju, ili vođe stranaka koji mašu kojekakvim deklaracijama o suverenosti i autonomiji naroda... eh, one vražije sednice Centralnog komiteta! One sulude polemike koje su kidale po šavovima ovu jadnu zemlju.

Možda je Verin otac bio u pravu; mržnja je duboka, ko zna kada posejana: odgajani u različitom duhu, na tezama ko koga treba i hoće da pokori... dva naroda jedan protiv drugog... novine, televizija i radio, kao da se takmiče ko će više istina obelodaniti, novih stratišta i jama otkriti... Oni koji bi nešto da kažu drugačije ćute... a sa ulice, okupljanja, povike iz te mase više ne razabirem, u suludom vrtlogu oni se kidaju i sjedinjuju, na tren oduševljenje, tren histerija. Ništa nije isto, a ponavlja se... Rat se nije završio... nastavlja se. Trenutak u kome je sve moguće.

Opet odnekud zaturena surova stvarnost... treba sve otćutati... ali, zašto oni ćute, čemu ta upornost, šta hoće od njega sa tom vražijom ćutnjom, sa tim stavom, da je on nešto određeno mislio, zar bi to u ovom haosu imalo neki značaj. Sasvim sigurno tu se radi o nečem drugom, što više ljudi uvući u „Operu", pa i njega. Malo se pomeri na stolici, ni sam ne može da shvati čemu to služi, kome? Ko je zasvirao, i na kojoj žici. Uostalom, on je tu na način kakav je mislio da više nema upotrebnu vrednost... scenario davno zaturen a živ. Oseća da će morati da govori ono što treba a ne ono što stvarno misli. Iste stvari, samo sa obrnutim redom reči? Potrebna nijansa da ga razdvoji od njih sa kojima je do pre sat vremena sve delio...? I verujem: Vera će izdržati sa mnom. Kad bih je samo čuo, da joj kažem da ne brine, samo ja da to učinim... a ne oni. To nisam mogao tražiti... ne, zatečen smišljenom igrom, i sam sam je prihvatio. Svakako, svestan rizika i posledica koje slede. Ipak, neki unutrašnji osećaj za pravdu hrabrio me je da se upustim u taj rizik.

Mobilizacija je počela i u Srbiji! A oni, jugoslovenski političari i dalje pregovaraju, šetaju se grupno, pojedinačno, zajedno. I tako: licitiraju zemlju, rasparčavaju: federacija, konfederacija, savez suverenih država... Dogovaraju se, a kad se rastanu i dođu kući jedni mobilišu i šalju u rat a drugi pozivaju... pa, opet se dogovaraju. Srbijom mitinzi, u Bosni ključa, u Sloveniji rat završen, oružje stiže sa svih strana, organizuju se vojske, paravojske... u Hrvatskoj rat plamti, sve kasarne JNA pod blokadom, ukinuta im je struja i voda, a svuda čujemo: odlazite... odlazite. Na ulici ludilo, u kavezu smo iz koga nam nema izlaska... a dani teku... Muči me sama pomisao kako da razlučim prijatelje, da ih odvojim od ovog ludila... i mogu li time nešto sprečiti?

Niko narod ne pita, a ono što ponovo činimo jedni drugima rastavljaće nas i u budućnosti. Brisaće svaku pomisao mogućeg... „A, zar je sve to moguće?" pita me ćerka neki dan. „Nije. Ali nam se dešava." „Kako sve to izbrisati, tata, godine odrastanja, ljubavi, godine zajedničkog života, nas... tata, vašu decu kako izbrisati?" Ćutim. Bol se pretvara u strah. Moj svet se ruši, pa kao da se kida u meni. Do jutros tako ponosan, hrabar, sad tu pred njima... okrivljen... ili?

Gde je tu istina? Koliko je sudbina združeno u tim kartonima, ko zna šta se zaista svakom od nas može desiti, običan list u koricama jedne fascikle živi i traje kao nemi prekor vremena u kome žive sudbine. Kad bi samo oni koji otvaraju i zatvaraju te fascikle bili osetljivi na te neme prekore... njima nije do tih razloga, oni bi nešto drugo, gotovo i ne osećajući grižu savesti što možda do kraja i nisu pročitali te izvrnute listove u fascikli. I sam na trenutak poče da misli koliko je on takvih fascikli iščitao, okrenuo u svojim rukama, o rečima izvrnutim u njihovoj dvosmislenosti koje optužuju, opravdavaju, a traže odgovore kojih nema. Zar ne treba najpre stvari da se dogode, pa da krenu reči, znao ih je napamet... te drhtave reči, iščupane čudne linije; činio je isto to što oni čine sada... ali ovo sa njim je nešto drugo, poturaju mu fasciklu pod nos, u ruke da ga povrede, da mu zadrhti ruka. Zašto da zadrhti? On je to isto činio, ne, ne... na takav način, ljuti se na sebe pitajući se koliko u svemu ovome ima vrednosti? Mora biti hladan, ne sme mu ništa izmaći iz ruku, ne sme dozvoliti da se iskomplikuje; sve što će reći, sve što mora da kaže mora imati snagu... Ustvari, čekaće da oni otvore fasciklu... A onda? Ugledao im je osmeh na licu. Kao da su otkrili šta on sada misli. I sam se nasmeja, odustadoše da insistiraju... ćutnjom možda ga nateraju i da progovori! Nikada. To sam im već rekao, iako nervozno prate svaki moj pokret, vrebaju svaku moju reč, ćute... A ćutnja hrabri i jača čoveka, tera ga da misli na druge stvari: čekam ih da progovore, čekam i mislim je li moguće da se ugasilo ono druženje, sva ona ljudska toplina? Je li moguće da me ispituju kao one druge, njega... koji je sada tu pred njima.

Umoran od svega. U dugim razmacima ćutnje vraćam neke slike od ranije, ponekad pomislim da u njima mogu naći odgovore koje tražim. Sunčevi zraci sad su kraći, diskretniji. Poigravaju se po staklu, igraju neku svoju igru. Sad su jako svetleći, sad nestaju nekud na drugom prozoru, druge zgrade u Velikog Miloša. Strpljivo posmatram to titranje svetlosti i sve sam mirniji.

Odjednom sam sa Verom negde na moru u suton, oči joj pune razumevanja, pune podrške... njeno prisustvo osećam kao život. Vera. Jeknem u sebi. Ivane, odaziva se... hoću da razgovaramo, tiho pita i strah je već u njenom glasu. Šta će biti sa nama? Prenem se, a oni pilje u mene, kao da me proveravaju, ko sam, šta sam, gde sam... I ja se to isto pitam u ovom vremenu, postoji li čovek koji na ta pitanja može odgovoriti? Ja to sigurno ne mogu.

Razgovor u rukavicama... čovek može da očekuje mnogo toga da mu se dogodi, ali ovo...? Prihvatiti način razgovora sa svojim drugovima koji optužuju... to je onaj dobro oprobani metod kojim se razara biće, oba bića... i sve to dobija jednu dublju dimenziju, razbija simbol i ime, udara po veri, po ideji, po svemu što je zajedničko, po onome što se doživi godinama radeći zajedno na istom poslu, po razgovorima koje smo vodili... Koliko je sve ovo lakše kada se dogodi nepoznatima, kada se sudare samo dva simbola, dva protivnika, kada između ljudskog ne stoji nikakva spona i nikakvo ukrštanje. Tad u sebi lomiš sve one nezdrave i očajničke slasti, misleći da time suzbijaš glasove prošlosti, tihe neme prekore...

Bojim se da ne postanem zajedljiv, težak za svaku komunikaciju. Borim se sa tim u sebi, ne prezirem ih, ne bar više od bilo kog drugog iz tog sveta u kome smo godinama, u nadi da ćemo prozreti taj svet...

Posmatrao sam ih, pratio sam svaki detalj, grimasu na licu, osmeh... možda da kaže nekoliko sročenih fraza, da ih možda isprovocira, u nekoj meri on je to i učinio, no za njega ništa nije bilo lakše, nije krenulo drugačije... nego pretnja koju im u oku vidi bila je sve nepoznatija, dublja... a jasnija. Stanje sve nepodnošljivije. Iskidane misli, bez obličja... Na trenutak se nisu videli od dima koji je ispunjavao kabinet.

* * *

Vera je u zadnjem trenu uletela u tramvaj, na posao već kasni... ljudi nervozni, zamišljeni, gunđali su pomerajući se da propuste jedni druge. Kuda? Dokle? – pitala se u sebi. U školu je gotovo uletela, apatična i ćutljiva, kratko je pozdravila kolege i krenula na čas...

Lakše je sve podnosila u školi, čuvala se dobro da ničim ne poremeti oduševljenje mladosti na licima svojih učenika. Drugačije su deca videla sva ta zbivanja: to je bila briga nas odraslih koji smo kao u svim političkim truležima već otrovani ljudi. Cementirala se ta trulež u nama pa nikud iz nje. U zbornici nekoliko puta je htela da nešto pita koleginicu, ali glas joj je nemoćno zadrhtao, izleteo iz težišta; govorila je nešto nepovezano, nešto bez veze, ne seća se nijedne reči, a potom zaćutala. Pauci mržnje ispleli nebo nad ovom jadnom zemljom, nigde vedrine nisu ostavili, a ni vetra niotkuda, koji bi ih pokidao. Nastavnice, zašto nam se ovo događa, pitaju deca... Ćutim, nisam više ničiji emisar, ne umem da govorim... a u sebi mislim sa gorčinom. Šta još možemo učiniti jedni drugima! Duboko u sebi osećam, sad postajemo gubitnici na rate... i kao što su me one nacionalne pobede na mitinzima onespokojavale, ovi ljudski porazi su mi pozleđivali te ožiljke, otvarali nove rane. Rane koje izaziva zadah šićardžijskog duha koji guši i zaustavlja disanje, vraća pred oči slike svih tih koji tumaraju po gradovima i sakupljaju ljude po trgovima i krčme sve što bilo kakvu cenu ima... Inflacija. Haos na ulici, u privredi, redovi pred prodavnicama, bonovi... dokle sve ovo? – Samo da ne bude rata... čuje u liftu, u autobusu. Ćutim i gledam, ne govorim ništa, ne usuđujem se da svojim strahovima otežam strahove koje vidim u njihovim očima.

Vera izlazi iz škole, laganim korakom ide kući, na tren joj se čini da ne zna da li je živa ili nije, da li treba nešto da kaže ili da ćuti; kuda da krene... Ivan se još uvek ne javlja. Kažu zadržali ga... Šta bi otac rekao da je živ, da zna gde je Ivan... Mora da postoji neko rešenje. Neki izlaz iz ovog ludila. Sačuvati razum. Da natera sebe da ne misli o ratu. Da se sabere, da razmrsi niti u koje se uplela u koje je život sam vezuje u čvorove, vezuje i dreši...

Ti, ti si prava od svog oca Andreje. Oskrnavila bi njegovo ime ako to ne prizna sebi bar sada. Liči na oca: razborita i blaga, pomirljiva. Nikad nikom na teretu, uvek na pomoći. Samo ponekad zaželi da je neko drugi. Neko, ko ume da se muva, zabavlja, troši život, lumpuje i viče... Nikad to nije umela; dok je studirala mnogo je radila, udala se za svoju prvu ljubav, radila... u školi, išla svuda sa Ivanom i potpuno mu se podredila. Rodila Sonju. Život njih dvoje postao je njen, pa se sada pita ima li ona uopšte sebe? Može li da funkcioniše bez njih dvoje... Kako?

Njena ćerka je nešto drugo, od rođenja osećala je to držeći je u rukama, umela je još kao dete da se menja: dobra, bespomoćna devojčica, iskrenog i otvorenog, nasmejanog izraza lica – energična mlada ili hirovita devojka, što joj je jednako dobro pristajalo. U razmaku od samo nekoliko sati – nekoliko ćerki u jednoj. Neko uvek nepoznato i novo Sonjino lice, svaki put bi je oduševilo, radujući je što se njena kćer toliko razlikuje od nje. Sonja je bila čudna devojka, interesantna i potpuno nepredvidiva. Dve krvi u jednoj osobi... dobro je to, dobro. Lakše će nositi nepravde sveta...

Posmatra lica ljudi na stanici, nezadovoljstvo ispisuje čudne tragove, njihov razum to ne može da pomiri, redovi... U tramvaju hrabri sebe; mora izdržati. Ne govoriti o Ivanu sa Sonjom, o onom što predoseća, što je muči, zbog čega strahuje... Otimam se od naraslih slutnji, mislim intenzivno na reči moga oca i samoj sebi kažem: izdrži Vera, u pravu si, dobro je, moraš, moraš... A dobro znam da neće biti lako, neće, neće...

Na vratima stana sam se spotakla, pa još ispustila ključeve. Najzad sam ih otvorila i ušla u kuću. Dok sam podgrevala ručak, uključih da pogledam vesti: kilometrima izbeglice, sa svih strana, u svim pravcima, hiljade ljudi koji bauljaju putevima, poljima. Koliko bola, ličnih tragedija! Jedna te ista slika, ista neizbrisiva... Ovde u Srbiji je ipak mirnije.

Veče se primicalo, a ona se nervozno po kući vrtela ukrug. Ivan se ne javlja. Ne može, ili... Sonje još nema. Branim se od panike. Prilazila sam telefonu, uzimala u ruke slušalicu, okretala Ivanov broj u kabinetu, a zatim, i nesačekavši da pozvoni, prekidala...

Čim je isključila televizor, počela je da osluškuje korake hodnikom, stajanje lifta. Bar da se Sonja pojavi... ni pamet mi više ne pomaže. Kao da me i ona iznevrila.

Moj otac je bio u pravu. Kad moraš, treba znati kako...? U haosu ostati jak.

Neki dan je Sonja pita: – Mama, jesi li ti sigurna da si izborom koji si činila izabrala pravi put? Odgovorila joj je potvrdno, klimanjem glave, bez reči. Nasmejala se – utisak spoljašnosti – uzvratila je – ali ja mislim na suštinu, gde je ona u tvom životu? Trgla se. – Suština, draga moja, dolazi sa dužinom življenja. – Šta kažeš? Stala je pred nju posmatrajući je začuđeno. – Dužinom zajedničkog života.

Telefon je zvonio, oštro presekao tišinu, nije se pomerila, slomljena pustila ga je da zvoni dugo u nadi da će prestati. Najzad ustade i nervozno u ruke uze slušalicu: Ivanova majka, zaledi joj se reč u grlu, neće joj reći... ne, ćutaće o Ivanu. Sa njom je uvek nekako tako i bilo... Ono što je nervira je taj njen način razgovora – nadmen. Čekala je da joj ona postavi pitanje... Žao mi je što nije bilo drugačije, što posle toliko godina nisam uspela da se približimo, taj redosled u pripadnosti porodici. No, svejedno, funkcionisale smo... možda je lakše onako izdaleka, valjda iz proteklih godina sebe pravdam da je i to neka ljubav...

Posle kratkog razgovora ponovna količina bola bila je nesnosna. Bez pomeranja kraj telefona plakala je dugo i odsutno, kroz suze gledala oko sebe, sama... očekivala je da se bar Sonja pojavi na vratima. Zašto mi se to uvek događa, kad razgovaram sa svekrvom? Bože, pristajem... na sve, samo da Ivan dođe.

Opet je bol u grudima probada, boli, posle toliko godina ukazuje joj na njen status u Ivanovoj porodici; a, konačno, i apsurdno sve to što je najednom oživelo u njoj. Možda me još uvek smatra glupom i reči moje prima bukvalno, i stalno tako grči se u njoj sve do bola, ćutim i držim reči u zubima, ne dam da sa usana skliznu, bolje je tako, ponavljam... – Jednostavno ne pridaj značaja, kazao bi Ivan. Vremenom, javljaju se pitanja i dileme. Kako? Uskraćena sam za osećaj topline, vere, za sigurnost, oslonac i olakšanje kojim se dočekuje i prima snaha u kuću. Odgurnuta, bez osećaja za pripadnost porodici u kojoj živiš, bez utisnutog pečata ljubavi... živiš i rađaš decu.

Ivanov otac je divan čovek, tih gospon, odmeren i pun topline, ukoliko je umemo osetiti... Nisam sama, razmišljala sam, i tako iznova vraćala se u oživljena sećanja, uranjala i nestajala u njima, stapajući se sa vremenom iza u sopstveni bol i ćutnju.

* * *

Zvono na vratima najavljuje Sonjin dolazak... Bezbrižna i zahuktala, ali blaga, zagonetno nasmejana... Odmerena i pažljiva, nežne bele puti i zagonetnih crta na licu. Pomalo divlje puštene kose. Veselost kojom odiše cela njena pojava, u trenu kao da poriče sva ona prirodna stanja poput tuge i besa ili nezadovoljstva. Zbog oca, boli je sve to... Ljubi me u jedan pa u drugi obraz...

„Ovo je za tatu", kaže vragolasto. U ušima joj bruji ona gužva sa Terazija, studenti, pištaljke... Jasni predznaci onog što tek sledi...

„Mnogo toga se izmenilo. Svuda se oseća napetost, lica ljudi su nema, zabrinuta... U zbornici više ništa nije kao pre: nema više onih iskrenih razgovora, poveravanja, svako se zatvara u neku svoju na brzinu skovanu ljušturu."

„Ne shvatam šta se to zbiva, mama?!"

„Događa se ono što se nije moglo ni naslutiti. Koleginica mi je pre neki dan sasula u lice: – Gde ti je Ivan, Vera, gde sada pripadate...? Pobeći će, svojima..." sipala je.

Sonja se nasmejala.

„Nije valjda da te to boli, mama?"

„Ne. Ne. Izbeglice su slika vremena u kome živimo... prognani s vekovnih ognjišta, zavedeni obećanjima, strahom, očajem; u dugim, nespokojnim redovima idu bez cilja tražeći spas u Srbiji... Imali su sve, ili koliko im treba, a sada više nemaju ništa! To me boli, draga moja."

„I ovde u Beogradu je sve manje sigurnosti, mama. Besciljno, ali to za nas ne važi, toj pomahnitaloj reci nespokojnih, onih koji bi sve da promene mi ne pripadamo, mama."

„Kako bi mogli lepo živeti kada bi bar malo ljudi htelo i bilo pametno", kaza Sonja.

„Eh, kad bi... kad? Ne vlada svetom pamet, već neznanje i glupost..."

Sonja je ćutala.

„O čemu razmišljaš, Sonja?"

„O svetu i o nama..."

Brinula je zbog oca. Malo je spavala, to se nije dalo sakriti, na njenom mladom licu se to očitavalo. Izgledala je umorno. Tog popodneva odlučila je da pođe i prisustvuje protestu koji na Terazijama traje već nekoliko dana. Šta ih čeka, kakva sve iskušenja? Kroz nekoliko godina kako će sve to izgledati? U šta će se sve pretopiti ovi mladi ljudi, pa i ona sa njima?

Bojala se da pita majku za oca... Ne, to ne; poslednjih dana videla je koliko je majka na svaki pomen o ocu preosetljiva, ispunjena brigama, oči su joj odavale strah. Videvši još s vrata da je majka posmatra, Sonja zausti da nešto kaže ali se samo osmehnu...

„Otišla bih rado negde na nekoliko dana, mama, možda u Split...", napravila je kratku pauzu.

„Kad Ivan dođe, zašto da ne, Sonja!"

„Ali, mama! Govori se o skoroj mobilizaciji. Inflacija je na pomolu... Htela bih da nakratko pobegnem od tih slika... samo nekoliko dana, mama."

Osmotrila je izraz ćerkinog lica: neočekivano zrela, uplašena, ne vredi da je grdi, da joj nešto kaže. Boji se da postoje stvari koje još ne shvata a koje se i ne daju objasniti. Zato je i bolje da ćuti...

Sonja je već bila za stolom, s lica joj je iščezao izraz malopređašnje nervoze, nekog unutrašnjeg straha. Gledala ju je odvažno, pomalo drsko, kao da želi da je naljuti, da ona, njena majka, već jednom progovori. Vera to oseti, u njoj se uskovitla ljutnja.

„Pitaj, Sonja..." Glas joj zadrhta. Do tog trena mislila je da nije u stanju da bilo šta kaže iz straha koji se u njoj uzburkao. Sonja je pogleda tvrdo, s hladnim pezirom.

„Mrzim sve ovo što se događa, mama", reče jetko „Ovo ludilo", ponovi, „svi ste se uključili u to. Mi smo vaše žrtve."

Sedela je ispred nje, odvažna, hrabra, i gledala je u majku kao što se gledaju krivci. Onda je zapitala, tonom koji je oštro rezao.

„A zašto mi, ja da budem žrtva?"

Vera ćuti, posmatra ćerku, bez reči, odsutno, pilji u to lice pred njom.

„Reci, mama!"

„Rat je, Sonja. A tad ništa nije normalno, samo..."

„Šta samo, mama? Jedno te isto svaki dan, a ljudi ginu, odvajaju se Slovenci, na putu su da to učine Hrvati, Bosna, Makedonija, ljudi ratuju da bi potrošili municiju, ili zbog sopstvenih frustracija, ogrezli u mržnji i neznanju. Ali ja ne govorim o tome... Znam da rat pruža razne šanse, u najgorem slučaju mogućnost časnog samoubistva, što mislim i da nam se događa..."

Veri se nehotice ote uzdah. Tako je i ona mislila. A sada? Ćuti... Čudno osećanje promašenosti, nemoć da nešto učini... A mnogo čemu je, sad zna, vidi, i sama doprinela; kukavička nada da će sve proći i da će iz svega izaći jača, od nje čini ono što je najmanje želela: drhti od straha, sama sebe ubeđuje kako nam nikakva opasnost ne preti, kako će ovo ludilo stati, dogovoriće se oni koji se šetnjom dogovaraju, a odlučuju o zemlji...

Veče je mučno od iščekivanja, dugo kao nesanica. Svaki tren u njoj treperi, staje u grlu. Jedva diše. Njih dve za stolom ispituju jedna drugu, ćute... i posmatraju se. Sat na zidu otkucava.

U istom trenutku, osećajući neodređenu tugu, Sonja je želela da ova večera što pre bude završena. Ipak se osećala krivom što je mnogo toga rekla a u majci toliko toga pokrenula. Kao da se postidela, nasmeši se majci. Kao da je tim prodornim pogledom nešto u njoj toplo probudila i osnažila je. Hoće li njih dve moći sve ovo precrtati kao neki pogrešan račun? Zagleda se u majku na čijem se licu vraćao mir... U sebi je mrmljala: mora otići... smoći snage da ne odustane. Biti sama! Kakva suluda odluka... Sama sa sobom, nekoliko dana... a znati, da to nije bekstvo, već predah. Sama! Sama!... Zvonilo je u njoj. Da je tata tu, bilo bi lakše. Ali, on je... ne, neće pitati ništa za njega.

„Oni koje sam volela", započe Vera „zaćutali su, odlazeći nekud na najudaljenija mesta u traganju za nečim što su izgubili ovde. Neke od njih više ne prepoznajem..." Napravila je pauzu nekoliko trenutaka gledajući u sto ispred sebe. „Sad se pitam, mučim sebe. Ako sam verovala, zašto onda nisam umela da živim onako kako sam verovala?"

„Možda nisi verovala, mama?"

„Možda! Vera koja nema život, draga moja, sad vidim, prazna je i zlokobna kao sam duh...", nasmeja se ironično. „Noćima ne spavam, ćutim i čekam. Osećam se usamljenom više nego ikad, i nekako, bože moj, nepotrebna i suvišna. Iako se ponašam kao feniks koji svakog jutra ustaje iz pepela svojih košmara, posustajem, ne mogu to više da podnesem, osećam duboko u sebi."

Sonja se zagleda u nju: zašto li se ona u mladosti partijski opredeljivala? Možda, da se suprotstavi dedi? Ne sme to da je pita a majka nastavlja:

„Brinem za Ivana."

* * *

Da je bar pokojni otac živ. Kako bi on na sve ovo gledao, šta bi mi rekao? Da li to sada ja želim da se vratim u one prošle dane: u dane još na početku, sa Ivanom, u Splitu. Noć vedra ogleda se na moru, masline kao da kriju tajnu, dok nas dvoje kao mesečari idemo ispod njih, misleći da one postoje samo zbog nas! Kad se setim svoje majke koja je čitav život živela u traganju i borbi, iz dana u dan, navikla na lišavanja, zahvalna za sva ispunjenja, uverena da drugačije ne može biti, da joj je to sudbina. Ne, nisam ja na nju. Samo sam umorna. Slomljena. Sonja je potpuno u pravu. Nisam u stanju da joj kažem istinu. Mnoge stvari su mi se ispremetale u svesti. Mnoge su ova događanja pokrenula. A možda se život poigrava sa nama.

* * *

„Mama", javlja se Sonja iz sobe, „ne mogu da spavam, ne radi mi se, to me drži poslednjih nekoliko dana, zato opet mislim kako bi da negde odem. Da pobegnem od nekih sumnji i seni koje su oživele. Zašto smo uvek tamo na strani onih koji gube, ispunjeni sumnjom jedni u druge?"

„Teško je to odgovoriti ali, istina je, draga moja, nju nameće ludilo."

Sonja ne odgovara. Nejasna slutnja, izazvana majčinim rečima, pretvori se u bol.

„Rat je neminovnost!" izlete joj nekontrolisano.

„Ne boj se!" majka joj tiho reče.

Kako kad joj u ušima zvone povici: „Vi niste sami, mi smo sa vama... hoćemo oružje!" Terazijski plato ispunjen studentima... Na Ušću mitinzi podrške vladajućoj partiji... a njena mama, o iluzijama! Lepljiva tišina. Mučna je. Svaka reč izgovorena ne bi odgovarala istini, zvučala bi lažno. Misli naviru, a njih dve ih potiskuju u strahu da ne ozlede tišinu, da ono što kažu ne povredi lepotu osećanja. Lepotu ljubavi kojom su se vezivale i živele.

„Ne verujem više ni rečima. Ne verujem ni u šta osim, osim... u Boga."

Sonja je sa zaprepašćenjem posmatrala majku.

„Ti?" iznenađena upita je glasno.

„Da. Ja, dete moje; a šta je Bog, to ne znam. Nemam nikakvu predstavu šta bi Bog zaista mogao biti, valjda zato nam se sve ovo i događa da bi otkrili šta Bog nije. Demokratija, emancipacija... dve su najveće zablude u koje sam verovala, a slove kao nešto pozitivno. Time su i opasnije. Uprosečavanje, ujednačavanje, ne uzdiže vrednosti već ih obara, srozavanje koje u ovom vremenu guta razliku, onu tanku nit što čovek zaista jeste i onoga što bi hteo da je." Kao da se uplašila izgovorenog i ne gleda u ćerku. Oči joj sjaje, čini se svakog trena zaplakaće.

„To je istina", složila se Sonja.

„Do juče smo bili jedna zemlja bez granica, jednim jedinim jezikom sporazumevali se, a danas se ograđujemo mržnjom, verama, tradicijom, izmišljamo novi jezik, hiljade razloga za mržnju."

Sonja je netremice gledala u majku. Skoro da je nije razumela.

„Mama, ali nisi mi odgovorila na pitanje."

„Da?" progovori jedva čujno. Pogled joj se izoštri i dodirnu ćerkino lice. Onda se nasmeši, misleći da će moći izbeći odgovor. „Možda me nisi razumela", reče.

„Razumela sam", odgovori ona.

„Drugi narodi gledaju sebe u ogledalu, pa ili žive sa svojim refleksom u njemu ili nešto čine da ga poprave. Mi naslikamo jedan ideal, svoj san, sebe u staklu, a onda gorko uživamo u nesaglasnosti između realnosti i snova."

„Rat je, mama, ljudi beže, ruše se gradovi, gore sela, a ti meni govoriš o filozofiji življenja."

Ćuti, ne ume da kaže ništa ćerki, savila glavu i gleda negde ispred sebe. Njen svet nestaje, pa kao da i ona nestaje sa njim. Do juče govorljiva, uporna i hrabra, sad ćuti, kao da se boji ako kaže reč više da će se i sama srušiti. U njoj nemir vri, pokušava da ga sakrije, nastavlja ono što je započela:

„Nepravda i nejednakost su u prirodi stvari, kao Vergilijeve suze, a sloboda je senka izbačena iz svake žive realnosti."

„Sloboda. Kakva sloboda? Zar mi nismo taoci te zablude, kao što ste ti i tata? Zar da i dalje verujemo u isto? U zemlji koja nestaje. U kojoj nemamo izbora. Kao što je Beograd moj u meni, tako je moj i Split, što ključa od pomahnitalih glava nekih tuđih ljudi. Pokušavam to da ti objasnim, mama, ali ti me ne čuješ, ili možda nećeš... zar sloboda nije stvar uma, utopija u koju se tajno povlačimo iz svakodnevnog sveta, baš kao što ja u svom umu više živim u onoj staroj maslini iza kuće u Splitu nego u realnosti."

Vera je kao ubodena strelom podigla glavu i naglo se pomerila u fotelji. Upitno pogleda ćerku; nikada nije govorila tako, otkuda joj sve to? Onda je ustala i nervozno počela da šeta po sobi, stala je pred ćerku i govorila tiho, ubedljivo:

„Dosta mi je tog prekorevanja. Povlačenja. Ponižava me to. A ne prihvatam ni ovaj haos, ulicu... ne mogu tu odgovornost. Ali ni moja sećanja ne umem zaustaviti, oživela, proizvode mi strah. Svesna sam samo jednoga: da imamo samo jedan život i da nam on izmiče. A čini mi se da sam u njemu prevarena zbog nekog neumitnog reda stvari. Prevareni smo, i htela bih natrag svoje iluzije, ako se može..."

„Možda si u pravu...", reče Sonja tiho, bezbojnim glasom. „Možda..."

Oči su joj bile nemirne, u njima nešto skoro kao radost, traženje nečeg što majka ne može da joj dâ. Ustala je i poljubila je u obraz, a zatim otišla u svoju sobu.

Vera je stajala i dalje ne pomerajući se, momenat-dva zurila je za ćerkom, pokušavajući da shvati čime je to sebe naterala da govori na ovaj način sa svojim detetom. Munjevito joj promače misao da razlog svemu bi mogao biti Ivan, a da su od toga obe bežale. Zašto nam se sve ovo događa? Kazna. Kao prokletstvo, zvonilo je u njoj. Kako da prizna: sve je bila laž... ili sve je bila greška. Jednostavno, nije sposobna da sve ovo shvati...

Vera je u dnevnoj sobi pratila vesti koje je spiker bezbojnim glasom čitao. Suviše obuzeta onim što vidi na ekranu, nije ni primetila Sonju kad je ušla u sobu. Nije htela da prihvati da njena ćerka to sve duboko preživljava. Bežala je od te istine... Sonja je prišla prozoru i stala da posmatra beogradsko veče. Pogled joj se zaustavi na suprotnoj strani ulice. Dvoje ljudi se lagano kretalo prema kontejneru; očigledno pod velom noći krenuli su u potragu za hranom. Posmatra ih kako prilaze i pažljivo počinju da preturaju po kartonskim kutijama, crnim plastičnim kesama, gotovo blazirano, kao neko ko posmatra robu izloženu u dobro sortiranom izlogu. Pored njih su stara dečija kolica natovarena velikom kartonskom kutijom u koju stavljaju odabrane stvari... Sonja je netremice piljila.

Osetila je čudnu simpatiju prema tim nepoznatim ljudima, gotovo potrebu da siđe do njih, da ih pozove u stan, da ih nahrani. Znala je da to nije pravo milosrđe ili radoznalost, već potreba da se i sama vrati u realnost. Čini se da u poslednje vreme živi u nerealnom... Previše toga se nakupilo u njoj: praznih obećanja, ispisane parole, neprirodni osmesi i lažne učtivosti, izveštačeni konvencionalni maniri... Nepomična, pilji kroz prozor priljubljena licem uz staklo. Osećala se nemoćno. U stvari, onim ljudima tamo dole privlačila ju je realnost njihove samoće, ta nit kojom opstaju treperila je snažno u njoj...

Vera priđe takođe prozoru.

„Čuj", izusti Sonja, ispunjena potrebom da uteši majku, „život je i ono što vidimo, dole, na ulici... stvaran kao što vidiš."

„A mi?"

„Šta mi, ti moraš u tim godinama naučiti, mama, da se promeniš, da budeš drugačija. Suštinu svoga bića da okreneš i prilagodiš... Da svaku svoju strast neguješ i čuvaš, makar drugima donosila suze..."

Otvorenih očiju, bez daha, Vera je slušala svoju ćerku... Nije mogla da zamisli da to ona govori, zrelo i pametno! Koliko dugo će još ćutati o neprihvatanju Ivanove porodice. Moraće joj reći što pre. Kako će to Sonja doživeti?! Prihvatiti. Nije trebalo dugo da shvati kako je Sonja duboko u sebi znala istinu: samo u jednom razgovoru ukazala joj je na to.

„Ma, najrođenije treba zaboraviti ako nude bol, ionako ga je previše", kazala je jednom Sonja.

Kako? Mislila je Vera, to ona nikada nije znala. Nije znala da čuva sebe, a opet se danima pita kako je opstajala u svemu tome godinama ne govoreći nikome ništa, dajući bez ostatka sebe. Ćutala je tako i sada u razgovoru sa ćerkom.

* * *

Ne znam kako sam se izvukla iz tog stanja nemoći, ćutnje, s majkom i bez nje, tog mučenja, rezignacije, besa, ne znam... Kao da je nešto te večeri puklo u meni, i ja sam rezignirano digla ruke od daljih mučenja, oslobodila se pritiska. Konačno, moram se boriti sama. Zašto majku nisam pitala za oca, zašto sam joj dozvolila da ćuti? Zašto sam tako uporno i slepo želela da tu istinu odložim što duže? Ne znam! Ćutnja je tako olakšavajuće delovala. Bila sam majci zahvalna, negde, u podsvesti, zahvalna što mi o ocu ne govori, ne opterećuje me... što mi omogućava mir, tišinu praznog doma, što mogu da mislim na nešto drugo, sat-dva, i zato prećutno, svesno, ne pitam gde je tata i je li se javljao. A ona, iz dana u dan deluje sve više unezvereno, ošamućeno, poput gonjene zveri ćuti i preznojava se...

Najzad, noć je duboko odmakla, ležim na svom krevetu i mislim na Nikolu. Sve mi najednom izgleda bljutavo, poput dugo čuvanog ugnjilog voća... Nije me toliko nervirala njegova duhovitost, ali mnogo je bolje kad govori o nauci, ispitima, nekim malim željama, bilo o čemu samo ne o politici... tad je tvrdoglav, drzak, dalek i nepoznat. Ležim, ali ne mogu da zaspim... Napolju je noć uobičajeno tiha. Čini mi se da sam Nikolu tek srela... sve dok nije uvučen u politiku.

Tamo, na Terazijama, u masi ljudi. Sluđen, nije vikao, nosio parole, nije mrzeo ali je bio tu. Sa studentima. Jedni su tražili promene, drugi su bili za Srbiju... oni na čelu mahali su zastavama. U jednom trenu kao da sam bila tamo, zvižde mi pištaljke u ušima... Zastala sam da pronađem Nikolu. Sećam se kako ukočen od dugog stajanja okreće glavu na drugu stranu, kao da ne veruje i hvata moj pogled. Ručali smo zajedno toga dana, malo govorili. Kao da nemamo drugu temu, za ručkom smo pričali o ratu i politici. Ili bi na trenutke ćutali. Nemajući mira Nikola je jedva čekao da se ručak završi pa da krenemo. Još od početka naše veze nije hteo da zna kako ja funkcionišem. To me je iritiralo: to držanje po strani. Uvek je znao šta je najbolje za nas...

Zašto je Nikola morao da se uplete u politiku? Apsolvent Pravnog fakulteta, sin jedinac, iz lekarske kuće, već smo tri godine zajedno. Raspravljam se sama sa sobom, i dalje ne mogu da zaspim.

Spolja se čuje fijuk vetra koji dolazi sa Save... Osluškuj udare vetra, zaspaćeš, kažem sebi.

Prvi veliki sukob sa Nikolom: njegov pristup radikalima. Jako me je to uplašilo. Delimično zato što sam verovala da su promene neophodne, i da to nekako mora da učini, ali zašto da on bude tamo iako smo znali da je Jugoslavija već u muzeju, životinja na samrti, u zoološkom vrtu: bez ikakvog osećanja ponosa i potpuno predata ratnom urliku... Nikoli to nisam uspela objasniti; stvari se ukazuju u drugoj svetlosti u kojoj shvataš gde si, i da su sva ona glupost, i onaj neukus, nesigurnost, nejednakost i nasilje i konformizam, samo cena za održavanje nacionalne energije. Ne. Nisam se trudila da Nikolu u to ubedim. Samo bi mu ponekad na to ukazivala, onako usput sasula mu u lice a potom zaćutala.

Plavičasta svetlost jutra lepila se na staklu promenljivim plivajućim sjajem stvarajući utisak kao da sa glatke površine stakla odasjava neka daleka, brzo dolazeća radost. To me smiri. Nikolu ne treba dirati, on je u pravu, što odluči njegovo je... Samo se bojim da nije jasno sagledao uzroke i posledice onog što nas okružuje... Ponašanje prema meni mi je novo, nerazumno. O svemu ovome htela sam mami da kažem ponešto, ali njena muka me je zaustavila.

Od rane mladosti trudila sam se da nikog ne opterećujem, nisam bila govorljiva, i po tome, kažu, bila sam nalik na baku iz Splita čije su reči zastajale negde na pola puta do mene, ponekad i neizgovorene nestajale negde u ćutnji. Tako sam i ja u grlu nosila, reči u suzama, bojala sam se da progovorim da me posle toga ne bi sasvim odbacili. Ćutala sam, a za baku bila zagonetna devojčica iz Beograda. Sećam se, koliko sam puta ušla u sobu, bacila se na krevet i plakala neutešno. U Splitu sam mislila na one u Šumadiji... a u Šumadiji na one u Splitu. Duboko u sebi htela sam da to spojim, ili da bar premostim... I tako godinama. Među nama je postojala neka mešavina uzajamne radoznalosti, osećanja i krvnog srodstva bez neke velike zavisnosti, čak je zavisnost uglavnom bila moja. Kad ih ne bih čula tri dana, odmah bih zvala Split i često bila u stanju da pričam čitav sat... pitajući se; koliko ima stvari koje čovek ne shvata, dođe pred njih a onda se sudari sa zidom.

„Sonja. Ti ćeš jutros rano na fakultet a nisi ni spavala", rekla je majka molećivo. Nisam krila zbunjenost.

„Nisam", promrmljah. Na moju nesvesnu grimasu nastavila je:

„Moraš spavati, moraš..."

Govorila je staloženo, ozbiljno, kao da drži čas.

„A sada, da popijemo kafu pa da krenemo."

„Ali, mama, ja hoću još nešto da ti kažem, da budem sa tobom... u svemu. Ne možeš da ćutiš, mama, da okreneš leđa i da budeš sama."

Nije se pomerila, odmahnula je glavom, prikovala je oči za sto i nastavila da ćuti... Nisam odustajala.

„To što ćutiš, je l' to zbog davnih slika? Stidiš se svojih zabluda?"

„Ućuti, Sonja. Molim te!"

Spremamo se da izađemo, nevoljno stojim u hodniku pred ogledalom, glava mi buči od zakovitlanih misli i tonova... Hoće li nestati sve ono što me okružuje i što volim, iščileti negde... Da li je moguće da zaista umire jedna zemlja? Ta lepa zemlja u kojoj sam se rodila, odrasla, koju volim...

Dok sam sedela u tramvaju, obratila sam pažnju na razgovor koji se vodio blizu mene: „Nemoj da se žestiš... ali, ti stalno nešto menjaš, izmišljaš...", kaže jedan. „Gde si o tome slušao, nisu pisale novine, nije bilo na dnevniku..." „Nije valjda", preseca ga drugi, „da si samo tako obavešten – ne verujem tom izvoru... koji služi politici... Uzrok svemu je: sujeta, egoizam, glupost, neznanje čak. Postoje ljudi dobri i zli, pametni i glupi i među njima treba otkrivati ono najbolje, vezivati... To jedino priznajem, sve ostalo je igra, čudne kalkulacije koje uvek na kraju skupo koštaju!" „Upravo to..." „Ali, ovi protesti? Demonstriraju u centru grada, studenti, penzioneri... i jedni i drugi dokoni. Istina, svi bi hteli da nešto menjaju, kažu odavno se nešto sprema, kuva u bosanskom loncu." „Šta kažeš na to?" „Ništa. Svak radi svoj posao", odgovara ovaj mirno! Sedela sam na prednjem sedištu, upola okrenuta ka njima, ali sam pogledom pratila druge ljude, njihovu reakciju. Malo ima nade, vidim im na licima strah... nemoć. I sama sam se dugo osećala loše, ta slika iz tramvaja čitav dan je bila prisutna: teško je razumeti ljude koji o politici govore akademski. Meni rat otima zemlju u kojoj sam odrasla, koja je u svakoj kapi moje krvi; Beograd, Split ili obrnuto... „Umesto bežanja, valja se suočiti, stati i boriti se; neučestvovanje je izdaja", čujem Nikoline reči.

Osvrćem se u auli fakulteta, Nikolu treba spašavati, mislim, a pitam se kako? Tih dana, u krugovima na fakultetu, u klubu, Domu omladine i sa nekih drugih tribina u Beogradu, stekla sam neka podrobnija saznanja o zbivanjima u zemlji, o strančarenju... borbi za vlast. Nikola je nastojao da me uvuče u politiku, da me opredeli za neku od stranaka, pa makar i bila suprotna od one kojoj je on pripadao. Nisam pristala... kad iz suludih pobuda počneš da stvaraš snove, palate, moraš s vremena na vreme pristati i na iluzije koje se oko njih pletu. To se dogodilo mojim roditeljima... zbilo im se ono najmanje željeno.

Sećam se dedinih reči: „Naša zemlja će se, dete moje, kad-tad rasturiti kao kula od peska. Ne zato što to hoće njeni narodi, nego što krv i kosti nisu temelji ove zemlje...", a potom bi zaćutao uzdahnuvši, ne nastavljajući započetu misao... Onda bi dodao: „Opstanak i napredak porodice zavise od dobrog domaćina, njegove dobrote i pameti. Bojim se da nam to Bog nije dodelio, ili nije nama Srbima... Našu zemlju vode političari, nametnuti, oko kojih se okupljaju mase, veruju im, i slušaju... ih!"

Najednom, počela sam da se sećam svakog trenutka provedenog sa dedom: naših razgovora, razmišljanja. Mamin otac, taj divni čovek iz Šumadije, kako bih u Splitu govorila o njemu... Sve moje želje i misli pokrivaju događanja na ulici, očevo zadržavanje na poslu, kažu informativno zadržavanje i sve što se događa osećam da je nezdravo. Oni najbolji se povlače i ćute, kad-tad će i oni zbog ćutnje platiti visoku cenu... Pomalo patetična, čini mi se da sam u nekim mislima i naivna? Da je deda živ? On bi mi mnoge stvari razjasnio. Zašto da izbije rat baš sada?

„Tražio sam te, Sonja... Majka mi reče da si otišla na fakultet. Možemo li da se sutra vidimo u gradu, recimo u Domu omladine, vodim te na obećanu večeru!"

„Ne. Na kolače", kazah prihvatajući poziv, i nastavih korak-dva nesvesno.

„Sonja. Čekaj!"

Milan! Otkuda sada on? Majci sam prećutala Milanov poziv na večeru, mislila sam da je tako najbolje. Zatekla sam je u kuhinji. Čim me je ugledala na vratima počela je da govori, kao da na vestima beše čula nešto novo, važno... ili je možda pričom htela da prikrije strah za oca, a samim tim i neprivikavanje na tu istinu. Sve bi bilo drugačije da je tata tu! Možda strah ne bi bio manji, ali bar bi sa majkom mogla razgovarati... Gledam majku kako na svaku vest reaguje, sa mokrim rukama iz kuhinje dođe i stane pred ekran, ona koja to nikada nije činila. Damar joj na licu igra kao da je uzbuđena. Bože, da sve ovo samo prođe? Biće pakao! Bosna kad proključa, još je opasnija i gora od Hrvatske. Kao da razgovara sa ocem, pilji u ekran i govori, mene i ne primećuje. Kažem joj da je većina studenata radikalno obojena, ponesena. Ne reaguje, odmahne samo glavom kao da je se to ne tiče, nastavi da sluša i gleda u slike koje promiču.

Ćutim i mislim: o Milanovom pozivu na večeru. Nisam očekivala, priznajem sebi. Primećujem da od tog trena nijednom nisam pomislila na Nikolu. Stidim se zbog toga, ali nisam mogla drugačije, prijao mi je taj trenutak na fakultetu. Milan je to video, pročitala sam to u njegovom osmehu.

Pogledala sam u majku, lice joj je bilo mračno, kao slike koje su na ekranu promicale, i odražavalo je neizmernu bol usamljenosti i suvišnosti.

Po završetku „Dnevnika", sva izobličena, ćutala bi neko vreme, skoro ista slika tako se ponavljala danima. To se ne da opisati, mislila sam. A tek stanje u Beogradu, trka i ludilo na sve strane, trgovine poluprazne, strah se pretvara u paniku, kupuje se sve što dođe pod ruku. Ljudi kao mravi, i svi nekud jure, stanu samo na tren, kao da su nešto zaboravili, ili da se osvrnu da ih neko ne goni, da doviknu nekom gde se i u kojoj prodavnici nalazi to i to... Tako se ponašaju i u autobusima, jure da se dokopaju mesta kao da ne mogu da stoje na sopstvenim nogama. Tu sliku bezglave mahnitosti, koju uočih u ovom vremenu kod ljudi, ništa ne može izbrisati. Kada to majci kažem, ona ćuti, ni reč da izusti, okrene mi leđa, brzo odlazi u kuhinju. Osećam kako mi majčin bol i strah prodiru kroz kožu i dalje u vene, pa i sama mislim da se jedino može opstati ako se uključi u borbu. Boriti se snažno, nadljudski, kako kaže Nikola... Muči me samo misao kako da odvojim prijatelje Hrvate, Muslimane i sve druge iz čitave zemlje od onih protiv kojih se treba boriti. I šta dobijamo time i jedni i drugi? Nas niko nije pitao hoćemo li u rat, a ono što jedni drugima činimo rastaviće nas sve dubljim i nedoglednim daljinama. Brisaće svaku mogućnost zajedničkog života. Zar je to istina? Moguća? Nemoguća, ali nam se dogodila. Počinjem da shvatam majku. Ko može da joj izbriše ceo život, mladost, zajednički put kroz život? Njen i očev. Ne, to se ne može dogoditi, a ako se dogodi, sećanje će biti teško kao mora, kamen koji pritiska i guši, koji vuče, nikad neće dozvoliti da se oseti radost topline sa onim koga si voleo tamo negde u Hrvatskoj, Sloveniji. Nisam se usudila da je zapitkujem više tog popodneva, a ne bi ni koristilo, jer ako majka zaćuti nema odustajanja. Bojala sam se za nju, a istovremeno pomisao na oca stvarala bi moru u duši.

Uverena da je majka još u svojim komunističkim iluzijama, nisam joj saopštila svoju odluku da ja neopredeljena ostajem čvrsto na zemlji. Ne priključujem se nijednoj partiji.

* * *

Ništa Veri nije menjalo dane, iz sivila se nije dalo povratiti raspoloženje, vest da je Ivan na poslu zadržan samo je pojačala to sivilo. Zadržan, zvonilo je u njoj kao budilnik. Kako zadržan?

Tog popodneva ona i Sonja nisu mnogo razgovarale. Čak su neko vreme ćutale jedna pored druge osluškujući glasove iz sebe. Uopšte nisu primetile kad je veče ušlo u sobu.

„Da nešto spremimo za večeru", pita je. Ne može da izdrži njen pogled, pa brzo ustaje i odlazi u kuhinju.

Sonja gleda za njom, na majku bi se najradije izvikala, jer ne može da je gleda tako snuždenu.

„Ne znam šta bih ja mogla da učinim da se trgneš i prihvatiš stvari kakve jesu, a ne kako bi ti želela, mama? Zamolila sam te da razgovaramo."

„Prazna sam za bilo kakav razgovor."

„Nisi. Pričaj, mama."

„Mislim da bi bilo pametnije da se odmoriš. Možda posle večere."

„Ne. Sada. Hoću."
„Ti moraš, Sonja, da se izdigneš iznad toga. Ako i ti to ne učiniš, onda nećemo moći da sve to podnesemo... Dugo sam verovala u drugačiju stvarnost, istinu, i ja i tvoj otac... Sve dok nije počeo rat... A onda sam poludela, čini mi se od straha, i shvatila da više ništa neće biti isto. Zato želim da tebe zaštitim! Verujem da ti znaš da budeš pametna ali se bojim nekih istina... onih koje sam ja ćutala."

* * *

Pratila sam i dalje majčine pokrete, kao da hvatam deo po deo njenog tela i duha, kao da tragam za skrivalicama u njenom biću. Piljila sam u nju, a sve reči neizrečene zamenio bi poneki uzdah koji bi tišinu učinio još težom. To je naprosto bio takav dan, takvo vreme. Ne znam šta su sve njene misli bile u tom trenutku. Možda su bile slične mojim. To sada više i nije važno. Njena iluzija zbog dubokog verovanja nestala je kao prah. Ostalo je samo telo – robot da nosi teret istine.

Bez ijedne reči povukla sam se u svoju sobu, ostavila sam je da ćuti i bez pomeranja sedi u fotelji. Za oca sam znala da će se izboriti, uspeti da dođe neokrnjen, jer on nije bio od onih ljudi koji lako propadaju, koreni su mu bili jaki baš kao i um, o načinu i hrabrosti da i ne govorim. Iako nijedna vest nije stigla od njega, ja se nisam ozbiljno zabrinula.

* * *

Ekonomiju će Sonja završiti bez mnogo problema. Šta dalje, prolete joj kroz glavu. Ne. O tome će kad dođe vreme. Najopasnije je pobeći u sebe. A ja to činim. Koliko sam samo danas puta pokušala da uhvatim pravu misao, jurila sam, kao da prolazim kroz vekove.

Do juče sam verovala u svet bez granica, branila ga jezikom sporazumevanja, a sada se sve to ruši na moje oči. Vraća nas stotine godina unazad, budi zaspale duhove pune mržnje. Znala sam da je to loš put. Duhovi najavljuju smrt jedne zemlje. Nisam mogla ni da pretpostavim da će to vreme doći. Zato sam zanemela užasnuta predznakom sudbe, koja čeka moje narode, nas... Rat je bio tako blizu da sam ga mogla osetiti u nozdrvama. Strahujući, išla sam u susret nesreći koja se nadvijala iznad naše glave. Zato sam pred ćerkom ćutala, uznemirena zbog lažnih iluzija kao zlokobnog znamenja, obnevidela u sivilu koje nas je okruživalo, jer nisam umela, htela da shvatim i prihvatim trenutke koji me okružuju, da uživam u drugačijem životu. Kako me to teško boli! O tome, verovatno, nikada neću govoriti. I verovatno, dok bol ne umine, strah me neće napustiti. A kao još jedno iznenađenje u meni su živo treperile očeve reči. Njegov lik. Te oči. Svuda sam ih videla. „Dogodilo ti se", čula sam promukli glas. „Nažalost", mrmljala sam, razgovarala sam sa mrtvim ocem. „Govorio sam ti. Tvoja tvrdoglavost i verovanje doveli su te u ono o čemu sam ti govorio."

Sedim i ćutim i čekam izvesnost.

* * *

Umesto misli koje me u poslednje vreme ispunjavaju, sada sam najednom opružena na krevetu osećala neki začuđujući mir: zatvorila sam oči, za još jedan trenutak svežih mirisa algi, kričanja galebova, zasečenog sunca iznad Marjana, istinskog osećanja života, prisustva smisla, lakoće, lepog, i opet, osećaj života. Sve što me je do tog časa mučilo, ličilo je na vlažno, močvarno i uskislo podnožje. Izlazim iz tog neprijatnog, a tada tek shvatam koliko neprijatnog i ograničenog ima u svakom našem koraku... Godine druženja, trebalo je da shvatim kako se izvesne osobe pojavljuju u prelomnim trenucima života, u neposrednoj blizini: da, možda, utiču na povoljan tok događaja. Mislila sam na Milana. Bio je kao proviđenje u svemu što mi se događalo u poslednje vreme... Najednom, obuzela me je želja da izletim napolje i viknem, dosta. Dosta svima! Ali kako? Morala bih da progovorim nekim drugim jezikom. Kojim? Možda Milanu sve to da kažem, on ume da misli pametno, odmeren je u svemu, strpljiv, obrazovan, sa znanjem nekoliko jezika, možda on... Ne, to nikako ne! On je mnogo znao, mnogo čitao. Postdiplomske studije na Ekonomskom fakultetu za njega su bile igra. Čula sam njegov glas. Otvorila sam oči i pogledala, noć je ispunila svaki deo sobe njegovim prisustvom. Zašto? Zapitala sam poluglasno. Ja i Milan se godinama družimao. A ovo je... Ponovo sam zatvorila oči i zaćutala. Ovo je nešto drugo. Oboje smo bogatiji, imamo jedno drugo... Sve do izvesne granice a onda se ispreči – tajna. Kuda? Šta dalje? Duhovnost čovekova i njegovo srce!

Milan je uvek bio tu, u senci, između dve pauze, dva predavanja, u poslednje vreme još češće. Čini se da sam mu u oku prepoznala kako ga muči ta želja; govorio bi ponekad i nešto nevažno, da bi me samo što duže zadržao kraj sebe. Na moju vezu sa Nikolom skoro i da nije obraćao pažnju. Bio je strpljiv; kao da je čekao neki dodatni znak... A on je iz mene izleteo spontano, jer je verovatno duboko negde bio prisutan. Nisam se odala ničim, ubeđujući samu sebe da je to na kraju nešto bezazleno... Htela sam ga potisnuti. Bezuspešno. Onda sam shvatila da smo previše vezani, mislimo isto... za samo tri godine druženja. A kao da se družimo više, znatno više.

* * *

Kad je izašla Sonja, Vera otvori vrata od balkona. Napolju je bilo suvo i hladno jutro, vetar koji je duvao u toku noći beše stao; naslonjena na gelender pomisli: šta li sada radi Ivan? Već čitavih sedam dana je odsutan, nije ga tražila na poslu, obavestili su je... Čekaće, ubeđivala je sebe, mora biti strpljiva... Zaplakala je. Jesmo li ja i Ivan krivi za ovaj krah zemlje u kojoj smo živeli? Poraženi uvek krive druge. Ne. To ne može da prihvati.

U podne je došla u školu, u zbornici je sela za sto u uglu, prelistavala pismene zadatke, bila sasvim mirna i bilo joj je nevažno što se svi tu oko nje nerviraju, međusobno proganjaju i pokušavaju da se istrebe, ne znajući više ni sami zašto to čine. Naravno, svi su uvereni da imaju razloge. Agresivnost iz svakog oka gorela je kao vatra. Najednom je shvatila da mora da bude dovoljno jaka da se svima suprotstavi.

„Vera, Ivan ti nije došao kući?" pita je koleginica.
„Nije."
„Kako možeš da budeš mirna? Reci mi, molim te, nije trenutak za laži."
Vera se nasmeja i reče:
„Sve što bih da ispričam može da stane u jedno-dve priče. Jedna ljubav, jedno dete, fakultet u Beogradu, detinjstvo u selu... Možda je najzanimljiviji detalj iz moje mladosti, otac prema kome sam bila seljački tvrdokorna."

U povratku kući, kolone behu sve duže, a povici sve jači, i glasniji... Opet okupljanja. Mešavina uzvika prodirala je kroz otvoren prozor autobusa i utapala se u inače mirno popodne, puno nekakvih isprepletanih boja, mešala se sa žagorom ljudi koji se stvaraju, niču niotkuda i ulivaju u reku na Ušću. Iz Verine glave nestade svetlost plavog prostranstva, ustupivši mesto tamnom, pretećem sivilu.

Daleka i umorna, ušla je u kuću. Činilo joj se sve izgubljenim, nije se mogla pribrati, niti bilo šta pametno da misli. Znoj poče da joj se sliva niz kičmu, kvaseći joj košulju. Trudila se da što pre zaboravi razgovor u zbornici, priču koja u njoj budi uspomene na poreklo, na život... veru i zablude... Nadajući se nekim boljim vestima, Vera se nervozno spusti u fotelju, pa brzo ustade i pođe do kuhinje, nali vodu da sebi skuva kafu...

Miris kafe je zapahnu i ona se zagleda sa setom u ugao trpezarije gde je Ivan voleo da sedi i sa njom pije kafu. Kako su uzaludne sve njene misli i svi pokušaji da silom prihvati stvari koje nisu njene. Nasu kafu i krenu do stola. Lagani popodnevni vetar pomerao je zavesu na otvorenom prozoru. Dan prođe. Bar da se Sonja pojavi, pomisli, i uzdahnu. Nije mogla sebi da oprosti ni sukob sa ocem, ni hladnoću Ivanove majke, ni Sonjino propitivanje, sva ta zbivanja, čak ni to što je nemoćna da išta učini za Ivana... Glava ju je bolela, slepoočnice divlje udarale primoravši je da zažmuri.

* * *

Toga popodneva, po završenoj nastavi, svratila sam u klub, očekivala sam da se Milan pojavi. Predavanja su i kod njega bila završena, njegovi studenti napuštali su učionicu u tišini bez uobičajenog žamora. Tek kad su svi izašli, shvatila sam da bi na vratima mogao da se pojavi Milan. Završivši vežbe, uvek bi izlazio žurno, kao da kasni na ugovoreni sastanak. Ovog puta, zagledan, išao je lagano, nogu pred nogu. Ma koliko ga očekivala, stajala sam kao prikovana, sapeta u mreži sopstvenih strahova i muka. U trenu priviđenja, i lakom i otežanom, između Nikole i njega i nebeskog svoda, iznenada osetih da gubim dah... Istina je bila tu, tamo! Za koji tren samo. I Milan priđe, radostan... Osetih veliko olakšanje, a crv nečeg novog, nepoznatog, počeo je da me nagriza. Vraćala sam se na svaki detalj iz ranijih susreta; zaključih nemoćno da sam malo šta do sada primećivala. Verovala sam da je Milan drug koji hoće da kaže nešto jednostavno i razumljivo, što ja od svoje zanesenosti, pomalo i uobraženosti, tako su mi govorili, nisam umela da čujem.

* * *

Iznenađeno, Milan podiže pogled ka njoj, ne verujući očima. Gledajući je netremice, krenu raširenih ruku prema njoj. U tom poluosvetljenom prostoru, išaranom igrom senki po zidovima aule fakulteta, poljubi je u obraz i čvrsto privi uz sebe. Učini mu se da joj se, ispod tesno pripijene majice, previše nazire vitko, zategnuto telo... da zapravo oseti da je zatreperila. Ošamućen od vežbi, časova koje je održao i neverice, pomisli da sanja. Tek kad im se pogledi susretoše on se nasmeja zagonetno. Uze je ispod ruke i pođe sa njom prema vratima. Išli su jedno pored drugog, ćutali, bez daha, bez pitanja, bez reči. Čudan nagoveštaj drugačije i trajne veze, što kao kosmički plamen traje... ne gaseći se kroz vekove... Predvečernju tišinu remetio bi samo još pokoji student zaostao na fakultetu, monotona škripa vrata, sve ostalo, napolju, beše ravnodušno, tromo, umorno, već viđeno, pa Milan pomisli: da je sa njom na nekom drugom mestu, u nekom drugom svetu, makar samo nakratko.

„Sonja, kako se radujem, što te vidim", najzad progovori...

„I ja", izusti kratko.

„Znači, poći ćemo zajedno na piće!" dodade brzo.

Kako da mu kaže da bi radije pošla kući ove večeri... Gorak ukus neizrečenih reči oseti u ustima. Ćutala je, jer je duboko u sebi želela da ostane sa njim.

„Ne znam nikog ko je tako pametan kao ti, Milane", kaza tišim glasom... „Zato ću večeras ostati sa tobom. Idemo."

„Ne budi drska", uzvrati joj...

Još uvek ju je držao ispod ruke i u korak išao sa njom. Kada su izašli iz zgrade, napokon vratilo joj se samopouzdanje. „Drugarstvo koje prerasta u ljubav", mislila je dok ga je čekala da upali auto, „ili trenutak slabosti?" Milan je bio svoj: jednostavan, neposredan i iskren. Ljude je procenjivao na osnovu sopstvenog osećanja vrednosti. To ga je povremeno dovodilo u sukob sa drugima, za šta nije mnogo mario. Imao je svoje principe, proverene vrednosti, jasan cilj. Neki su zazirali od njega, neki ga se bojali, malobrojni uživali u njegovom prijateljstvu, ali gotovo bez izuzetka, svi su ga poštovali.

Uhvatio je za ruku i naterao je da ga pogleda. Neka nepoznata prisnost uverila je da je na bezbednom i svom... Milan je govorio polako, bez preciznih zaključaka, ali savršeno mirno.

„Moraš da veruješ da si jaka, i da ne postoje uzaludne reči. Ono što smo voleli traje i ne zaboravlja se. Nije greh u pojedinim trenucima života podići oči k nebu, moliti se, otvoriti dušu i šake, osloboditi se besa. Molitva nemoć pretvara u snagu a neprospavane noći u sećanje... Ona grli, Sonja, naše srce, goni teške reči koje bi možda još mogli da izgovorimo..."

Uzeo je njenu ruku i poljubio je ovlaš. Ne usuđuje se da ga pogleda, hiljade misli, toliko reči najednom padaju joj na pamet, ne izgovara nijednu, ćuti... Bio je svestan da u njoj mnogo toga lomi, nije joj lako da ga prati u tom iznenadnom lutanju... Nije hteo da joj pomogne, ali, takođe, nije mogao da joj mnogo toga i ne kaže, dok je nema sedela pored njega.

„Ti i Nikola...", oprezno to izusti, „na dve različite strane, ili...?"

Nasmejala se. Smehom je htela da prikrije zbunjenost. Gotovo uvek spremna na odgovor, ovog puta ostala je bez reči.

Izvuče svoju ruku iz Milanove. Nije mogla da zamisli da tako reaguje. Iako mu nikada nije rekla koliko mu znači, duboko u sebi bila je svesna toga.

Spolja dalek i zagonetan, u suštini Milan je bio mek i osetljiv. Baveći se naukom, bežao je u sebe čitajući mnogo, ponekad i bez reda, sve što bi mu došlo pod ruke. Gutao je knjigu za knjigom. Živeo je u polju nauke, voleo je i mrzeo kroz stranice iščitanih knjiga, i neosetno usput menjao sebe. Naučio je da savlada večiti osećaj ugroženosti, strogo kontrolišući osećanja.

„Lepa si", reče joj nakon kratke ćutnje. „Posebno kad si ćutljiva."

Pitala se kakav je to novi, nepoznati trenutak. Delila je sa njim radost, učila od njega. Samo uspomene... ne, njih joj nije dozvolio da neguje.

„To tebi, Sonja, ne priliči."

Nikola nije umeo da se predaje stvarima, pa samim tim ni njoj! U početku njihove veze to joj nije smetalo, nije primećivala... Možda to nije ni znala, možda je to smatrala normalnim.

„Reci, Sonja", uze je ponovo za ruku i nežno poljubi, „šta te muči?"

„Ništa. Sve je u redu, Milane." Kao da nije znala šta u ovom trenutku treba da kaže...

Dobro je što je Milan uz nju, ona nikada o ljubavi nije mislila uzvišeno. Ti čudni izlivi emocija... šta oni znače? A ljutila se kada bi uočila da Nikola kroz nju gleda kao kroz staklo. I je li Nikola uopšte znao da je ne vidi? Ili je živeo u zabludi, a i ona?

Možda je živela u ubeđenju da je Nikoli potrebna. Čovek pati i zbog zablude – privremeno... Na kraju krajeva, zar se to ne događa njenoj majci. Čak i kad spoznaš sopstvenu zabludu, koliko je potrebno da uvidiš i da jednog dana osetiš da živiš bez ijedne fikcije... Večeras neće misliti na majku. Danima je razmišljala... o svojim roditeljima, o toj čudnoj sponi... ništa im nije zamerala, ništa. A opet jasno, kao nikad ranije, osećala je kako se neka velika, nezaustavljiva opasnost približava, i nikada nije bila toliko svesna kao sada, da nije ona ta koja može posredovati.

Kao da je hteo da joj pomogne, Milan progovori prvi:

„Kad mnogo verujemo, draga moja, onda nismo u stanju da svest o zabludi dosegnemo, iz svega, hteli mi to ili ne, jedino provejava realnost koja je kao otrov koji nas polako ubija."

Osmehnuo se, osmehom koji ne potvrđuje ono što izgovara. „Idemo da popijemo nešto žestoko", dodade brzo.

Potvrdno klimnu glavom, osećajući da joj je to u ovom trenu neophodno.

Te večeri Milan je mogao da je drži u vlasti koliko mu drago. Rastapao je napetost i ćutnju nagomilanu u njoj tokom proteklih dana. Slatka plima opuštenosti i poverenja grejala je i podizala, na tren pomisli kako joj menja život... Napeta, kao srna na rubu šume. S mukom je zadržavala ustreptali dah. Milan je govorio lagano.

„Kad uporno želimo da dotaknemo ono što nas boli i pritiska u poslednje vreme, najbolje je da pokušamo da ga se oslobodimo bar u razgovoru... Treba se čuvati ovog ludila u kome bi svi hteli više. Hteli bolje."

„Znam. Vidim svuda u okruženju, svi misle da su za nešto i od nekog zakinuti, da im pripada više. Ona rulja na ulici bi da sve stavi pod noge, da li čuješ šta govore? Nije važno da li to čine na Ušću ili na Terazijama. Svi čine isto."

„Znam. Sve je to ludost, koju svi činimo bez izuzetka. Ma, ja tome ne pridajem važnost, danas svaka budala može da izađe na ulicu da se izviče, pa šta?"

Milan se glasno nasmeja.

„Volela bih da si u pravu."

Preko stola uze je za obe ruke i poljubi ih nežno. Na tren Sonja kao da zaboravi o čemu su pričali, ničega više nema osim ove večeri, nje i njega, odnekud su na dalekoj morskoj pučini, kao na nedodirnutom delu planete, slana morska voda poput bisera iskri im po telu. Pogleda u Milana, on se samo nasmeši i nastavi da joj steže ruke.

Milan je govorio lagano, kao da bi da odahne od napornog dana. Više nije prikrivao tu nit koja ga vezuje za nju, što je činio do samo pre neki sat. Gledao ju je.

„Znam zašto je to tako?... Mi se u stvari odavno poznajemo..."

„Ne razumem", ote joj se.

On odmahnu glavom kao da nije ni imalo šta da se razume. Ustao je i preko stola poljubio je u kosu.

„Zašto si to učinio?" U trenu je mislila da će ga zbuniti, da će ćutati ili slegnuti ramenima, zato se iznenadila kada je odgovorio:

„Volim te, Sonja!" Sa lica mu je nestao nemir. Gledao ju je prekornim, pomalo upitnim pogledom, kao da zna njenu reakciju. Sonja to shvati.

„Da ne misliš?..."

Glas joj zaneme. Oseti da je sva ispunjena. Pogleda ga toplo, ne mogavši da izusti ni reč. Nebo je nad njima bilo vedro, kao i veče koje se spuštalo na vodu omamljivom toplinom i mirisima. Ništa nije čula. Uskoro će doći noć, i ona će te noći ostati budna... Mora neke stvari da razjasni sebi. Pokušala je da ostane opuštena, dok je sebe ubeđivala da je to samo trenutak slabosti. Međutim, u ušima su joj šumile samo te dve reči koje je Milan izgovorio. Zar zaista to nije primećivala ranije? Dođe joj da se nasmeje od iznenadne radosti, od neke samo njoj znane male sreće, ali Milanov pogled, nedvosmislen i odlučan, kida joj misao. Pomisli na njihov prvi susret pre tri godine. Stajao je pred njom... Dopao joj se... onako drugarski, objašnjavala je sebi... I, druženje je tako teklo. Kod Nikole, to nije primećivala, a sada? Kad krene da ređa, onda se ništa ne da objasniti do kraja. Ne treba žuriti. Ali šta je to što je sada guši? Reči koje ne umem da izgovorim, reči koje u grlu zaostaju. Ili sve ovo ludilo u zemlji? Skupila je snage da ga zamoli da pođu... kao da više nije umela da razgovara, misli koje su joj jurile kroz glavu obuhvatile su joj srce i lagano ga nosile kao na dlanu pticu, kroz godine, kroz vreme, onim dobrim šarenim putevima.

„Idemo, Milane."

On je ustao bez reči, uzeo je za ruku. Ćutali su kao da i dalje veruju da je sve ovo samo san.

* * *

Pred zgradom Milan me je samo lako poljubio u obraz. Bila sam umorna. Ili me je sve ovo nespremnu iznenadilo.

Odsutno sam pritisnula zvono na vratima, duboko u sebi smešeći se svojoj naivnoj duši. Opet je sve igra, mislila sam, zureći u majku na vratima. Dobro je, pomislih, što sam došla kući, ali nisam baš bila sasvim sigurna u to. Svetlo je bilo upaljeno u mojoj sobi. Pomislih da je tata stigao. Ili, ko je upalio to svetlo? Upitno pogledah u majku, ona je ćutala. Nešto se ipak dogodilo, nisam imala snage da pitam za objašnjenje. Krenula sam nekoliko koraka ispred nje, a onda se sručila u fotelju. Osećala sam da je ovo trenutak kada ću baš ja morati da kvarim sliku koja je godinama bila tako lepa...

„Mama", izustih, pogledavši je zabrinuto.

„Sonja, moram da ti kažem da je Ivan zadržan... do daljeg."

„Znam", izlete mi, ne sačekah da majka završi.

„Hoćeš li sutra otići da to proveriš, mama?" upitah.

„Istina je. Nema potrebe. Nije greška. Moramo to podneti, Sonja. Proći će."

„Nadajmo se da hoće. Ali rat je počeo?"

„On je već svuda."

„Ali, mama. Zar posle toliko dana. Kako?"

„Ne znam. Tako. Javili su samo da se produžuje do daljeg..."

„Šta? Kako javili? Ne razumem. Ništa baš... ne, ne. Mora da je greška."

Suze joj klize niz obraze, plače, potpuno svesna neminovnosti koja ih čeka. Majka je nemo gledala. Ne plače, ali nemoćna je da joj bilo šta kaže, potpuno prazna. Iz nje je u trenu, kad su joj javili za Ivana, iščileo ceo splet misli i emocija: bol, strah, nada, izvesna doza vere, sve ono što je u ispreplitanom klupku držalo danima, očekujući Ivanov dolazak. Pošto se pribra, tiho kaza:

„Ne plači, draga moja. Proći će sve ovo."

Odsutno, i bez ijedne suze više, pogleda u majku. Najednom, učini joj se da joj je majka fizički ostarila... za nekoliko dana. Zavrtela je glavom neuverljivo, ne, to je nemoguće... „Zar je čovek išta drugo do korenje između mračne ledine i nebesa u kovitlaju?" govorio je deda, mamin otac, taj gorostas iz srca Šumadije. Nije umela da mu se umiljava, da čuje, mnogo toga nauči od njega, nije. A u Splitu je to umela, svijala se oko dida i bake, činila ustupke i kad joj do toga nije bilo.

„I Sava mi večeras miriše na rat", prolete joj Milanova rečenica istrgnuta iz razgovora. „Balkan je ludnica. Trusno područje... a mi, lepa moja, nismo pristali nigde: a opet, svima smo na putu, kao kuća sagrađena nasred druma"... „Ne misliš, Milane, da će se rat preneti i ovde... nismo valjda svi ludi?" „Jesmo, Sonja, jesmo." „Kako? Mi moramo da budemo zajedno... to nam je jedino prirodno i logično stanje." „Hm, to ništa nije novo. Tako misle i naši očevi, Sonja. Ali, kada smo to mi njima postavljali pitanje da li u Jugoslaviju veruju zbog ujedinjenja svih južnih Slovena ili zbog ujedinjenja svih Srba u jednu državu, ili možda oboje... Šta misliš, da li bi nam znali dati odgovor, šta bi oni rekli sada?" „Pa zar ne govore, Milane, svuda: na mitinzima, po novinama, poplava čudnih otkrića." „Mitinzi... ti suludi skupovi, eh, Sonja, to je maska kojom ističu demokratiju... a u suštini to je nedostatak razuma. Zapamti, ništa više neće biti isto, ništa!" Uz svoj zagonetan, rasejan poluosmeh Milan je bio ubedljiv.

„Sonja", prenu je majka iz misli, „moramo biti jake, podneti sve što nam se dogodi... Moramo", govorila je isprekidano.

* * *

Jutro je. Sem tutnja autobusa, starih izanđalih motora, ništa se više nije čulo. Pogledala je na sat.

Bilo je osam. Do polaska na posao ima još dosta vremena. Ne sme Sonju opterećivati, mora je zaštititi. Mora pronaći neki izlaz. Za grehe i kaznu na Balkanu dovoljni su naši preci, naši roditelji, Ivan i ja. Ako Bog postoji, ili,... ako priroda postavlja i reguliše život, ne može biti tako surova da nam i decu kazni... Strese se od bola, jeze, koja joj prođe kičmom, sve pročitane knjige i navedeni razlozi nisu dovoljni da objasne zašto, zašto nam se sve to ponavlja, iznova događa.

Kad nema Sonje, kad je sama, ona jekne s vremena na vreme, pa se zatim umiri sve do sledećeg čistog bola i raspuknuća. Imaju li ratovi biološko opravdanje, pita se dok sprema nešto za doručak. Može li jednog dana nauka objasniti razloge velikih ljudskih patnji? Hoće li se čuti ispovest pred oltarom istine za počinjena zla i grehove, ali ne samo zato da bi se počinioci kaznili, već da ne bi vaskrsnuli? Ćerka joj je nedavno uz kafu govorila da sve u životu do čega se dođe brzo, bez borbe, ne vredi mnogo – čak ni ljubav. Sve vredno traži da se neguje kao cvet sa brižljivošću i slobodom, da bi otkrili lepotu... Tako je i ona išla kroz život. Osećala se zadovoljnom zbog toga. A sada, u svesti joj ključa misao da joj je vera bila pomućena, i da je se tvrdo držala onom urođenom seljačkom naivnom privrženošću, nemajući snage da je odbaci.

Sonja je osetila da se s majkom opet nešto čudno dešava dok ćuti tako dugo u kuhinji, jer skoro da je nije čula da nešto radi, pa je upita:

„Mama, je li ti dobro?"

„Dobro mi je", kaza obradovana što je prekinula njeno razmišljanje.

„Da ne plačeš?"
„Ne. Ne."
„Ćutiš?"
„Onako."
„O čemu razmišljaš?"
„O nekim davnim uspomenama", izusti laž.
„Kojim?"
„O onim danima u Splitu; luka prepuna preplanulih, razdraganih lica. Brod uplovljava. Ja, ti i tata... Jedva čekamo da se ukrcamo, jer idemo na Hvar. Ukrcavamo se, ti se raduješ, plovimo... vičeš. Mama!"
„Prekini, nisi ubedljiva. Razmišljala si o nečem drugom. Osećam to. Vidi ti se u očima."
„Tata će doći, Sonja, na zadatku je koji možda nije moguće drugačije rešiti. Moramo to podneti."
Sonja se trže, unosi joj se u lice i reče:
„Mama, ja ne verujem u to."
„Tu smo sada nas dve."
„Sedi pored mene", kaza Sonja majci. Govorila je preplašenim glasom deteta, koje traži podršku spolja za ono što oseća u sebi.

* * *

Ponedeljak je, za Ivana dan naporniji od ostalih. U mnoštvu pitanja, iznuđenih odgovora gubilo se vreme i osećaj za njegovo proticanje. Već ustaljenim redom, pukovnik Steva morao ga je opomenuti da je vreme odavno već na izmaku, te da bi morao jednom već progovoriti, reći im istinu... Ivan se pomeri nervozno. Pogleda u natmurena lica ispred sebe, duboke bore na licu pukovnika Steve kao da su se za ovih nekoliko dana još produbile...

„Dobro... Dobro?" ponavljao je, ne podižući glavu sa gotovo hrpe papira na stolu ispred sebe. Tišina. Nešto duža nego obično. Prestali su na tren, da se igraju njime. Operativac Beli ga prati ispod oka, kao da mu je to jedino zaduženje, pilji uporno i dosadno. Sada ćemo malo da se odmorimo!... A nisu ni počeli, pukovnik Miloš se nasmešio; kao da je osmehom hteo reći, sve ovo nije važno, gluposti, ne treba da se uzbuđujemo... Njegov smešak, vidi se da mu nije ležao; nije bio iskren: oči mu se nisu smejale... Čemu služi ovaj odmor, i šta dolazi posle njega...? Naravno, Ivan je stari vuk, ova tišina nije ga pomerila. Kao da su to znali, oni su je i prekinuli: bojali su se da može nastupiti trenutak kod njega, naročito posle ovakvih pauza i tu ispred njih, gde se samo krajnosti smenjuju, da se sasvim nenamerno zatvori, da mu je mrsko da kaže ijednu reč i da učini ijedan pokret... izgleda da je to pukovnik Steva osetio... Čekao je da se umori: da se ispuni sumnjama i nevericom, da sam sebe pobedi, da se opusti, da zaboravi gde je, i tada, oni će da izvuku to što im treba...

„Dakle, gde smo ono stali, pukovniče Ivane!" zapara tišinu.

Ivan je bio u stanju da pusti da minuti kaplju bez sadržaja, ali pukovnik Steva to nije mogao, nervozno se vrpoljio, znojio se... da bar zna... da bar može da dokuči šta Ivan misli o svemu ovome, sad kad ga ništa ne pita, kad ćutanje omogućava da se za trenutak na ceo slučaj zaboravi – sad je šef bio ispunjen ironijom. Osetio je to Ivan: tu ispred njega, sa tog mesta gde je on bio, dolazila je hladnoća kao iz frižidera! Razmišljao je smireno, ko dobija u ovoj celoj igri, ovako umoran i zatečen: šta on dobija?... Odjednom mi se čini kako samo razaznajem da izgovaraju sakate i prazne reči i osećam da polako postajem čovek-senka. Znaju oni šta treba da rade; zgusnutu tišinu prekidaju istim pitanjima, kao da se međusobno propituju, rastaču tako vreme na ono pre i ono posle prvog pitanja, a meni je sve to ličilo kao neko maglovito sećanje, na već viđeno, pa mi se u jednom trenutku učini kako je Verin otac bio u pravu... te njegove reči iz preživljenih lomova, izgubljenih glava i sveopšteg nestajanja.

Muče ga pitanjima, sramote, kao da nemaju druga posla osim ovoga što čine. Odmahnuo je glavom s jedne na drugu stranu, kao da razgovara sam sa sobom, to je pukovnik Steva uočio, lice mu pocrvene od muke, u jednom trenu pomisli da ne postoji ništa važnije no da Ivana nagna da govori. Ustade i ponudi mu cigaretu.

„Ako hoćeš, uzmi", reče sasvim prisno, „hoću da razgovaramo, godinama smo zajedno, boga mu..."

Ivan odbi cigaretu i ne pogledavši ga, nije mogao da veruje da mu se obraća na taj način, u dušu mu se upi prezir... bol... useli se nemoć iznudivši mu ostatak snage koji se pretvorio u otpor; maska neprobojnosti je pala, mogao je da vidi Stevino lice. Nešto strašno se dešavalo u njemu. Čvrstina koja ga je držala odjednom se raspadala. Ono što mu se oslikavalo na licu Ivana je šokiralo. Na tren mu se činilo kao da ga još više mrzi, iako je osećao, po prvi put, i da mu je blizak, ne kao prijatelj, već kao kolega po iskustvu. Ponovo je odmahnuo glavom, polako, s jedne na drugu stranu, nikako ne skidajući pogled sa šefa. Ne boli ga što mu se ovo dogodilo, što su ga zadržali i lomili pitanjima, ni zbog scenarija. Već samo pokušava da se razjasni sa sobom. Sa samo jednim jedinim pitanjem koje postavlja sebi ovih nekoliko dana. On je Hrvat. Razlog je to, ili je to samo igra, koju čine u Hrvatskoj kolegama Srbima da bi nas okrenuli jedne protiv drugih... Gotovo da je to jedini razlog... Ne postoji način da se takve stvari razjasne... čak ni godine zajedničkog života i rada, u zemlji koja ima svoju istoriju... ne pomažu? Sve što se dogodilo poslednje je u nizu što se moglo dogoditi. Pandorina kutija nije otvarana. Nije podizan poklopac da otkrijemo njenu suštinu, sada su to učinili umesto nas... U čudu i ne znamo više šta radimo jedni drugima. Još maločas o svemu je mislio samo kao na mogućnost, a sada je osetio njenu neumitnost: da posle nje više ništa neće biti isto! Nijedno pitanje, nijedno čuđenje, nijedno objašnjenje: više nijedan odgovor, saglasnost... Ništa posle ovog scenarija ne može da se izmeni: igra ostaje igra... Pitanja, pitanja, pitanja... Nemaju sabesednika: samo zid o koji udaraju... nema odgovora: samo nova pitanja... Sve tako u beskraj: sve dok se pukovnik Steva ne umori, ne prekine ova pitanja nekim novim pitanjem, svojim pitanjem. No, on to nije učinio: hodnikom se čuju koraci, dežurni unosi neke fascikle i stavlja ih pred šefa... I, pre nego što je bio načisto sa samim sobom, prekinuli su ga...

„Mi znamo, Ivane, sve što treba! Znamo...", ponavljao je. „Gledaj me dok govorim", obrecnu se. Pogledao sam ga. Misleći, neki to ne mogu da prežive, ali ja moram. „Znamo, postoje tragovi", pogled spusti na fasciklu ispred sebe. „Polje u kome si dejstvovao."

Izustih da nešto kažem.

„Ja..."

„Čekaj. Ja govorim. A odgovor je, ti nisi zatvorenik. Već... Ti si, Ivane, onaj koji radi sebe... žrtvuje druge."

Ivan nem, bez ijedne reči, ćuti, sav taj scenarij, sve to sranje... ceo improvizovani šou... Ništa od toga nije istina, htede reći. Ali, oćuta. Pukovnik Steva nastavi da govori, zastajkujući s naporom. Sve mi je od početka ličilo na razbijeni brod... mislio je Ivan, kroz glavu mu na tren proleteše njih dve, noćima bez sna čekaju njega.

„U fascikli su fotografije, Ivane, možda znate čije...", kaza pukovnik Miloš.

„Ne. Zašto bih?"

„Vreme na početku otkrije igru, stvari se razjasne... Rekao sam ti da odgovaraš samo na pitanja", nervozno reagova šef i pogleda u pukovnika Miloša koji je sedeo sa njegove desne strane.

Krenuh da ustanem, na tren mi se učini da ne obraćaju pažnju na mene.

„Kuda? Sedite, Ivane, i recite nam to što tražimo od vas... Možete da krenete i od priznanja..."

Ništa im nisam odgovorio.

„Ne kažete ništa. Zar nemate baš ništa da kažete u svoju odbranu? Mi čekamo, Ivane."

Čekaju... To me zaustavi, zaledi na tren, osetih kako sam paralizovan na stolici, prikovan bez pomeranja. Šta čekaju?

„Znamo način na koji si nastupao, govorio i radio, ne ostavljaš tragove... Ali, mi smo kolege, Ivane, znamo se", dok je govorio posmatrao me je prodorno... a ja sam se u mislima vraćao na ono jutro kad me je pozvao na razgovor kod njega u kabinet. Glas mu je sada bio umeren, međutim, kod njega je uvek postojala mogućnost da se zakači za prošlo vreme. Treba početi razgovarati. Nešto treba govoriti... ćutanja su najopasnija. Siguran da će Ivan progovoriti... a onda će polako, kao da ima previše vremena. Bezbroj puta se vraćao na početak, a od toga bi Ivan pretrnuo. Nije voleo te prastare načine... Jutro je odmicalo, a mi smo se vrteli ukrug.

„Ne znam da li smo se razumeli", jedno te isto pitao je pukovnik Steva. „Neki tvoji razgovori, Ivane, još od ranije. Možda od njih da počnemo... Kasnije ćemo razgovarati o ovome danas. Kasnije!" Kao da su zaista imali vremena na pretek.

„Dobro", kažem, „sve što mi pripisujete odbijam."

„Kako?"

„Ako čovek zna ishod, nevažno je kako je do toga došlo."

„Šta hoćete da kažete, pukovniče Ivane, mislite da vas progone zbog... zbog nečega što ne postoji."

„Možda", kazah kratko.

„Meni se to čini jedino mogućim u ovom ludilu, kako bi svetu predstavili svoju odanost... Da li bi ste vi to činili, Ivane?"

„Naravno da ne bih, po cenu života", izustih.

„Onda nam je sve jasno." Pukovnik Steva ustade. Nije se baš najsigurnije osećao na nogama, ali mu priđe i sede na stolicu pored njega. „Shvatam da danas nije rentabilno govoriti istinu", pomalo ironičnim osmehom to izusti, kao da je time hteo da ga povredi... čekao je tren-dva, a onda nastavio. „To na samom početku..., kao čoveku koji je godine proveo u ovom poslu mora da je jasno da to ne može da vam škodi: tad ste vi bili..." Ivan se nasmeja. Improvizacija neuspela, iz ovih prividno nevažnih pitanja, takvih i odgovora, oni slažu fascikle novih scenarija: kad bi im ponešto kazao, kako da im objasni da to može da se izmeni, a da to oni ne iskoriste obmanjujući i sebe i one koji zahtevaju da se scenarij provede do kraja.

Nije se nerviralo, shvatio je da je počela borba ne za goli život, već za nestajanje... sa zemljom koja nestaje u plamenu. Ucenjuju ga priznanjem, da bi mu pokidali iluzije, uzdrmali ga. Jer kad to uspeju, onda sve ide lako.

„Znam šta očekujete od mene, ali ja nažalost ne mogu da učestvujem u tome, odnosno: pošto se ovde radi samo o meni, mogu sasvim sigurno da vam kažem da sam odgovorno radio svoj posao..." O zabludama ni reč, iako su oni sve činili da o njima progovori, on to neće učiniti: ako je nateran da o njima razmišlja, neće o njima govoriti.

Nekad je verovao da može sve reći, da ne postoje rezerve... hrabrost mu nije nedostajala. Jedina stvar koja ga drži smireno jeste pouzdano osećanje da je u pravu. Taj bajkoviti san, uvek u nekoj silnoj radoznalosti hrabrio me je da izdržim, da savlađujem daleke nemirne prostore i nestalne ljude i da silinom čoveka koji veruje poništavam sve tragove zla koja su činjena na ovim prostorima, sve dolazeće dane i godine. Sem toga, istina nije mrtva... vredi li zbog dobrog ukusa da izgubi glavu, kad ovde sada za te finese nemaju mnogo sluha? Sve je besmisleno: dok smisli nešto logičnije – ćutaće. Pustiće njih: da se lome, da se istrče, da strahuju, zbog toga da čine gluposti... ili, zbog toga što su u zabludi da su u pravu...

Kroz glavu mu prolete da je u razgovoru pomenuo zabludu. Sigurno će pokušati da mu tu reč prikače: kako objasniti ovde zabludu a da se čovek ne upetlja? Jednom kreneš ulicom i vidiš okupljeni svet... Pevaju isto, zar to čoveka ne ponese? I tako sve počinje, u tome razum nema mnogo udela; seme zabluda već klija, svake godine koreni sve jači, a čovek je sve stariji... Pauza koja traje, dozvoljava Ivanu da misli; kad sam se našao u ovoj poziciji, osetio sam kao da imam sto godina, iako do tog trenutka o godinama nisam ni razmišljao. Onda sam počeo da tražim uzrok tom osećanju, da kopam po sebi; neki dan, prolazeći pored jedne veće grupe okupljenih ljudi, osetio sam da u meni ništa ne buja! Znači zabluda više ne seje novo seme. Ta nova događanja nisu me zaustavila, ali su unela nemir... Mnogo smo lagali i mnogo dugo bili u obmanama, pa ne može biti velika nevolja ako probamo da bar to priznamo sebi... pojašnjavao je sebi neke uzroke, situacije u kojoj se našla cela zemlja, polazeći od samog sebe, od pojedinca.

Za stolom, tu preko puta njega, oni su nešto razgovarali, nije ih čuo... ali, šef Steva nije negodovao. Da je Ivan kriv, sve bi bilo lakše, mislio je – našao bi mnogo stvari za koje bi tražio objašnjenja. A, ovako... nešto je beležio – ali šta je mogao zabeležiti od svega ovoga, čak i veština majstora da konstruiše scenarij nije mu pomogla.

„Ivane, gde smo stali... hajdemo", tišim glasom poče pukovnik Steva.

Cela igra počinje iznova, dalji nego ikad, učiniše se stranci jedni drugima, kao neka nepoznata bića, u nekom zagubljenom svetu. Da li smo opet na početku ili na samom kraju...? Pitao se Ivan, posmatrajući ih tu ispred sebe. Obuzet slutnjom, zamorom i strahom što mu se uvlačio u kosti, spusti pogled na svoje ruke koje su mirno ležale na kolenima. Kad već mora, izdržaće. Negde u grudima probadao ga bol i neobjašnjiva odlučnost ga sasvim obuze. I dok je umirivao sebe, pitanja potekoše brzo, bezredno. Kako ih je samo dobro razumeo! Sve je čudno treperilo u dubokoj ćutnji, samo je neznanje zatvaralo put.

Povređen i zatečen, na istom mestu, još uvek ne verujući svojim očima. Ovaj postupak protiv njega nije mogao da razume, ni da prihvati. Umoran, gotovo besan, oseti da mu se muti u glavi, kabinet u kome sede u blagom talasanju se smanjuje. Bol i nemoć sustizali su se kao jedine optužnice. Samo u deliću sekunde bezbroj razdirućih misli sinu mu grozničavo kroz glavu. Zar ovoj zemlji naši životi ništa ne vrede? Zar da se sve baci pod noge kao da ničeg nije bilo?

„Razlozi za razgovore koje ste vodili mora da postoje... one sa Splitom... ili... svejedno odakle ćete krenuti."

Odjednom sam shvatio da moram da budem dovoljno skoncentrisan da bi im se suprotstavio. Koliko je prljavo na taj način plesti mrežu, ali, morao je da počne da se bori. Bolje da i sam ponešto kaže nego da to deluje kasnije kao iskonstruisani razlog.

„Jeste li najzad odlučili da govorite? Je li vam sada jasno da sve znamo?"

„Jeste"..., oklevao je, uživajući u šefovom oštrom pogledu: na tren nije mislio da je ovo opasna igra, tek kasnije to mu prođe kroz glavu... Bez obzira na godine provedene zajedno, mora ostati na distanci, govoriti bezličnije: mada i najobičnija omaška može izgledati uverljivo. To svi znamo, svi koliko nas je u ovom kabinetu, pomisli Ivan.

U vazduhu, ni sam ne zna otkuda, već duže vremena osetio je pitanje o verskom ubeđenju?... Ako mi to postave, mislio je, kako će odreagovati... ono uvek može imati mnogostruki smisao... ma, i bez toga sve ovo dobija oblike gluposti. Sve što ga pitaju mekano je i providno: jedna vera ili druga... Uostalom, neka ga pitaju, u ovom vremenu dozvoljeno je govoriti i laž. Mada se on njome nije koristio.

Pukovnik Steva nešto je zapisivao. I ponovo pogledao u sat.

„Šta kažete, Ivane, na to što ja verujem da ste pogrešili, možda je to prvo što treba da razjasnimo?" Osmehnuo se.

„Šta mogu da kažem osim: ako ste vi ubeđeni ja nisam."

„To treba da učinite, tek da dokažete, Ivane. Moraćete!" Nije krio ljutnju. Nervozu.

„Koliko dana treba da provedemo tu sa vama, natežući se?... Dosadno je ponavljati svaki dan jedno te isto: kreni pa stani... korak napred, pa onda u mestu."

Ivan se nasmeja.

„Ja sam izneo to što sam imao, a vi se trudite da dokažete suprotno."

„Ja nisam ovde da vama, Ivane, dokazujem nego vi nama!" kaza nervozno.

„Onda ne mogu da vam pomognem: vi ostanite kod svog ubeđenja."

Skinuo je naočare i spustio nervozno olovku, zastao je i pogledao u papire: bilo je to možda smešno za onu trojicu koji su sve to slušali nemo, a zar oni mogu poverovati u sve to? Zar im nije jasno koliko se muče da naprave neki scenarij... To je možda samo njemu bilo strašno... Nije ih razumeo, nije...

„Da ne mislite, Ivane, da ste u pravu?"

„Ono u šta sam ja ubeđen to je tako u stvari, i vi to znate da je tako..."

„Šta kažete?!..." Njegov povišen ton trže Ivana, za trenutak je nameravao da im saspe sve u lice, a onda odusta. Bilo je besmisleno, ostali su poslušno ćutali. Ćutao je i on. Setio se nekih zadataka, njihove težine, znanja u zauzdanom duhu, neiskazanoj misli, o strahu i beznađu, o godinama provedenim u službi pred kojom je sada krivac. Nikad nije ni slutio da to može da mu se dogodi, a sada je osećao da se nalazi u centru istog grotla. Nepregledne, oštre, zlokobno preteće litice, štrčale su iznad njega, toliko visoko da nije sa dna video ima li svetlosti na vrhu. I to što mu se dogodilo od ljudi s kojima je godine proveo, pojačavalo je bol.

Pukovnik Steva čeka odgovor. Da su ga bar direktno okrivili, olakšali bi mu odbranu, a ovako mora da se suoči sa svim tim, do đavola, besmislom ludosti. Da im kaže da je govorio, šta i gde? Da. Govorio je... i baš zbog toga što je govorio sada bi njih oterao u mater! Zbog ovog suludog insistiranja... Došlo mu je da im kaže – govorio sam, tačno je, sve to što tražite, i da sve prekine? Ali to bi bila kapitulacija, ceo plan pukovnika Steve bio je usmeren na to da iz njegovih razgovora izvuče krivicu... Zašto? Čemu bi i kome ona služila? To nije umeo da odgonetne. Pitajući se jedno te isto, šta se to događa u ljudima koje godinama poznaje, radi sa njima? Da li ta egzotična biljka, – naklonost, poštovanje, poverenje – to što čovek naziva ljubav – da li to može da uvene posle ovakvih stvari?

Pukovnik Steva ustade i lagano krenu prema prozoru. Zbog čega sve ovo činimo? Zbog... Zbog... Zar nije cela naša zabluda što mislimo da možemo u ovakvom vremenu da ostvarimo jednu čistu stvar, a da nas ne sroza u blato? Zar sve ovo ima opravdanja? Ono što činimo jedni drugima: sahranjujemo jednu svetu stvar, jednu zemlju, radi jedne druge, na tlu Balkana iscepkanih u torove zatvorenih malih zemalja... Oni ništa ne ubijaju, kažu, samo prave zamenu! Ali, mi smo to već imali! Imali... imali – brujalo je u njemu. Uvređen. I ne pogleda u Ivana, kako da prizna sebi, da je ovo sa

Ivanom zabluda ili nešto više od toga? Možda, nešto gore, mislio je: to nije bila čak ni zabluda!... Ivan ima toliko snage kao da baš sve od njega zavisi, ne može da potire samog sebe...

„Vrtimo se ukrug, Ivane", izustio je i dalje gledajući kroz prozor. Hteo je istinu, izgovorenu lažno.

Pa dobro, uzmimo da ja tu igru zaigram, mislio je Ivan, šta bi dalji korak bio?... Mada je sve ovo glupost; jer nikakva igra, ništa praktično u njegovom odnosu prema njemu ne bi se menjalo, nije smeo popustiti; iako je sama formulacija, za ono što ga krive, bila savršeno nevažna; ona je bila tu pred njim, kao da je to sudbonosno za njegov život... A za njega, bili su važni događaji a ne reči... kod njega, sadržaj je ono što se dogodilo, kod Steve obrnuto: on je bio za reči... On bi to jasno stavio do znanja: ostavite sve ostalo, to me ne zanima, ali mi recite ono što tražim... Ivan to nije smatrao za bitno, ali se nije suprotstavljao: jer su ovog trenutka Stevine kategorije važile... Smešno izgleda čitav scenarij...

Steva je još uvek stajao kraj prozora, po nekoliko puta pogledajući na sat, očito nije uspevao da sakrije nervozu, a želeo je da je bar ugleda kod Ivana, nije mogao pretpostaviti da sve ovo Ivana neće iznenaditi... Ali, ubrzo je ponešto za Ivana izgledalo drugačije... Na zvono telefona Steva reagova u trenu, jednim korakom već je bio kod stola. Pre nego što uze slušalicu u ruke, pogleda u Ivana odsutno: na tren je izgledalo kao da je telefon bio njegova presuda. Ivan je mirno sedeo i ne pokušavajući da dokuči kakve veze on ima sa tim...

„Da, ja sam... jeste li završili... čekaj, bogamu, šta... ne razumem! Ništa?... Pa to je nemoguće!... Jeste li sve pažljivo pogledali?..." Gledao je u Ivana, ali ga nije video... izgledalo je kao da će svakog trena da drekne u telefon, ali se uzdržavao, nervozno se pomerao, s jedne noge na drugu... damar na licu mu je igrao... „Šta kažeš? Kakvi papiri?... Ja to ne shvatam...? Ništa, dođi do nas i donesi mi to... Koliko još ostaješ? Pitam samo... Pa ako ništa nisi pronašao, šta ja onda tu mogu da ti kažem..." Ljut, ne skida pogled sa Ivana, kao da je on za to kriv. Razgovor koji je hteo vešto da iskoristi, da ga uveliča, bio je samo jedan oblik svega ovoga ovde!

Ivan je poznavao sve te ljude, prijateljevao sa njima, radio godinama na istim poslovima, znao ih u dušu, i zar je Steva bio toliko slep da ga ne pozna i da takvim metodama ne može ništa da učini...

„Ne znam šta bih još mogao da učinim da se trgneš i prihvatiš stvari kakve jesu, a ne... ne..."

Ivan je ćutao. Sebe je uhvatio da razmišlja o onom telefonskom razgovoru koji je Steva vodio; neće valjda krenuti kući, da tamo potraže ono što od njega nisu dobili... to njih dve ne bi podnele, Vera posebno. Telefon je tu, nadohvat mu je ruku, samo je trebalo da okrene broj i da im javi; da je za sad sve u redu, da ne brinu. Pogledao je u telefon. Želeo je da ih umiri, ali... nije ni mrdnuo prstom...

Steva je pominjao neke papire i rekao je nekome da ih donese? Šta je to bilo? Da li se uopšte radilo o njemu? Ali, zašto ga je posmatrao tako nervozno? Ili je to bio neki njegov promašaj bez veze sa njim, ali pošto je on tu prisutan, ništa prirodnije nego da nervozu prenese na njega. Možda, nasmeši se Ivan, sve ovo znači da ga smatraju za ozbiljnog krivca... ako ne to: da li su Sonju i Veru pozvali...? U trenu, učini mu se da je momenat da svom šefu kaže kako stvari stoje, da se izbori da ga u njih ubedi... Odustaje, uvek je bio osetljiv na ljude koji se unose u lice i nude da osetite njihov dah... ali, takve je ljude dobro znao i mogao je da ih izbegava, da okrene glavu u krajnjem slučaju... Ali ovo je nešto drugo, i to je trebalo zaboraviti... smesta zaboraviti, što je za njega odgovornog i pedantnog čoveka bilo nepojmljivo. To što je svemu davao značaj; svom izgledu, uniformi, bilo je jače od njega: deo njegove prirode.

Vera je bila nalik na njega, bila je takođe osetljiva na te stvari!... A sad je ovde upoznao jednu novu stranu, koju nije do danas smatrao važnom kod čoveka s kojim je godinama radio. Nije voleo neodgovorne, pijančenje, nije... Takve ljude prepoznao bi odmah; propale egzistencije, alasi bez posla. Neuzvraćene ljubavi... Šta je on to mislio dok je gledao takve ljude, koji se nisu osvrtali na njega, izbegavao ih... a sad, odjednom otkriva to u svom okruženju. Otkriva kako mu to otkriće kvari raspoloženje! Hrabrost u čoveku dizao je do zvezda, a sad vidi koliko je čovek u dubini samo bedni, preplašeni crv: sve ono herojsko što je kao vajar iz blata gradio u čoveku, dok je on u isto vreme bauljao, kao što njegov šef baulja za sve vreme, krijući se iza njih trojice, uključujući i njih u vatru. Prože ga bol! Zbog njega, zbog tog preplašenog ništavila, on je zauvek u sebi sahranio tu vrlinu koja je za njega postojala, i ne znajući da u isti mah sahranjuje i nešto sveto... Moral i čast! Jer ni to, ni to nije postojalo!... Je li mogao još to da izdrži, da mirno sedi i dalje gleda u njih... u pukovnika Stevu. Bože, kao da svi živimo u nekom praznom prostoru, kao u nestvarnom snu. Ne osećamo život jer smo ga od velikog stišavanja skoro izgubili.

Ivan pokušava da upali cigaretu, ne uspeva, nervozan je... Šta dalje? Ako ništa ne dopire do šefa, ako u svojoj glavi ima samo dve predstave o ovom trenutku i ništa drugo neće da čuje, ništa ga ne zanima; očekujući samo da Ivan potvrdi, ono što je on zamislio... U ovom malom ratu nerava, mala taktička pobeda, pomisli Ivan.

* * *

„Mi smo u suštini, mama, svi nazadovoljni... bojim se da svakim danom postajemo nakaze od ljudi, razbacani kao pusta ostrva u tuđem, odbojnom i drugačijem svetu, i tako, slomljeni, plutamo po površini nepregledne mutne vode. Je li to jedini način opstanka, pridružiti se i postati isti?" pitala je zagledana u nju, majku, graciozno i gospodstvenu, oličenje strpljivosti... sada je najmanje ličila na sebe.

Nešto se u njoj slomilo, osećala sam to. Kao munja, trglo me je i osvestilo. Nažalost, Sonja je u pravu. Moram nešto da smislim. Moram, kao nekad moj otac meni, da ja njoj objasnim ovo ubistveno i nasilno vreme...

Ivan je bio mnogo praktičniji. Nije se mučio. Odustajao bi još u mislima, govoreći sebi da je to možda trenutak koji se čekao. „Život ima svoje uspone i padove", kratko bi samo kazao. Ja sam bila nešto drugo... Sa padovima se treba boriti, suprotstaviti im se... Kako? Prvi put to nisam umela da objasnim ni sebi ni ćerki. Sonja je ustala, poljubila me u obraz a zatim otišla u sobu da se obuče. Na vratima se osvrnula, pogledala me nekako čudno, kao da je htela još nešto da kaže, ali u tom času nije mogla. Nešto kasnije i ja sam žurila u školu, u mekoći jutra nekako sam se i sama osećala tako, ali to kratko potraja.

Još pred školom u kojoj sam radila kao profesor engleskog jezika osetih neku prazninu u stomaku – bol koji iznedri ćutnju kao osudu, ispaštanje... kovitlac ličnog očajanja... U zbornici sam se samo osmehivala nervozno, čekajući zvono za početak časa. Prvi put na čas odlazim bez pripreme. Na vratima učionice zastajem, suze se skupljaju u uglovima očiju...

„Profesorice, je l' nam se stvarno sprema rat?" pita me neko od učenika iz poslednje klupe.

„Istorija i geografija više ne važe...", viču uglas. Nemoćna je da bilo šta kaže. Ta nevina, bezazlena lica dece očekuju od mene istinu:

„Ne znam, nije dobro, nije...", ponavljam kao đak koji nije naučio lekciju.

U školi se ne zadržavam dugo. Rasejano razgovaram sa koleginicama, kratkim rečenicama. Tek nešto više od „da" ili „ne". Smeta mi dim u zbornici, bojim se pitanja... Zato odmah, posle završenih časova, žurim kući.

„Ručak je na stolu. Hajde, mama, čekala sam te."

* * *

Posmatram je dok prilazi stolu. Naizgled mama se trudila; sve je kao pre, ali njena ćutnja, odsutni, dugi pogledi upereni negde daleko, nisu govorili tako. Prepoznajem joj u oku, bori se, hoće nešto da potisne u najdublje ponore svoje duše. Čekam da je prođe, ne pominjem tatu, menjam temu:
„Mama, sa Nikolom, mislim da to ne ide dalje..."
„Kako?"
Pokušala sam da joj objasnim sve što osećam, izbegavajući ono što ni sama nisam odgonetnula. Sa mnogo takta govorila sam joj sve ono što sam osećala od trenutka kada sam otkrila da se Nikola menja, čak i o tom njegovom angažovanju u politici. Slušala je više no pažljivo, kako samo ona zna.
Nežno me je privila uz sebe:
„Pusti neka ti srce deluje, ono te, možda, do svega i dovelo." A onda je zaćutala, duboka bora usekla se između obrva. Stegla sam majčinu ruku.
„U pravu si, previše sam se zbunila i uplašila... Da popijemo kafu. Ja ću je skuvati, mama." Nasmešila se. Izvukla svoju ruku...
„Biće sve dobro! Život je nepredvidiv, a naš je, uz to – prava priča."

* * *

Jedva sam dočekala da Sonja ode u sobu. Nestalo je vedrine, smeha, mirisa neke tek nadolazeće radosti. Ne, ne mogu da lažem sebe. Događaj sa Ivanom mutio mi je svest, ponekad mi se čini kako lebdim nad ambisom. Kako sve to da pomirim i podnesem. Morala bih da pokidam sve niti u koje sam se godinama uplitala verujući u ljubav među ljudima.

Samo sam čekala da se Ivan vrati, to čekanje me je dovodilo do ludila. Ili ono ludilo napolju, koje više niko ne može da zaustavi...

Gledam u Ivanovu stolicu. Kao da je Ivan tu, preko puta mene. Treba sve ovo podneti mirno... Toliko godina zajedničkih iza nas, a još uvek se radujem kao na početku... Čekam da se Ivan javi. A znam da neće. Molim se za one dane. One u harmoniji i ravnoteži. A ništa se ne može vratiti, ništa. „Onog trena kad svom snagom želiš da se vrati, tad si, dete moje, izgubila", govorio joj je otac. „Treba umeti doživeti radost u spoznaji da je sreća retka. Tome se radovati, otvarati neka nova vrata onog malog sveta koji nosimo u nama... a ne delove prošlog života, da se u njemu merimo, upoređujemo, usklađujemo!..." Odavno nisam osetila toliku toplinu kao sada u ovim očevim rečima. Drhti u meni želja da je živ, onda postade tako jaka da sam morala da ustanem. U stvari, već sada život delim na odlomke: pre i posle svih ovih događaja!

* * *

Odakle dopire zvuk klavira, neko je nevešto prebirao po notama. Klavir, u mojoj sobi u Splitu. Zatvaram oči da što duže ta slika traje. Soba u kojoj sam odrastala, prve note na klaviru, obala mora, moja ulica. Zatim moj dida, umeren i tih čovek, potpuna suprotnost baki, koja je bila stroga prema meni, kao što su često strogi oni ljudi koji sebi prebacuju da nisu bili strogi prema sebi samima. Mnogo me je boleo njen odnos prema meni, i što sam to manje priznavala sebi to je bol bio veći.

Moje odrastanje u toj kući, uz strog i hladan nadzor jedne žene. Ni moja majka nije se bolje osećala. Njih dve zajedno podsećale su me na one veoma male, jedva vidljive niske lampe koje jedva osvetljavaju prostor, ali čiji svetlosni krug ipak čini da ne bude potpuni mrak i da ne budemo potpuno sami. Ne umem ni sada objasniti kakvu su radost za mene pričinjavali oni retki trenuci u kojima bi te dve žene razgovarale smešeći se jedna drugoj. Tišina kojom su bile ograđene, njihov govor koji je svedočio o njihovom stanju u duši, njihovi pokreti, koji kao da ukroćuju predmete, sve me to podseća na moje detinjstvo u Splitu. Izvesni detalji, koje stvarno ne mogu da opišem, dokazuju da treba da se vratim daleko u prošlost, sve do ranih uspomena. A one mi liče na nevidljive utvare, jer ih tako nosimo u sebi. Ali ono što čini da nas stare uspomene uznemiruju nije osećanje što su tu, nego činjenica da su žive.

Godine detinjstva su odredile moj docniji život. Tih, povučen i ćutljiv. Muzika koju sam volela bila je posebne vrste: usporena, puna dugih pauza, istinita, srasla sa tišinom, da bi se na kraju u njoj izgubila. Kroz tu muziku sam ja kasnije govorila: samo sebi. Kad se ćutnja nastani u duši, vrlo je teško prognati je. Što je nešto važnije, čini se utoliko više želimo da ga prećutimo. Kao neka cementirana materija, koja kad jednom stvrdne – teško se da menjati... možda. Baš zbog toga trebalo je sve to da mi se dogodi, da me uplaši i da razbije tu tišinu, da postanem neko drugi. I upravo to me uznemirava.

Najednom, nisam znala na koju bi da se opredelim stranu... Kao da su ti neznani prsti igrali na dirkama mog klavira. Zaista, zvuci su nekim čudnim putevima dopirali u moju sobu... I kao oštro sečivo, iznenada kroz glavu mi prolete misao: otići zauvek u Split? Hladni biseri znoja izbiše mi na čelo. Dobro je što majka nije tu sa mnom, mogla bi da pročita tu misao. Otvorila sam oči i pogledala netremice u pravcu vrata, pa se uplašena trgla, ustala i pošla u trpezariju.

Majka me i ne pogleda, pregledala je neke zadatke... Postideh se. U glavi mi se mutilo. Sečivo one čudne misli još je seklo, u stvari ostavljalo ožiljak tražeći mesto odakle će da traje. Htela sam da pokušam pozvati Split, ali nisam.

„Pozovi, Sonja!"

* * *

Uvodeći politiku u svaki obrok, kao radnu obavezu, neki dan u zbornici, neki od profesora su kasnili na čas...

„Mi nismo političari, ni vojnici, nego profesori. Ne možemo žmuriti pred činjenicom da su Srbi najugroženiji narod na ovoj balkanskoj vetrometini, da su gurnuti u ovaj suludi haos rata, i da se svet urotio da nestanu. Rat u Bosni biće za naš opstanak ovde. Strašno je što mi to ovde ne shvatamo. Kada dođu do Beograda, biće tad sve gotovo."

Vera nije mogla to više da sluša, ustala je i pošla na čas.

„Hoće li Ivan poći svojima?" zaustavio je pitanjem jedan kolega.

„Ne znam", izustila je ledenim glasom.

„Oni valjda znaju zašto se bore, ako mi Srbi ne znamo!"

Nekoliko trenutaka je ćutala, a potom reče:

„Ja ne pravim razliku među ljudima po nacionalnosti. Nikog ne pitam koje je vere, da li se klanja ili krsti, već je li dobar čovek ili nije."

„Zbog takvih kao što si ti, Vera, i jesmo tu gde smo... Videćeš kad ti se Ivan vrati kući, ko će mu biti važniji, vas dve ili nešto zbog čega će morati da ode, nešto što mu se kao vojniku, Hrvatu, čini svetim ili je iz njega potpuno isčililo to osećanje zbog čega bi tako postupio, pa će se i dalje zaklinjati u državu i vojsku koje više nema."

Morala je da ode, da se ne bi srušila tu na vratima. Pogledala ih je samo prezrivo, ali se uzdržala da bilo šta kaže, svesna da bi je dalji razgovor mogao povući u besmisleno raspravljanje sa kolegom koji ne zaslužuje ni ovoliko koliko je do sada pričala sa njim.

Svaki dan jedno te isto, svaki razgovor, svaki deo, činilo joj se skretalo je pažnju samo na jedno:

na razgovor o politici. Još dok ni reč ne bi izustili, odmah bi se dalo naslutiti o čemu će govoriti. Čudna suluda ostrašćenost... dok jedni ratuju u Bosni i Hrvatskoj, oni drugi na mitinzima, u redovima ispred praznih prodavnica, nad kontejnerima, sa glavom i rukama u đubretu, tražeći koru hleba...

Danas mora pokušati da dođe do Ivana. Verovala je da će joj pomoći jedan Ivanov kolega koji im je često dolazio u kuću, na čašicu razgovora. Najvažnije je da što pre krene, a u poslednjem trenutku, a ne zna zašto, odustade da potraži tog Ivanovog kolegu. Osećala bi se mučno da ga moli za pomoć. Uostalom, sama će poći... Činilo joj se da je konačno našla rešenje i osećala se zadovoljnom zbog toga. Ipak joj negde duboko u svesti kljucnu pomisao da greši, da treba da sačeka, da nije pametno da upotrebi njenu urođenu, žensku privrženost, da to Ivan ne bi voleo, ali je odbaci govoreći sebi da je u pravu. „Moraš poći, Vera." Pritisnuta svojim zbrkanim mislima, žurila je da što pre izađe iz kuće.

Na vratima zgrade u Miloševoj srela je Ivanovog kolegu koga je htela da pozove. Nervozno je stao, bled u licu, pogledao je upitno, a zatim izustio:

„Vera." Neuobičajeno hladnim glasom, što je bio siguran znak da je u kuću u kojoj rade stigla teška nevolja od koje nema spasa i – kraj. „Otkuda ti ovde?" upitao je dok ju je i dalje posmatrao upitno. Na licu mu nije bilo tragova koji bi ukazivali da je znao za Ivana bilo šta.

„Ivan je tu zadržan, ne znam kako to da kažem, Tomo."

Kao da ga je to saseklo, gledao je da sedne na najbližu stolicu, stavio je ruku na kolena i gledao u pod dok mu je na slepoočnici igrao damar. Uzdahnuo je nekoliko puta, bešumno i ravnomerno dižući i spuštajući ramena. Nije ga nikad videla ovako nemoćnog. Zna ga iz trenutaka kad je bio uzrujan, ali ovo... ne, ovo je nešto drugo. Lice mu je i dalje bilo bledo, a bol je izbijao iz vena njegovih ruku i svakog delića lica.

Da je bio u pitanju samo nesporazum sa Ivanom, on bi joj to potanko objasnio, ispričao detaljno šta se desilo, malo grdio, a zatim joj rekao da ne brine. Međutim, bora koja se zgrčila na njegovom čelu, ukazivala je na tešku muku.

„Gde ti je Sonja?" upita je glasom punim topline.

„Na fakultetu...", kaza.

I ponovo zavlada tišina. Samo je dežurni sa prijavnice pitao:

„Je li vam treba nešto, gospođo?"

Pošto je Toma uznemireno ćutao, okrenula se i prišla mu. Izgovorih ime pukovnika Steve, Ivanovog pretpostavljenog. Dežurni je dugo zurio u mene pre nego što je rekao:

„Sada ćemo proveriti da li je u svom kabinetu."

Ćutala je stiskajući usne od besa. Toma je progovorio glasom iz koga se širio nemir:

„Šta je bilo sa Ivanom?"

Ćutala je. Dežurni je vratio slušalicu.

„Žao mi je, gospođo, pukovnik je izašao, ne znaju kada će se vratiti." Nije očekivala takvu reakciju, pošto je uspela da povrati mir, kaza:

„A kada ga očekuju?"

„Ne znam. Verujte mi!..."

Za trenutak je vladao tajac. A zatim, sa njenom ličnom kartom u rukama, dežurni oficir je govorio nešto nepovezano, dok su mu oči šetale levo-desno, kao da nije mogao da ih kontroliše. Svakih nekoliko sekundi zadržavao bi pogled na njoj, sve joj je to ličilo na nesnalaženje, ili... se radi o nečemu drugom, mnogo ozbiljnijem?

„Vi bi ste kod pukovnika Miloša, kažete?"

„Da."

Ponovo je okretao broj.

„Ne, ne...", govorio je u slušalicu. Vera je posmatrala sve to što se događa, pitajući se, da li su misli jedino nepouzdane kada ih koristimo za objašnjenja?...

„Pretpostavljam da vi znate da je pukovnik Ivan zadržan radi nekih konsultacija, sada ću pokušati da vas spojim sa nekim od njegovih pretpostavljenih..."

Dok je okretao brojeve, Vera je zurila u njega. Najednom odluči da zatraži ličnu kartu, da se okrene i izađe napolje, ali sa ispruženom rukom prema šalteru ni reč ne progovori.

Toma je stajao pored nje, nem... Čula je samo:

„Gore zaista nema nikog. A kod pukovnika Ivana znate da ne možete. Morate biti strpljivi, neće potrajati dugo... sve će biti u redu", govorio je dežurni sa slušalicom u ruci.

Odavno je znala da čovek u teškom trenutku može da postane religiozan, ako to već nije bio. Strah priziva Boga kao moguće svetlo u trenutku ništavila.

„Bože!" Uzela je ličnu kartu i bez reči krenula ka vratima. Za njom je krenuo Toma, ćutke.

„Nisam očekivala sve ovo", rekla je na vratima pošto se malo povratila.

„Ni ja", reče pukovnik Toma odsutno. Glasom poput zvuka zvona sa stare, napuštene crkve dodade: „Sve je ovo došlo nenadano... Moraš biti strpljiva."

Ćutala je i naborala čelo nameravajući da nešto kaže, ali Toma je preduhitrio:

„Moraš sačekati da Ivan dođe kući...!"

Klimnula je glavom, pružila ruku i krenula lagano, stepenicu po stepenicu... Osvrnula se, Toma je stajao, gledao za njom...

* * *

„Čekaću", rekoh mirno, mada sam kasnije bila ljuta zbog toga. Toliko dana je prošlo, bes i strah razarali su mi grudi, utrobu, svaku poru. I kuda sada, Vera? Šta ako ti Bog postane jedina mogućnost spasa, a ne veruješ u njegovo postojanje?

Čvrstim korakom išla sam odsutno Nemanjinom prema železničkoj stanici, osećajući bol u grudima. Najednom se prisetih očevih reči: „Veruj, ne odriči se vere u Boga, trebaće ti, dete moje. Bog je u nama. Osetićeš ga. Javiće se onda kad ga naše srce bude dozivalo." Nenametljivo i mudro umeo je otac da mi Boga uvek stavlja pred oči i dušu... Sada kada mi je teško, suočavam se sa besmislom nekih zbivanja, kako da najednom prizivam Boga, da verujem... Ako ga ima, zar to ne bi bio greh? A zar bi inače, da ga ima, dopustio nepravde, sva ova zbivanja? Rat. Ubijanja. Zar ne bi prosvetlio um ljudi koji su pokrenuli ovaj prokleti rat, beznađe, a viču, govore o miru, demokratiji, promenama nabolje. Ali, nada i dalje postoji. Piljila sam u lica koja sam sretala na putu prema stanici. Tražila sam Boga u svakom licu, u svakoj grupici ljudi koji su nešto glasno raspravljali... Svuda sam ga tražila tog popodneva – ali ga nije bilo. Nisam umela da ga osetim, da ga u sebi pronađem... Setih se kako sam se unosila ocu u lice da mu to objasnim. Bog je u knjigama, u molitvama, u pobožnim rečima sveštenika, u zvuku zvona i mirisu tamjana... ali u meni ga nema. Bože! Kako je otac tada zastrašujuće izgledao: otmen, i dušom bogat seljak, borio se sa onim koga je on rodio i školovao... Zašto opet mislim na oca, pitam se nervozno dok čekam tramvaj... Zašto ne mislim na Ivana i Sonju? Kako da objasnim Sonji da nisam videla Ivana? Nije valjda da ću postati religiozna, sada kada se sve menja... kad se ruši sve ono u šta smo verovali...

Na stanici ljudi gunđaju, zastoj saobraćaja... Prepuni tramvaji, ne ulazim ni u jedan, stojim nepomična i gledam. Ispred mene staje taksi, čovek mi širom otvara vrata, i kaže:

„Izvolite, gospođo."

Osvrnem se i, bez reči, uđem u taksi, izgovorim adresu i nastavim da ćutim.

„Ludnica je..., gospođo, vidite i sami, šta da vam pričam. Nemate pojma šta sam ja za ovo kratko vreme sve video na ratištima, a bio sam na nekoliko... I kao što vidite, Bogu hvala, vratio se živ i zdrav... A to mu liči na ono", za tren je zaćutao, pogledao me iskosa, pa nastavio, „dok na sve strane puca, ruše se zgrade... a neko, iz jedne takve napola porušene zgrade, svira na klaviru. Verujte, to sam doživeo, u ušima i sada čujem to prebiranje po dirkama... taj zvuk... ej, ja čujem, koji se ne razumem ništa u tu vrstu muzike."

Netremice sam ga posmatrala. „Čudak...", mislila sam.

„Ne, nije to ništa čudno, gospođo", kao da mi je pročitao misli. „Ja samo hoću da vam to ispričam, jer se dogodilo... Ne pitam vas šta ste po zanimanju, ali sam uočio, dok ste još na stanici stajali, da bi ste vi tu priču mogli razumeti... Tek kad sve to doživiš i shvatiš, koliko, da prostite, ovaj jebeni život vredi... Pitate se ko je svirao na klaviru... Ne znamo, nismo uspeli da mu vidimo lice, jer je kuća odletela u vazduh, ali... dugo smo posle tu svirku nosili u ušima, bila je neverovatna, snažna... reklo bi se da su po dirkama leteli vešti, znalački prsti... Trebalo je to čuti... Nikada neću zaboraviti taj trenutak, nikada. Uostalom, da vam to ispričam, naslikam... Te uprte oči vojnika, taj izraz njihovog lica. Šteta što to ne umem da vam naslikam, da opišem, ja sam, jebiga, da prostite, običan čovek, gospođo... ali to je trebalo videti, tu sliku... Pucnjava sa svih strana, Vukovar u plamenu, gori... Očima uprtim u zgradu odakle svirka dopire, stojimo nemo i slušamo pažljivo kao u koncertnoj dvorani... Neko je iz naših redova prošaputao tiho: Betoven... Ništa nismo razumeli. Shvatate li, gospođo?... Ništa! Ili će vam trebati vreme da razumete ovu moju priču. Oprostite što sam vas njome maltretirao, ali dok sam ja sada vama pričao, ja sam čuo tu svirku na klaviru... Pa, sad mi vi recite, pre nego što izađete, ima li Boga, gospođo, da pogleda na nas i vidi sve ovo?..."

Oduzela sam se. Ispod oka gledam čoveka za volanom: mlad, ali kao da je najednom preko noći ostario, tragovi rata titraju mu na usnama... A on mene, zašto baš mene, odabrao da pita... Ne sećam se ni da sam podigla ruku da ga pozovem, ne poznajem ga...

„Ja sam Mihailo, gospođo", opet mi čita misli, „vožnja ne košta ništa... Eto, čuli ste moju priču, znam da će vas opteretiti, ili možda će vam se učiniti da sam lud, ali tako je bilo. Preživeo sam ja i Vukovar, i mnogo toga još video dok nisam sve raskrstio u svojoj glavi. A onda sam shvatio da se Vukovar ne zaboravlja, ta muzika na klaviru... Možda ćete sve to vi nazvati ludilom", reče, osmehnuvši se. „Možda i jesam lud. Iz rata se niko i ne vrati pametan... ako se vrati... Hvala vam što ste imali toliko strpljenja za mene. Evo stigli smo... Na ono pitanje o Bogu odgovorićete mi nekom drugom prilikom, Bože zdravlja..." Ispružio je ruku i otvorio mi vrata. „Teško se otvaraju, gospođo!... Izvolite", izustio je tiho, glasom koji se razlikovao od onog kojim je pripovedao.

Ne sećam se koju sam novčanicu spustila na sedište pri izlasku iz automobila, ni kako sam stigla do ulaznih vrata zgrade. U liftu sam se tresla kao prut. Zašto baš ja, od toliko ljudi na stanici, zašto je baš mene odabrao? Zašto? Nisam mogla da se umirim. Stadoh ispred ogledala, preda mnom bledo lice. Pobeđena si, a nisi ni počela da se boriš, Vera. Kolege te u zbornici izvedu iz takta, saspu ti u lice ono što hoće, a ti ćutiš, mucaš kao da si ti počinila neki greh. Nemaš snage: obična izgubljena profesorka engleskog jezika sa malom platom, u ćutnji, sa strahom, a mislila si da diploma daje neku moć. A tebi je sa njom još teže, usporena si i bezvoljna, bol i strah vuku te u nazadovanje. Od kada se sve ovo dogodilo sa Ivanom ućutala si i bacila si se u korpu za otpad, postala si živo stvorenje koje radi, ćuti, spava, uzima dva obroka dnevno, i neprekidno diše, i ponekad uzdahne, u trenutku kad ti se uzdah otme. Sad još uviđaš, konačno, da više nisi ona stara Vera, da te bol prati na svakom koraku. Pokušavaš da se organizuješ ali ti ne ide, čekaš strpljivo a dani prolaze, ne primećuješ, umara te slušanje vesti, muziku skoro i da ne slušaš. Pokušavaš da se raduješ, a to nisi ti, govoriš o ljudima ili stvarima pa zaćutiš, zastaneš i zaglaviš se u gomilu prećutanih reči... i gledaš sebe kako tiho umireš svakim danom.

Taksista koji me je dovezao kući potrudio se da mi to objasni... Ništa mu nisam umela reći, ostala sam mu dužna odgovor na postavljeno pitanje. Ali, gde da ga nađem? Nisam ga pitala... Svaka njegova reč govorila je o nečem strašnom, o onom što ne vidimo, o udaljenosti koja se stvara između ljudi, to osećanje koje je i on mogao da razume, ali nije mogao sasvim sebi da ga razjasni.

* * *

Sonja je otvorila vrata, bleda, kao da će se srušiti, i pre ulaska u kupatilo uspela je samo da kaže:

„Ja i Nikola... više ne možemo zajedno." A onda je iz nje provalilo sve ono što je mučilo u vezi s Nikolom i ovim mutnim vremenima.

Vera je posmatrala ćerku kako se od blede i umorne odjednom pretvara u srditu devojku koja želi da joj dokaže koliko je u pravu.

„Govoriš, Sonja, kao da je to konačno?"

„I jeste. Nestaću iz njegovog života i više neću hteti da ga vidim."

„Zašto?"

„Dosta je bilo."

„Jesi li sigurna da je tako?"

„Sve je jasno."

„A ti?"

„Ja sam to odlučila. Šta a ja?"

„Ništa, Sonja. Samo mislim da ne treba nikuda žuriti."

„Opet počinješ da me izluđuješ, mama. Želiš da me zadržiš u nečem od čega me boli glava."

Vera je zurila u ćerku osetivši se odjednom potpuno praznom.

„O, Bože, šta još treba da mi se dogodi?" zapita se glasno.

„Bože, da li je moguće da me ti, mama, nisi razumela? Nije reč o nekakvom ostavljanju... Nikola i ja... ma, on je zaluđen strankom. Ko zna šta još u njemu mogu otkriti. I zato je... ja bih ga najradije premlatila, jer ne mogu da ga gledam kako se suludo troši. Ne znam šta bih još mogla da učinim da se trgne i prihvati stvari kakve jesu, a ne kako ih on umišlja. Zamolila sam ga da razmisli o svemu."

* * *

Ivan je šetao po kabinetu... čekao je da se pojavi pukovnik Steva. I da propitivanje bude nastavljeno.

Glava mu je odjednom bila prazna, osećao se lako. Čuo je tišinu, a ona je došla kao malem na njegov zamoreni mozak i neljudski bol koji je još jednom jenjavao. Kao da se budio iz sna, uštinuo se za ruku da proveri da li je živ. Nasmeja se. Naravno. Da nije živ ne bi mogao da šeta gore-dole po kabinetu. On je idealista, sanjar, vojnik, nikada se nije žalio, dobra duša, stabilna narav. Uspravno ga je držala nesalomiva odlučnost, samosvest, gotovo demonska izdržljivost, i ono najvažnije: on jeste bio vojnik, ali onaj širokih pogleda sa toplim ljudskim razumevanjem, čistotom i blagošću, a ne krutom uskogrudošću i sklonošću podaništvu! Svaki život je avantura, mislio je stojeći pored prozora.

Najednom, obuze ga neka vrelina a kroz glavu mu prostruja ideja: „odlazak". Od te reči zaneme i spusti se svom težinom na stolicu. Saznanje je iznenadno i konačno. Ono menja sve. I ovaj kabinet, i prostor, i događanja. Svetlost koja dopire kroz prozor u kabinet zaustavlja bol u duši... Sva ironija događanja videće se kasnije, kad se glave ohlade. Srećna okolnost po njega je što nikada nije bio u ljušturi, pa tu njegovu, hrvatsku, krv nikakva katolička nauka nije mogla da uzburka. Tu je na oca. Pojam zla se ne menja verom. Zlo je zlo, i za Hrvata i za pravoslavca. Sve ostalo su samo nijanse. Misli koje su ga vraćale u prošlost zaustavljale su mu dah, hteo je da pobegne od njih.

Posle toliko godina opet je na početku. Njegova majka, bila je nešto drugo. Apolitična žena, odana svojoj veri. Kad se on oženio Verom nije htela to da prihvati. Bilo je to nepodnošljivo, to nemirenje nije čak ni prikrivala. „Druga nacija, druga vera... Nek ti je Svevišnji u pomoći." Verovala je u sudbinu više od svega. Nije podnosila predviđanja – nije bila fatalista, što bi pri susretu sa njom moglo da se pogrešno zaključi. Znala je kako da se prikloni neizbežnim događanjima u životu. Tako i njegovoj ženidbi sa Verom. Nije mu to oprostila, ali... Ne! Ne, Ivane, opet o istom. Ako si nešto naučio za ovih dvadeset pet godina života sa Verom, bilo je to strpljenje. „Ivane", govorila bi mu, „mir je jedini vid životne harmonije! To svaki čovek želi da postigne, ali nema osnovu..."

Pogledao je po kabinetu, a zatim prema prozoru. Mogao je jasno da vidi komešanje modro-plavih oblaka. Rukom prebrisa znoj sa čela i dalje zagledan kroz prozor, osećao je neki čudni predznak oluje. Taj osećaj je od ranije poznavao. Ubeđen da u toj oluji postoji nešto što želi da vidi, nastavio je da zuri kroz prozor. Čekao je da se šef pojavi na vratima pa da nastave propitivanje.

Dugi trenuci su prošli u tišini, dok se prvi zraci sunca ne probiše kroz prozor. Mora da će jutro biti kišno.

„Pukovniče Ivane, dobro jutro... Možemo li danas da budemo ekspeditivniji?"

Klimnu glavom i osvrnu se još jednom po kabinetu kao da traži i sam odgovor na to banalno pitanje. Sve stvari i događaji u životu dobro su izbalansirani. Gde da smesti ovo što se njemu događa?

Ustao, koraknuo korak-dva. Kretao se lako i graciozno. Lice mu je bilo pravilnih crta, duboke bore bile su urezane na čelu, čak i oko usana. To mu je bilo na majku. Crna kosa prošarana sedom dopunjavala je tajanstvenu ličnost. Ali iz očiju mu je izbijala pretnja. Činilo mu se, ipak, da još uvek ništa nije uspeo da shvati i da se možda našao na ivici ambisa. Gonilo ga je iskušenje da progovori o onom što ga tišti, o zabludama, da im kaže sve u oči, ali je znao ako to učini, sigurno će izgubiti i razbiti se u tami iluzije. Pogleda u lica svojih dojučerašnjih kolega. Satima su tu, vrte se oko beznačajnih stvari. Istovremeno je osećao i stid i bol. Šta ovo činimo? Jadna zemljo naša! Nije se mirio sa svim tim.

Pružili su mu izveštaje iz proteklih dana. Pročitao ih je i nije mogao da izgovori ni reč protesta. Spustio je papire na sto. Činilo mu se da je to negde već bilo davno napisano. Poznato. Godine su ponekad kao život, ne kao dani, razmišljao je dok ih je gledao tu ispred sebe. Tišina potraja.... A njegove misli bile su u Splitu, u staroj kući sa kamenim zidovima pokrivenoj bršljenom, s malim prozorima sa zelenim žaluzinama.

„Možemo li da počnemo?" čuo je glas pukovnika Steve. Ćutao je. Kao da se to njega ne tiče. „Mislim da ti, Ivane, shvataš svoju poziciju u kojoj jesi", izustio je oštro.

„Ne. A i da shvatam, nemam šta da kažem. Nisam u pitanju samo ja, zato i nisam spreman na to što vi, pukovniče, tražite od mene."

„Delujete umorno", reče pukovnik Steva i odmah uvide da je pogrešio, jer se žaoke lične prirode u službi ne cene i ne prihvataju.

Međutim, Ivan ne odgovori. Razmišljao je da im kaže da dokumente, u postupku koji vode protiv njega, nije ni dobio na uvid. Hteo je da ih zatraži; tada baš zastade, kao da premišlja treba li reći što mu je na umu.

Tog jutra, ni sam ne zna zašto, svim silama se trudio da pronađe načine kako bi se solidarisao sa njima, da pokuša da ih razume.

Iste su ih nesreće lomile i ratovi, pamte mnoge ožiljke, mnoge smrti: istom narodu pripadaju. Kolege su. Godinama na istom zadatku! Isti narod u istoj nevolji i u borbi za isti cilj?... ponavljao je to sebi. Sve mu se činilo jednostavnim i često se čudio kako to pametni ljudi, intelektualci, poznavaoci istorije, duha, korena dubokih isprepletanih jugoslovenskih naroda na Balkanu, neće ili ne mogu da vide. Ponekad, mnogo znanja pomuti zdrav razum, a onda, svak tera svoje.

„Vi, pukovniče Ivane, znate mnogo, a govorite malo", preuzeo je reč pukovnik Miloš. „Jeste li me razumeli?"

„Da", kratko kaza Ivan. „Svaki razgovor koji se vodi ima poneku osnovnu, suštastvenu istinu, ali mu je dogradnja toliko glomazna da ono što smo izrekli izgubi svaki smisao... Vi se nastavljate na neke moje razgovore, mnogo znate o meni, kao i ja o vama. Kad se štošta odbaci, sva četvorica znamo da smo počeli naše obične male živote drugačije nego što danas živimo. Pitanje je kako ćemo ih završiti. Ipak, bojim se da glasno mislim, i ja vidim kako gubimo, ali ne od neprijatelja već od samih nas. Sići ćemo sa scene, sa samo jednim geslom, da se sve može, a ništa ne može, zavisno od već sad opasno rasprostranjenog neznanja, haosa koji vlada svuda. A mi ćemo proganjati jedni druge... Polako ali sigurno, dok sami sebe ne pojedemo, gospodo pukovnici."

Pukovnik Steva skoči kao opržen.

„Mi tražimo od vas nešto sasvim drugo. Za vaše dobro ili zlo, to ne znam, ali, odgovorite samo na pitanje... Začuđen si, je li? Začuđen što mi znamo što nam treba..."

„Čoveče, ti ne shvataš situaciju u kojoj se nalaziš", promumla pukovnik Zare.

Najzad, oglasi se i on, pomisli Ivan. Nedostajala mu je ta nekakva otmenost, oštroumnost i strogost, koju nikako nije umeo da oponaša. Čak je i oficirsku bluzu nameštao, ali nije pomoglo. Valjda se čovek takav rodi, sa gustim podšišanim brkovima, ličilo je na glumca iz nekog trećerazrednog pozorišnog komada. Međutim, žene su naprosto ludele za njim. Napredovanje u poslu mu nije baš najbolje išlo, ali je bio besprekorno poslušan.

Ponekad je verovao da su, ustvari, i drugi živeli na isti način, samo što, možda, toga nisu bili svesni. Često smo o tome razgovarali, pukovnik Steva i ja, kao kolege godinama na istom poslu mislili o tom okviru našeg postojanja i, tada nam se činilo, kao da otkrivamo iste aršine nekih zakonitosti života. Tek sada u ovom vremenu pokazuje se, kao na otvorenoj pučini nebo, da su ta naša tumačenja bila daleka, izvan svake filozofske istine, da su, zapravo, bile samo priče, trošenje vremena i ništa više.

Kad bi mogao da o svemu ovome popriča s Verom, da izmeni misli; uvek ga je čekala sa knjigom u rukama i odlagala bi je onog trenutka kad bi čula njegov korak pred vratima, ustajala i na prvo zvono već ih otvorila. Poljubio bi je u obraz i mirno, sasvim jednostavno, kao da govore o nekom detalju iz novina, nastavili da razgovaraju. Njega bi uvek iznenadila Verina strpljivost. Već se navikao na njen istančan osećaj za sve njegove neiskazane radosti i patnje. Zato bi da joj sad ispriča, sve ovo što mu se događa...

Iako iscrpljen i umoran od svega, Ivan je umeo povremeno da se nasmeši, kao da se ništa ozbiljno ne događa. Kao da ga ne boli trenutak u kome se nalazi, kao da je na nekom drugom mestu, u nekom drugom vremenu. Umeo je da potisne bol, da ga obavije mirom. Vera je uvek radila suprotno. Radosni događaj je u njoj uvek budio strah od ružnog, pa je radije istrajavala u bolu jer je tada mogla da se nada boljem. Šta li njih dve rade sada? Najednom mu prolete kroz glavu. I ispuni dušu toplim mislima, te ga misli osnažiše.

A oni, opet isto pitanje. Ili su gluvi, ne čuju ga, ili ne shvataju ono što im je već rekao; ponavljanje istih stvari je davno oprobani metod, dobro se to zna, tehnikom zamaranja, na kraju se sva pitanja sliju u jedno koje traje i od koga se stalno beži. Čudan metod, prvi put se Ivanu učini smešnim. Da. Možda i počne da im odgovara baš ono što oni očekuju? Ili?... U poslednjem trenutku se zaustavio... Ali, reč je sa uzdahom, iako neizgovorena, ispunila sobu. Trebalo je brzo nešto reći... Ma šta reći da utiša odjek neizgovorenog. Kako, zar on to nije hteo? Svih tih dana... Naravno, nije pametno ćutati, nemoguće je biti hladan. A to oni znaju. Zato se tako ponašaju. A pošto nije bio hladan, pripremao je sebe da prihvati posledice. Možda je sve odlučeno i on uzalud trpi sve ovo! Treba da digne ruke od svega i da sačeka. Da ništa ne čuje. A čuo je:

„Niste nam, Ivane, odgovorili koliki je vaš udeo u aferi 'Opera'... Malo nam razjasnite šta kriju zablude... o kojima vi tako često govorite. I gde smo mi u njima?..."

Pogleda ih upitno. Nije izdržao, nasmeja se. Smejao se glasno da ne bi rekao da su oni u zabludi. Držao se za tu reč koju nije izgovarao i koja za njega nije imala neku težinu...

„Smeješ se...", reče pukovnik Steva i ustade nervozno. Stade kraj prozora i odsutno nastavi da zuri negde kroz prozor. A onda se ponovo uhvatio za tu reč... „Mi... mi, Ivane, sve znamo. Dobro znamo. Verujemo da i ti to znaš, uviđaš da moraš da nam razjasniš neke stvari... Zato se i smeješ"..., zastao je i gledao netremice u Ivana. Pogledi im se sretoše... Šta da mu kaže, on takva pitanja nikada nije postavljao, pa i nije osećao potrebu da daje odgovore.

„Jesi li ti čuo pitanje, Ivane?"

Ivan se prenu, i tek sad mu se učini da je sve shvatio. Opet se setio majke, koju su ova događanja nekako zaledila, postala je još hladnija, oštrija, puna nerazumevanja: jedan teret više... Je li moralo sve ovo da mu se dogodi, da oseti težinu nečega zašta nije kriv, što nije počinio, a da to sve mirno primi kao tešku nepravdu i počne da je nosi mirno. Da im kaže da je na kraju snaga, da mu je dosta, pita se, a ipak, seva pogledom, diže glas i rukom, bez reči, daje im odsečan znak da je dosta, dosta banalnosti...

„Ovi tvoji papiri, Ivane, na stolu, tu pred nama, govore mnogo toga..."

To ga trže; eh, to je tek besmisleno. Pa on nije dete. Papiri iz njegovog stola ne mogu da ga optužuju... Držao ih je uredno, ispravne, stvar dobrog ukusa, bila je njegova urednost. Čemu ovo? Samo što ne vikne da mu je dosta ove igre, da mu je ceo scenario besmislen, i da ništa od svega ne zaslužuje veću pažnju. Čemu uopšte ovo mučenje? Ne može pokleknuti, neće odustati, zariče se, a vatra je sve veća u njemu. Briše znoj sa čela i predoseća šta ga čeka. Sve se ruši?... Cela kuća i ceo njegov život, haos je, zarazan, koji se širi. Svaki instinkt je u njemu otkazao. Da je mogao da predoseti, da je na vreme reagovao... Poželeo je da vikne... A u sebi je čuo majčin glas, pun kolebljive nežnosti nalik na šuškanje lišća: „Govorila sam ti ja. Govorila, Ivane!"

Pa, mislio je, nije dobro počelo, teško će biti razjasniti grešku, objasniti se i, po potrebi, odlučno odupreti, pozivajući se na istinu.

„Pa da nastavimo. Ovo smo razvukli u nedogled, zar ne?" Pogleda ga značajno pukovnik Steva, kao da su u dosluhu, pa zaključuje: „To što odbijaš saradnju, to je kao da si mrtav ili bolestan. No, da ne gubimo vreme, dok pregledam ove papire, reci to o čemu ćutiš. Ivane, boga mu, na zadatku smo, a kad smo na zadatku – na zadatku smo. Po proverenim informacijama, vaše učešće u 'Operi' nije beznačajno, uz nekoliko sumnjivih telefonskih razgovora, šta već još postoji tu u papirima, to ćemo videti..."

„Rekao sam šta imam."

„Znamo da niste, Ivane. Ovo je samo formalnost koju moramo da obavimo. Ovde smo da spasemo šta se još spasti može. Vi ste pametan čovek, bavili ste se ovim poslom, tako da sve znate..." Pokazuje na papire na stolu, otvorenu fasciklu, tek da pokaže da su mu dokazi tu na dohvat ruku. Ivan samo pomisli kako oni sve mogu. Imaju naređenje, svoje uhode, ili sve snimaju. Zatim je čuo Zareta kako udvorički govori.

„Tako to izgleda kada ne sarađujete. Ali, ako vas to može utešiti, niste sami. Samo za poslednjih nekoliko meseci imali smo desetine slučajeva nalik vašem, Ivane. Sve je poludelo. Dojučerašnje kolege. Vi imate sreće što ste sa nama. Što smo mi dobili zadatak da to ispitamo..."

Ivan pomisli da se pobuni, makar iz inata, samo radi svog dostojanstva. Još onog dana, kada su ga pozvali na razgovor, zarekao se da će se, ne uspe li da stvari razjasni, lavovski boriti do poslednjeg daha. Sad ćuti, okleva. Ne odgovori li im na sve ovo, sutra će biti prava ništarija. Opet se nasmeja, kao da se probudio.

„Smejete se?" upade pukovnik Miloš. „Vi, Ivane, ne shvatate? Ovo je ozbiljna stvar, u pitanju je država", dodade sa izvesnim ponosom.

Ivan odćuta. I dalje su oklevali. Šta oni sve znaju, imaju dokaze... Da li znaju i ono što će se dogoditi, i da će na ulice moći izaći podignute glave protiv vladavine inferiornih koji veličaju prosečne i gone mudre. A ko bi osim takvih mogao da posluži svemu ovom?... Ko uopšte menja ovaj svet? Oni koji histerično uzvikuju u masama ne slušajući šta izgovaraju, jure po prodavnicama, stoje u dugim redovima, otimaju jedni ispred drugih... Ti čudni smetenjaci, što bez krvi u sebi, sa bezbojnim licem prolaze pored znanja i mudrosti kao pored tuđih nevolja. Te čudne uplašene senke u svojim stanovima, koje se više ne usuđuju da čuju ni svoje korake... Eto šta smo mi. Šta treba da im kaže! Razgovor koji oni vode za stolom uznemirava ga u istoj meri kao i misli koje je ispratio. Ostati ono što jesi... Ili? Pristati na ono što od tebe očekuju.

Ovog trenutka, u zemlji koja nestaje, za koju je davao sebe; desilo se da je on proglašen sumnjivim. Da to prihvati?... Ili? Da odbije. Dobro, može i tako. Može... Šta je lakše podneti, kompromis ili kaznu? Kazna se izdrži, kompromis ubija lagano. Šta je onda manje bolno? Rvati se sam sa sobom ili onim što dušu razdire. I jedno i drugo je nepodnošljivo jer je nepravda. Hteo je da promeni svet. A sada vidi da ovde nikada neće biti bolje. Ništa mu nije bilo jasno. Oni žele očigledno mnogo toga da mu pripišu: ako nikako drugačije ono preko papira iz njegovih fijoka. Ali šta oni dokazuju? To je greška.

Pitanja se nastavljaju, opet isto. Uzdah kao ogromni talas koji se tromo valja po kabinetu. Trebalo bi da mrzi. Pokidali su mu iluzije. Ali, ne mrzi... Naprotiv. Postao je ravnodušan. Šta bi, na kraju krajeva, dobili da sarađujemo? I šta bi i da sam bio sumnjiv time izgubili? On veruje u istinu, za razliku od njih koji ni toliko ne umeju da vide, a zaklinju se u nju. I ma koliko sve bilo nelogično, on zbog nje mora sve ovo da oćuti. Ali, rušilo se nešto u njemu... Koliko je on slučajeva pregrmeo: drugačijih, ali podjednako nelogičnih, ili vreme potrošio na beznačajno: da se bori za ono što ne zaslužuje borbu... A zar on sebe nije potvrdio? Znači ni to više nije postojalo...

Papiri. Pogleda ih na stolu. Znao je dobro, ničega u njima nije bilo što bi ga optuživalo. Noge su mu najednom izgubile težinu i postale kao od vune. Mozak mu je radio suviše sporo. On stvarno ništa od svega ovog ne shvata. Izusti tiho.

„Između stvarnog i prividnog sada se potiru razlike."

Pukovnik Steva je nešto zapisivao, a zatim iščitavao napisano, pa potom složio u korice. Kraj se, međutim, nazirao, suludo iscrpljivanje je ublaženo. Samo pogleda u njih trojicu, i reče:

„Ovo moramo završiti." Onda se malo zakašlja.

Možda je trebalo da zvuči kao znak, ali je bilo odviše prirodno. Ovaj rat ruši tabue, ideale o patriotizmu. JNA obezglavljena kao da nema jasnu predstavu o razvoju događaja, nedostaju joj strategija i ciljevi nove države. Slovenija je izgubljena. U Hrvatskoj JNA potpuno obezglavljena. Šta će biti u Bosni? Životi nenadoknadivi, bol nepodnošljiv. Narod na mitinzima, u kolonama odlazi iz svojih kuća. Rezervisti, neorganizovani, po mesec-dva sede u kasarnama. A on? Već petnaest dana odgovara na pitanja ćutnjom. Strepnja i nesanica, strah da ne izgubimo zemlju, Ivanova su stvarnost. A njegova žena, a Sonja, gde su one sada, tako je brinuo o njima i žalio što nisu zajedno.

„Sonja", uzviknuo je Milan, „nisam te video nekoliko dana, dolaziš li na fakultet?"

Nasmešila se, okrenuvši mu obraz da je poljubi. Poveo ju je za ruku hodnikom:

„Idemo kod mene na kafu."

Kad je ušla kod Milana u kabinet, kao da to čini prvi put, zastala je pred gomilom otvorenih knjiga, dovršenim i nedovršenim stranicama, zavirila u sitno ispisane redove.

Dok je kuvao kafu Milan je ćutao. Zbunjena, pogledom je letela preko naziva knjiga. Bilo je mnogo starih knjiga, u nekoliko tomova, enciklopedije, izdanja na ruskom, engleskom, većina sa papirićima na kojima je sitno ispisano „videti" ili „važno je", „uporediti"... Posegla je za jednom od njih, otvorila je, i nastavila da čita u jednom dahu: pesma.

„Ti pišeš pesme, Milane?"

* * *

Išli su jedno pored drugog Mihailovom, uz po neku izgovorenu reč. Nebo je bilo čisto, samo nekoliko malih oblaka vuklo se po njemu, nisko na horizontu.

„Divno veče", izustila je radosno.

Išli su polako ka Kalemegdanskoj terasi. Sonju su te stare zidine uvek iznova fascinirale.

„Divno je ovde!"

„Da. To je zato što si ti lepa, Sonja", reče uzimajući je za obe ruke.

„Sonja", uzdahnuo je, stežući je čvrsto na grudi.

Njene ruke ga zagrliše, i on je poljubi strasno.

„Reci mi", reče najzad Milan, „šta te to tako muči?"
Uzdahnula je:
„Znam da postoji i dobro i zlo... mene muči i jedno i drugo. Možda nije prilika da govorim..."
„Ništa u životu nije sasvim zlo ni sasvim dobro..."
Sonja ga pogleda i klimnu glavom:
„Možda si u pravu."
„Sonja", kao da se pravda, poče Milan, „ništa nije tako strašno da se ne da savladati snagom volje i strpljivošću." Nije u prvi mah shvatila šta je hteo da kaže. Međutim, brzo se snašla:
„Ako misliš na mene i Nikolu, ti to već znaš..."
Nasmejao se.
„Nisam znao da imam takve sposobnosti..."
„Ja mislim da jesi."
Milan je privi uz sebe, steže snažno i poljubi u usta.
Te noći do kasno sedeli su u restoranu Kalemegdanska terasa. Noć je odmicala.
Milan je uhvati za obe ruke.
„Mila moja, nemaš čega da se bojiš. Bilo šta da se dogodi ja ću biti uz tebe."
Pogledala ga je.
„Ne, ne... slušaj me. Želim da me savršeno dobro razumeš. Mislim da ćeš shvatiti ovo što nameravam da ti kažem."
Oteo mu se uzdah.
„Biću strpljiv. Nikola i ti... čekaću! Ništa mi nemoj govoriti."
Ustao je.
„Ne. Nisam to htela da kažem, Milane. Ne to..."

Ćutao je. Noć je. Ona i Milan na Kalemegdanu. Na nebu ni oblačka. Mesec rasipa svoje zrake po Dunavu i Savi, spušta ih na vrhove drveća, samo tihi noćni vetar s vremena na vreme uznemiri grane obližnjeg platana i njegove se senke zaljuljaju kao brod na morskoj pučini.

Milan je pratio svaki njen pokret, nije se pomerao da je ne bi uznemirio. Iznenađen osetio je da ga to uzbuđuje. Pokušao je da umiri sebe, ali srce nije htelo da ga sluša. Lice joj je bilo u senci. Kosa rasuta po ramenima presijavala se na mesečevoj svetlosti. Na tren mu se činilo da postaje nestvarna, da mu izmiče. Ali neka snaga ga je vezivala za nju.

Prišao joj je naglo, da nije stigla da reaguje, uhvatio je za ruku i povukao sebi. Zatim, bez reči krenuo lagano. Išli su ćuteći, sa staze koja je bila osvetljena, skrenuli su poluskrivenom stazom. Bilo je sasvim mračno. Čulo se samo pucketanje lišća. Najzad, na čistini obasjanoj mesečinom nije mogao da odvoji ruke od nje. Milovao ju je sve snažnije, i nije čuo: „Milane"... Njegove usne je zaustaviše... Sam je bio toliko uzbuđen da je mislio da ga to nikada neće proći i da će uvek ostati u tom stanju. Izustio je da je nešto pita.

„Milane, ne govori ništa, molim te."

„U redu", izustio je tiho.

„Ne treba kvariti trenutak koji je...", oči su joj zatreperile. „Kad sam te ugledala na fakultetu, znala sam šta želim..."

„Nisam to slutio kad smo se pozdravili."

„A kod tebe u kabinetu?"

„Ni tada, Sonja." Pogleda je nežno, pa nastavi: „U tebi su dve različite ličnosti. Treba upoznati obe." Sonja se trže.

„Je li želiš to?"
„Zašto pitaš?"
„Zato što me interesuje."
„Misliš, hoću li imati strpljenja da ih otkrivam?"
„Ne. Ne, to nisam mislila, čovek uvek traga za nečim."
„Ne svaki, Sonja", reče mekano, ljubeći je po licu, vratu, svuda. „Ja ne tragam, ja te osećam u sebi, ja, ja te volim Sonja." Nasmejala se.
„Ja ne tražim da mi govoriš tako važne reči. Shvataš?"
„Zaista ne, Sonja. Ja zaista mislim ono što sam rekao. Ja želim da znam sve o tebi: šta ti se događa, kako se osećaš, da li si tužna ili srećna. Jednostavno, želim da sam uvek tu..."
Gledala ga je pažljivo kao da nije mogla da nađe prave reči koje bi mu uputila. Najzad, izvukla se iz njegovih ruku i sasvim tiho počela da priča:
„Kad sam bila u Splitu, imala sam nedaleko od kuće u kojoj se rodio moj otac jedno tajno mesto, u stablu jedne stare masline. Ma, sve su masline bile stare, ali ta je nekako izgledala drugačije. Prvi put sada pričam o tome, nikada to ranije nisam činila. Moji roditelji su u Splitu živeli svako na svoj način. Mama ćutljiva, uzdržana, otac otvoren i pričljiv, da ne poveruješ... Baka i dida nepromenljivi, isti od kako ih pamtim. Tako sam ja imala vremena da se bavim sobom. Sećam se da bi još ujutro ušla u stablo te starice, kao u kakav zamak, sela na jednu čvornovatu izbočinu koja je ličila na malu stolicu i počela da osluškujem pesmu cvrčaka. Disala bih isprekidano, zagledana u grane koje su se njihale.

Poslepodneva su bila mistična, beskrajna. Sedela bih tako i milovala jedan tamno braon ožiljak na izraslini te starice koju sam tako volela. Kao da je svaki moj dodir razumela, ta starica je pričala sa mnom. Istim jezikom... shvataš, Milane." Klimnuo je glavom, nagnuo se i poljubio je. „Kad zasija mesečina, ta starica je ličila na kraljicu. Privijala sam se uz nju, gledala u mesec i duboko u sebi drhtala... Bilo je to jedino mesto koje sam mogla da nazovem svojim. Moje tajno mesto..." Osvrnula se: „Takav trenutak", zaćutala ja na tren..., „noćas sam doživela u tvojim rukama, Milane. Eto, zašto nisu potrebne velike reči", nasmejala se odsutno.

Zadrhtao je, zagrlio je još čvršće i privio na grudi.

„Nećemo više ni reč. Nećemo", šapnuo je. „Zaista nećemo."

Njene ruke milovale su ga nežno ispod košulje. Lice joj je bilo blizu, sasvim uz njegovo. Oči širom otvorene. Mogao je da pročita poruku kroz svetlost koja je pala na njih. Poljubio je. Jednom, drugi put...

„Tu sam."

„Znam da si tu, Milane, za mene je to istinska sreća. Zaista mislim to što kažem."

Najednom, postala je sasvim ozbiljna. Osmeh je sa lica nestao. Milan je ćutao i posmatrao je. „U poslednje vreme", nastavila je tiho, „muče me... mnoge stvari. Razmišljam o njima... Ne. Ne. Drugi put o njima", zagrcnuše je reči u grlu.

Posle duge ćutnje on progovori tihim i mekanim glasom.

„Zajedno smo... ne boj se, mila moja!"
„U redu je", promuca, odsutno. „U redu, Milane!"

* * *

Tek kad je ušla u tramvaj Sonja se setila da je trebalo pozvati Nikolu telefonom, da se dogovore. Dobro, potražiće ga na Terazijama, u toj masi... njegova burna priroda nije se dala potčiniti, ali, osećala je duboko u sebi da će ostati negde na pola puta zavrnut kao šraf između zahteva ovog vremena.
„Koga ja to vidim?" smejući se upita je Nikola.
„Došla sam", kaza kratko. „Htela bih da razgovaramo, Nikola, bez odlaganja."
Pogleda je iznenađeno, poljubi u obraz.
„Ne znam čemu žurba, ali ako hoćeš... Dobro. Kada?"
„Sada, Nikola."
Bez protivljenja uze je za ruku.
„Dobro, idemo", a u sebi misli: mora je smiriti, jer ako ne prihvati razgovor, oni će se razići...
„Danima si na ulici, ne odlaziš na fakultet, na mene si skoro zaboravio..."
Ćuti. Ako joj nešto kaže, posvađaće se. Nju zaboravio! Koji put čuje istu rečenicu. U kući mu isto kažu, takođe prijatelji... Glava mu puca. Kao da ne žele da shvate da se nešto mora menjati: da smo propali ekonomski i politički, nacionalno i internacionalno, a oni? Oni bi da ga izvuku iz tog novog, iz promena koje su neminovne, koje su krenule...

„Nikola." Opet mu kaže zabrinuto. „Razumem da treba nešto učiniti..."

„Ništa ti ne razumeš", prekida je, „a i ne može se od tebe očikivati da shvatiš šta ovo znači za nas, neko kao ti...", zaćuta sažaljivo.

„Šta kao ja, Nikola?" stade kao ukopana. „O čemu ti to?"

„Onako, ništa. Ne brini za mene, sve će ovo brzo proći."

„Ne, Nikola. Ne radi se o tome, ja hoću da razgovaramo o nama."

„Neverovatno. Opet isto. Šta o nama? Ja za to sada nemam vremena, ima prečih stvari... Biće dana, rat je bogamu..."

„Istorija nas ničemu nije naučila, nije nam čak ni otkrila smisao svakog događaja, ali ja i ti... mi smo tu Nikola."

„Da. Oprosti, ja samo hoću da ti kažem neke stvari, kad to već sama ne primećuješ, zaokupljena sobom, ili nezainteresovana."

Sonja stade, začuđena onim što čuje, ne ume ni reč da progovori. Sleže ramenima i nastavlja da pilji u Nikolu.

„To je strašno", nastavlja ozbiljno Nikola. „Kao da više ničeg nema, ni reda ni poštovanja. Ne poštuje se većinski narod! Njegove zasluge, sve se trpa u isti koš, i krivica i zasluge, i odgovornost, sve je kolektivno."

Pred očima joj titraju slike iz vremena koje su proveli zajedno. Kao da to nije onaj Nikola. Umorna je. Hoće li on razumeti ovaj razgovor? Ili će je prekinuti, neće joj dati da govori. Kazaće: „Nemojmo sad o tome, Sonja, u strašnoj sam gužvi", i tako danima.

Sedaju u baštu restorana „Zagreb". Sonja povređena, ali ništa ne pokazuje. Ćuti. Ovog puta neće činiti kao ranije, oštro reagovati, pokazati svoje nezadovoljstvo, ispoljiti svaku zamerku. Ne. Ne! Upozorava sebe. Ovog puta biće razborita, kazaće mu zašto ga je potražila.

„Nikola, prekini molim te. Zar Jugoslavija nije imala budućnost?"

„Nije, Sonja."

„Kako? Zar ta zemlja ne postoji toliko godina... Zar, zar ne živimo u njoj?"

„Nepromišljenost sve nas može skupo da košta. Za sve Srbe u jednoj državi, Sonja, cena ne može biti previsoka. Ovo je trenutak, sada, da to rešimo za sva vremena."

Razrogačenih očiju, bez reči, odmahnula je glavom i nastavila da bulji u Nikolu, a onda je oborila pogled.

„Ne, nisi u pravu. Moram da te upozorim. Počinjem da uviđam da si se gadno preračunao."

„Odavno su neki među nama pomahnitali, zapazili da postoji njihova šansa, paradoks u tretiranju nacionalnih osećanja paranoidnog tipa. Podgrejemo, a potom zapalimo tu vatru i konstantno je raspirujemo... i ostalo. Naravno, možemo da dokazujemo kako je to za opšte dobro."

„Ali, mi stvarno mislimo da je to za naše dobro. Dobro za Srbe."

„Tim gore, Nikola."

Pogled mu je neočekivano postao gnevan i nekako je zazvonio na uzbunu. Nije li ona sama ovim što je kazala, nekim slučajem, to sugerisala? Za trenutak je sagla glavu, zatim je podigla i osmehnula se.

„Vidim da su me događaji preduhitrili, da ne umem da razgovaram sa tobom, ali ja se samo bojim, Nikola, da ne napravimo krupan previd, i da nam se to vrati ratom, koji je već počeo, i opštim ubijanjem."

Muk je kratko potrajao. Posmatrao je Sonjino lice, koje se zgrčilo od bola. Uzeo ju je za ruku preko stola. Hladna ruka, bez stiska. Kao da je dotakao duha. Oči su im se srele, ali ništa u njima nije mogao da pročita.

Osvrnula se i pogledala po bašti restorana u kome su sedeli. U trenu joj se učini da i sama prolazi kroz tunel, ka mestu kome žudi... Vreme je prolazilo, a njih dvoje, u razgovoru nedovršenih misli, bez vedrine, govore uz gorku patetiku. Učini joj se da u Nikolinom pogledu ugleda: „Idi! Šta čekaš? Ne gubi više vreme sa mnom!" To joj zaustavi dah, zaledi je, kroz glavu su tutnjale neverovatne misli. Ali, zar baš mora opet rat? Ništa manje nego rat? Pogledala je u Nikolu koji se nešto mrzovoljno vrti na stolici. Kao da je shvatio da život prolazi za tren, pokušavao je da joj objasni svoju nervozu.

„Nije lako biti u toku", mucao je, vrpoljio se i tako nevešto prikrivao nespremnost na bilo kakav razgovor sa njom. „Sramota je plakati sam nad sobom, žaliti sebe. Idemo dalje. Moramo, Sonja." Zaćutaše.

„Ti se ponašaš kao da sam te ja optužila kao krivca. Za raskid naše veze."

Reagovao je:

„O čemu ti govoriš, Sonja? Kakav raskid? Ništa ne razumem. Ne mogu da poverujem u to što čujem."

Zurili su jedno u drugo. A oko njih je bilo sunce, lep dan, toliko nedvosmislenih stvari. Još je hteo nešto da kaže, ali nije ni reč izustio...

„Poslednje što bih učinila jeste da te uvredim, Nikola."

Nagnuo se preko stola.

„Nisam ja uvređen, Sonja. Ne tražim da mi veruješ. Sve što tražim je da imaš bar malo strpljenja za mene. Biće tada lakše oboma."

Čudno je. Ovim malim gestom i malom promenom raspoloženja u glasu, među njima nestade tenzije.

„Čovek u ovom vremenu, u trenucima koji se ne daju kontrolisati, ne može da ugađa sebi, već mora da služi višim interesima..." Govorio je kao da još nije bio odlučio šta i kako. Nalazio se na čudnoj raskrsnici u svom životu. Plašilo ga je da preispita sebe. Skače noću. Pali svetlo. A ono, hiljade pitanja na koja ne zna odgovor. Obuzimala ga je neka čudna slutnja. U neku ruku je znao da je Sonja u pravu. Niz kičmu milila je jeza. Osećao je da je prema njoj u ponečemu pogrešio... Ali njegova buntovna priroda se teško snalazila, prebrzo se trošila u vrevi prolaznosti. Obuzimao ga je nemir, kao da je prvi put vidi, puna života, hoće da razgovara, ruga se svemu što govori; ruga se njemu. Sonja kao da mu je uhvatila misao, reče:

„Dobro. Razgovor i možemo ostaviti da malo pričeka, ali, od mene ne očekuj da se priklonim toj kolektivnoj histeriji koja je pokrenula lavinu neistina, suludih pretnji, pozledila ožiljke..."

„Idemo, Sonja. Idemo", ponovi i brzo poče da se sprema.

„Možda nemaš izbora."

Nikola joj je ličio na čoveka koji želi sve da promeni, a ne može, pa zato gori od nestrpljenja, a da preobrati ili mrzi imao je samo nju – jedan beskrajno mali mikrokosmos. Naslutivši Nikolinu uznemirenost, odluči da mu još nešto kaže.

„Ti, Nikola, kao da ne razumeš šta znači sloboda, tako se ponašaš. Zaboravio si da ukoliko je manje poseduješ, samo misliš da je bolje razumeš."

„Pokušaću da razumem taj paradoks... Ti kao da poznaješ moje istinsko ja, Sonja?"

„Ja to ne tvrdim. Moj zaključak se zasniva na ovom razgovoru. Idemo, Nikola."

Bol je u grlu zadržala. A htela je da mu sve saspe u lice, da vikne, do ludila... da postoji, da se smeje, da plače... Išla je u korak pored Nikole ćuteći. Izgledalo joj je neverovatno da je Nikola u stanju da sa takvim mirom odbaci nju, razum, studije. Osećala je da bi on, isto tako, odbacio sve ostalo u vezi sa njom... Ako je sve ovo sa Nikolom bila greška? Zabluda? Onda ovaj dan je istina. Misli su joj jurile kao trkački konji ali nisu stizale na cilj, nije mogla da zaključi – kakva istina... Sve što je bilo između nje i Nikole, kao da je najednom nestalo... Ne zna šta bi još trebalo da učini, možda kaže. Ćuti. Postala je takva u odnosu na Nikolu, na okruženje, na to što se zbiva.

Ljubi je u obraz, lako...

„Javiću se", kaže joj. „Hoću."
„Dobro", izgovara odsutno. Okreće mu drugi obraz da je poljubi... i odlazi ne osvrćući se.

* * *

Ivan je mirno čekao dalji razvoj događaja. Nije se bojao, njemu je sve ovo ličilo na farsu, političku igru, na loš scenario, kome samo nije odgonetnuo pozadinu. Znao je da se tu više ništa ne da popraviti: treba odgovarati za nešto što nije učinio. Ako su već počeli da ga lome, sigurno će se truditi da idu do kraja.

„Voleo bih da čujemo šta mislite o ovom vremenu, pukovniče Ivane?"

„Ništa", izusti. „Ja sam živeo i živim u nekom drugom vremenu..."

„Hoćete reći u prošlom?"

„Ne, u realnosti."

„To vas nismo pitali. Mislim da se ne razumemo. To što govorite je glupost."

„Onda...", sleže ramenima. „Ja ne zaobilazim ovo vreme, i niko to ne može činiti... ali postoji jedan način na koji se može živeti u drugom vremenu, a to je dići ruke od ovog sad."

„Nemojte dizati ruke. Pogledajte nas i odgovorite nam na postavljena pitanja."

Pogodili su mu misli.

„Mislite da sam lud", oglasi se pukovnik Steva.

„Ne. Grešite. Ja uopšte ne mislim na vas."

„Imate li nekih dokaza za to?"

„Mnogo dokaza."

„Vi, pukovniče Ivane, zaboravljate vašu poziciju."

„Ne. Naprotiv", reče. Kroz glavu mu prođe: „Šta će se događati sa kolegama u severnim republikama? Njih će zadesiti mnogo teže stvari..." No, i pored toga celo njegovo biće i dalje je verovalo; duboko u sebi osećao je da u njemu postoji neka čudna vera! Ne samo zbog toga što je po prirodi bio optimista, već što je imao pravi razlog. Bez tog razloga iščezavaju sve normalne kategorije i onda ide sve u pogrešnom smeru: dokazi, protiv dokaza; na tom pesku gradi se kula sa svim proračunima, samo što se uvek zaboravi na temelj.

O godinama zajedničkog rada nije bilo govora. Znao je da ovo mora izdržati. Upornost je majka uspeha! Šaputao je u sebi. I sasvim pribrano odluči da im ipak kaže neke stvari, jednostavno, hteo je da proveri postoji li on na svetlosti, ili ga uopšte nema...

„Hoćemo li, Ivane?"

„Da. Možemo da nastavimo."

Taj glas, kao dvosmisleno izgovorena rečenica bila je cena našeg zajedničkog života u godinama mukotrpnog rada. Da toga nije bilo možda glas i ne bi imao mekoću, imao bi sasvim drugi smisao, dok bi reči odzvanjale kao uhode. Istina, ni ovo šefovo obraćanje nije moglo da me iznenadi kao iznenadni šum ptice iz grma u šumi, ali nije mogao ni da me zavara, jer ma koliko me propitivali, bilo mi je savršeno jasno da je naše druženje završeno i da nam je preostalo da trajemo samo kao pokidane senke.

Naviknut na oprez policajca, na osmeh ironičan, kojim bi trebao da pokaže snagu i izdržljivost, pukovnik Steva je svojim, sada već ispraznim očima u kojima se oslikavala neispravnost, oštro bacio pogled na šoljice kafe, na cigarete na stolu, ali sam taj poziv bez glasa odbio, uz odsutan pogled ka vratima. Kao da to nije očekivao, pukovnik Steva, a i ona trojica, se zagledaše, i kao da nije postojalo nijedno pitanje više, ponoviše neko od onih koje su već pitali:

„Vidite, da smo bolje razumeli jedni druge, da smo umeli da shvatimo politiku i njene vetrove, znali bi sigurno šta može da nam se dogodi, koliko teorije parolama vrede, i šta treba činiti. Znali bismo i to da država sastavljena od više naroda uvek može doći u opasnost da nestane, da se raspadne, i to baš po šavovima po kojima je sastavljena. Na šavovima uvek puca."

Gledali su u njega netremice. Kao da ga vide prvi put.

„U shvatanju sadašnjih događanja postoji jedna dalekosežna omaška, greška, kako hoćete. Ta greška je doslovno shvatanje reči promene, tog novog početka koji ta reč pokriva. Kao da pre ovog nismo živeli, i kao da ničeg nije bilo. Zaboravili smo da je svaki početak bio list papira sa debelo ispisanim slojevima prošlosti... zbog toga smo osuđeni na ponavljanje... o tome sam, gospodo, otprilike govorio u svojim razgovorima sa prijateljima, kolegama... uopšte."

Operativac Beli krišom mi se osmehnuo i pogledao u papire na stolu ispred sebe. U osmehu, kao da je pisalo: spaseni ste od oluje, pukovniče Ivane. Pukovnik Steva ustade i priđe do prozora. Prstom je dodirnuo staklo, povukao liniju, a zatim se naglo okrenuo i nastavio da me posmatra ćuteći. Tišina je postala veoma neprijatna, bar za mene; neka vrsta testa izdržljivosti koji treba da pokaže ko će prvi biti izbačen iz igre. Osetio sam da je scenarij potrošen, cela situacija bila je iskonstruisana da bi me stavila u ovaj položaj, u ovu tišinu u kojoj postaje tako očigledno jasno da brod nema kormilara. A onda, sve se prebrzo događalo, u pitanju su bili minuti, prebrzo da bi išta analizirao.

„Dobro, Ivane", najzad progovori pukovnik Steva, „sve je moguće, na jedan ili drugi način..."

Pogledao sam ga upitno, kao da je vreme stalo, kao da nije dvadeseti vek, čovek oseća istoriju, prošlost... kako je moguće, da nam se to iznova sve događa – pitao se Ivan.

Pukovnik Steva se vratio za sto odsutan i razočaran, iz kabineta kao da je iščezao sav elektricitet: bilo je jasno da se nešto završilo...

Ivan je bio znojav, osetio je to tek sad, kad je šef seo na svoju stolicu... pogledao ih je, pogledom kojim je hteo da im objasni svoju ljutnju, ono što im nije rekao, sve ono što sad oseća, njegovo razočarenje, što je rasplet ovakav... Učinilo mu se da pukovnik Steva hoće nešto da kaže. Iznenada bučno zazvoni telefon... taj zvuk ih sve trže, sve sem njega, koji kao da ovom trenutku, ambijentu, ovom vremenu nije pripadao.

Osetih neku vrtoglavicu, paralisan iscrpljujućim trajanjem propitivanja, istim pitanjima; činilo mi se da ličim na divlju zver koju su uhvatili, stavili u kavez, a onda je učili da šeta u kavezu. Ovo zvono telefona u isto vreme je moglo da znači da su svi naši razgovori završeni i da bi trebali da napustimo ovaj prostor bez ikakvog više pitanja. Pukovnik Steva je najednom dobio onaj oštri, zvanični i sigurni izgled i njegovo lice, do samo minut pre puno nedoumice, dobilo je odlučnost i tvrdoću... Razgovor je na početku izgledao sasvim neobavezan:

„Da, ja sam... ovde... naravno..." Govorio je pukovnik Steva, čudno su sad zvučale sve te neutralne reči, posle svega što se u kabinetu događalo; vazduh je još bio ispunjen, još je sve treperilo onim što je bilo: još su u ušima odjekivala pitanja, pitanja... koja su ispunila kabinet mirisom praznine i beznađa...

Pukovnik Steva ga je pogledao!... Odsutno, kao da ga ne vidi, ili kao da se pita da li je to on, pogledi su im se ukrstili. Ivanu se učinilo kao da je klimnuo glavom... Nije imalo logike to što su tražili od njega: sad su u to bili sigurni i oni.

„Ko?... Tu je... Da... Razumem... Čujem vas... Kako?... Da, da... Jasno... Ništa, sve je u redu... Molim?... Odmah... Razumem..." Pošto je tako vodio razgovor, spustio je slušalicu, a onda je nekoliko trenutaka ostao odsutan, zbunjen, pun neverice, i posle kao da se trgao, pogledao je Ivana pravo u oči, pa u njih trojicu: gledao ih je značajno, kao da nečemu ne veruje; kao da ne veruje onom što je čuo i da traži savet od njih, koji nisu čuli ništa!

„Znaš ko je bio na telefonu?", upita pukovnika Miloša. Kao da je to bila neka tajna, koja je kod njega izazvala takvu zbunjenost... koja je morala i dalje da se čuva.

„Znam!", kaza pukovnik Miloš nedvosmisleno: kao da je on razgovarao, ili da je tajnu, kao i sve ostalo, oduvek znao!...

„Hm! Da. Da!..." ponavljao je operativac Beli, a pukovnik Zare je slegao ramenima i nasmešio se: s olakšanjem ali ništa nije rekao...

„Ne razumem... Čudna stvar...", nastavio je pukovnik Steva, ova trojica su samo slegli ramenima. Naravno, meni je ta slika bila nezanimljiva! Znao sam. Opet je na pomolu bio neki novi prelom – samo što ni on ništa novo nije mogao da donese... A i da jeste, on više nije imao snage ni raspoloženja da se muči, analizira, da traga za uzrocima – i da, na kraju, uvidi da je učestvovao u loše pripremljenoj igri!

Ivan se osećao kao da pripada prošlosti, a on je tu, učestvuje u svemu... Najzad, to mu više ništa ne znači, sem što ih je srozalo još niže: sve je ličilo na slepu partiju šaha sa beskrajno mnogo skrivenih mogućnosti... koju niko od njih nije odgonetnuo. Lica su nam bila prekrivena dalekim mislima; sumorni i prazni pogledi ispunjavali su poslednje trenutke zajedno provedenih dana. Kao da smo opraštali jedni drugima, stideli se izgovorenih reči, ćutnje... U neprijatnoj tišini, osećajući da sve ipak nije završeno, obarali smo poglede, gledali negde u stranu, zamišljeno. A ja, uz primetan drhtaj ruku, kao da se branim od neke nemani, ćutao sam, posmatrao ih. Strašna zebnja mu se uvlačila u dušu, konačno – šta ako je zaista sve bilo laž, ako je ovaj narod na

Balkanu odista takav, narod koji ubija, koji se ubija između sebe; narod lutalica, pesnika, narod ratnika... šta ako... Te svakodnevne vesti, koje nekoliko dana ne čuje, govore to, to da taj suludi bratoubilački rat, koji otvara jezivu grobnicu oružjem internacionalne mafije, koja nas hrani, truje i smatra u isti mah narodom ubica... Strašna zebnja mu se konačno uvukla u dušu? Nije više mislio na svoju situaciju, na to koliko će sve ovo još potrajati... On je samo zrno u ovom svemiru, delić prašine tog beskrajnog kosmosa, koji je toliko teško pojmiti – u pitanju je jedno veliko ništavilo, jedna ništavna beskonačnost u kojoj nam se sve to dogodilo. Kad bi bar mogao da shvati prazninu u sebi, možda bi mu neke stvari bile jasnije, ili, tad bi shvatio i veličinu univerzuma, koju kad jednom shvatimo prestanemo mnogo toga da ne razumemo... Kao da oni nisu bili tu, Ivan je lutao u svojim mislima, šta nakon svega ovog, mučilo ga je... saplitao se u tu misao nemoćno, kao da je sve ovo bilo ništa sa onim što ga još čeka.

* * *

Nekoliko dana kasnije Ivan je osećao da se agonija lošeg scenarija približava kraju. Posle prvobitnog šoka, počeo je da oseća olakšanje. Na kraju, mogao je da telefonira kući, doduše kratko, da samo kaže da je dobro, ali i to je bilo dovoljno. Te scene iz prethodnih dana kao lavina obrušavale su se na njega. Sve te neverovatne slike i pojmovi, satima bi, čak danima, izbijali i, ogoljeni kao ledeni bregovi, stalno pretili da potope svaku odluku koju bi on pokušao da donese. Opsesija sobom bila je sve prisutnija, a ipak, uspeo je da se prema njoj odnosi kao prema nekoj ličnoj tajni koju treba skriti i od samog sebe. To je lična sudbina, ubedio je samog sebe, osećajući da postaje slep za sve ostale sudbine. Život je samo igra, čudna igra...

Tako sam počeo da sagledavam sebičnost naših političkih vođa, sve više smatrajući da je njihovo slepilo poza, a ipak, da je narod sve to hteo. I sa donkihotski tragičnom, ako ne i isto toliko komičnom, igrom rešen je da neodrživo održi. Ali, onda, jednog dana... tiranijom masovnih pokliča, potreba da se instinktom, vikom potisne znanje i istina, suptilnost. A tuce drugih stvari koje služe kazivanju fundamentalne istine o ljudskoj sudbini; većina ne želi da zna. Ljutnja i bol kroz koji sam prošao ustupila je mesto razarajućim mislima, u kojima sam strahovao da vidim beznačajni amblem naše stvarnosti. Opravdavao sam u sebi, sasvim razumljivo, mnoga događanja; verujući da je sve manje onih koji su spremni da rizikuju, da stave na kocku celo svoje biće, materijalno, kao i duhovno... ljudi su se uglavnom sklanjali i ćutali. A opet, danima sam se mučio da odgonetnem, otkuda onda toliko onih drugih, promašenih, koji bi da mnogo toga menjaju, iako merilom vremena nisu tome dorasli. Naravno, da mi to nije pošlo za rukom. A koji intelekt i teorija mogu omogućiti da se shvati položaj ljudi koji očigledno nijedan politički sistem ne može razrešiti... Nije hteo više da misli šta je u pitanju, jer toliko toga se u poslednje vreme dogodilo u njegovom životu. Činilo mu se da je u armiji, u kojoj je proveo tolike godine, suvišan, možda zbog toga što nisu toliko korektni da mu to kažu otvoreno, smišljaju scenarije sa zvukom operske arije...

Za sve ove dane, tu pred njima, jedno jedino pitanje nije me napuštalo ni tren: kome će pripasti deca mešanih brakova?... Kako će se zvati njihova država? Dvoumio se. Ako ih pita, moraće sve do detalja da im razjasni da ga ne bi pogrešno shvatili, a činilo mu se da će to trajati predugo. Mora prvo da bude načisto šta hoće sa njim, da li je on pred njima igrom slučaja ili zamorčić, po nečijoj preporuci. Svakodnevna ista igra to mu nije razjasnila. Morao je zbog toga da pronađe neki zaklon. Prirodni, unutrašnji zaklon u kome jedino čovek može da sačuva druge od sebe. Nije umeo da oživi prezir prema onom ko ga povredi, ćutao bi. Ako bi to i pošlo za rukom, iščezao bi za tren dok bi ih posmatrao. Bez obzira na sve što mu se dešavalo. Svaljujemo na druge krivicu i žešće ih mrzimo, onoliko koliko nastojimo podsvesno da sami sebe opravdamo za sopstvenu nemoć ili greh, ali na to u sebi jeknu: verovao si, Ivane, verovatno previše živeo u zanosu, bez obzira na sve što ti se događalo, ništa nisi hteo da vidiš: rasturenu zemlju, nestašice lekova, hleba, benzina, prazne prodavnice, loš prevoz, redove... Svuda i na svakom mestu, poljuljali nam zdravo rasuđivanje... Možda smo predugo bili zajedno, možda više nikom nije stalo do zajedničkog života, nego samo do promena, do drugačijih pogleda na prošlost, sadašnjost, pa do onoga što se može kazati o budućnosti.

U zgradi u kojoj sam proveo godine života, rada, ispražnjen najednom od svega suvišnog, osećao sam se umorno i oronulo. Svaki šušanj, korak kroz hodnik, udar vetra o prozor, upozoravao me je na to. Nisam u sebi imao tu moć da potpuno neprimetno živim, da me moj rad predstavi kao potpuno izdvojenu ličnost... Toj vrsti mimikrije izražavao sam divljenje; divio sam se takvim ljudima. Uprkos snazi, koja me, ni sam ne znam iz kojih više dubina, držala pribranim, bio sam sve umorniji, osećajući, s primesom tuge, da neke odluke, koje su živo treperile u meni, moram realizovati. Do đavola sa njima: ljutio sam se, jer sam znao da temeljito menjaju moj život ubacivši nas sve u igru, tihu i opasnu... Naleti setne melanholije izoštrili su mi očiglednost prelaženja iz jednog stanja u drugo; ali nisam znao kada i kako, zašto i kuda, ipak toliko nisam mogao dokučiti.

Kad sam se sabrao od iznenađenja, neke vrste pritvora, pokušao sam da stanje držim u rukama. I u ovakvim trenucima se uči o onom što smo već odavno trebali znati. Bolno i teško saznanje, ali je tako... Ako se hrabrost posmatra kao sredina između viška i potpunog odsustva straha, mene su mogli potražiti na drugoj strani. U saznanju bola koji sam potiskivao duboko, nisam uspevao da pronađem prave reči za svoju brigu i slutnje. Mada sam bio svestan da za mene počinje novi život, koji se rađa iz brige i bola da ne pogrešim, ali da u isto vreme ne budem toliko senka koju će kasnije, kad me ne bude bilo, moji najbliži izbrisati iz sećanja zbog tih mojih najnovijih učinjenih koraka. Nisam tražio nove reči ni stare tragove, jer u vremenu svih ovih događanja, događalo se i drugima, pa mi se činilo prirodnim da nema potrebe da im ne oprostim; nije mi bila potrebna samilost, a i da su je ponudili razumeo bih je kao deo stare kletve iz ožiljaka koji pozleđujući se upozoravaju na novo trajanje.

Kao da sam samog sebe izmislio, nervozno sam šetkao po sobi i čekao da dođu, da me pozovu. Prošlost jeste nepopravljiva, ali nam je sadašnjost ponuđena kao ispremetano gradivo pred nogama sumnjivih graditelja, a nama je ostavljeno da od njih tražimo budućnost...

Lakoća s kojom su ga ispitivali potvrđivala je njegove misli, upozoravajući ga na novu sliku... Reči kojima se koriste bile su nalik na čudne priveske lake nespretnosti. Činilo se da pukovnik Steva računa na taj ukras, nedovoljno poučen da takav začin obazrivim ljudima ne uliva poverenje. A njega ne predstavlja kao osobu podesnu za novo... u svim tim zbivanjima, loš scenarij i patriotizam bili su pomoćne poluge za sticanje političke karijere, čak ni ljudi u armiji nisu ostali imuni na sva ta zbivanja.

Tako su se ponašali, pitanjima su me saplitali, lomili, hteli da me sateraju uza zid, u rov, u ništa, i nikud... okreću se, čekaju, a ja ćutim, da bi bolje razumeo to što govore i čine... Posle nekog vremena nije mi više ništa bilo važno, kada će doći, pozvati me da pođem... kraj ove agonije sam nazirao... pa su mi ista ova zbivanja ličila na sivoplavu sliku iz koje bi tu i tamo probijala poneka drugačija senka.

Čovek nikad nije sasvim sam, a u ovakvim trenucima nikako. Vaspitavani da živimo s mišlju o večnosti... Tu, nazovimo je intimno, ludošću oduvek sam smatrao pogrešnom; mač sa dve oštrice... Bez sumnje to jeste životni motiv, snaga – ali to je i naša slabost u isti mah.

Ivan je mirno sedeo i čekao... Jutro odavno odmaklo. Košava koja je lelujala Miloševom, u naletu udarala je besno prozorska okna, fijuci kao da su mu prolazili kroz mozak, budeći čudne glasove predaka koji su kao eho dopirali iz prošlosti. Neočekivano, osećao sam sopstvene mišiće kao čelik. Znao je, nije kriv... očekivao je da mu to kažu, ili bar da to sam pročita na njihovim licima. Njegovo lice nije ostavljalo nikakav trag, na njemu ništa nije moglo da se pročita. To je u službi u kojoj je bio dobro savladao. Međutim, to nije bio slučaj sa njegovim kolegama, moć samosavlađivanja popušta ako je znanje manje. Dobro je što mu se sve to dogodilo. Opasnost dolazi na razne načine ogrnuta... Nije očekivao da opasnost može biti u susednom kabinetu. Ali, znao je da neznanje može biti isto tako opasno, i da su oni, njegove kolege, stavili sebe u službu loših scenarija. Ne bi imalo nikakvog smisla da je pokušao da ih odvrati sa tog puta. Pa ipak, u pojedinim trenucima, dok su se nemo pogledima ispitivali, uočio je kako na tren odlutaju zamišljeno: ljudske istine su uvek kompleksne.

U mislima se vraćao na onaj prvi dan kad je sve ovo krenulo, ta slika mu je postajala sve neodređenija i nekako beskonačno rastegnuta. Ali, on je još uvek bio tu, tu... U sebi je mogao da čuje odjek, pun kolebljivih pitanja bez odgovora... Nasuprot svim okolnostima u kojima je zatečen, nasuprot činjenici da su ga priveli iz njegovog radnog kabineta, taj čudni odjek budio mu je jaku želju da i on bude nevidljiv, da ga nema.

* * *

„Sedite Ivane", kaza pukovnik Steva. Oni što su sedeli pored njega, s leve i desne strane, namršteno su nešto zapisivali; samo na tren izgledalo je da je pukovnik Steva miran i ravnodušan, čak mi se učinilo da ga razumem, ali naravno to je samo tako izgledalo: sad kad opet isto mora da prođe, ista pitanja da čuje, učinilo mu se tako nešto...

Gledali smo se pomalo iskosa, u očima sam mu čitao nemir, kao da zna nešto što ja ne znam, ne nešto što je u vezi sa mnom već nešto o ovom vremenu, o životu uopšte, kao da je za sve ove dane nešto naučio. Podiže obrve.

„Naša služba? Pa mi smo prikupili podatke o vama, od onih koji su to radili... Znate i sami kako to ide, mi menjamo informacije, to je trgovina u kojoj svako hoće najbolji posao, takav komad, trudeći se da prevari onog drugog... Na osnovu svega toga sastavili smo mozaik vaših radnji i svega onog što nam je bilo potrebno i složili se sa tim, a onda poslali dalje... i evo sada čekamo odgovor."

„Hvala vam na tome, pukovniče", kazah...

„Ostavimo formalnosti, zovite me, bogamu Ivane, jednostavno imenom!" Prekide me upola rečenice. Klimnuh potvrdno glavom pitajući se da li mi to daje za pravo da kažem šta ja mislim o tome? „Nadam se da se nećete žaliti na dane koji ostaju iza nas, zaključani u naš tajni dosije." Iskren pogled, srdačan i stvarno ubedljivo iskren, uputi mi izgovarajući zadnju reč. Pomislih da je glumac, a ne pukovnik, do juče šef... smogoh snage da mu se osmehnem prijateljski. To ga osokoli: „Vidite, Ivane", tako nastavi. „Proveli smo sve ove dane pričajući, nije škodilo, složićete se..." Taj formalan jezik nisam voleo, zaustavio mi je misao, ali nisam pokazao da me ljuti, i ničim ne pokazah da sam želeo da čujem nešto ozbiljno. Kao da mi pročita misao: „Ja i jesam sasvim ozbiljno rekao ono što mislim." Ćutao sam. „Znam i to da vam se ne dopada i da liči na frazu koju ste sto puta do sada morali čuti. Rado bih to da pojasnim, da analiziram sve što je proteklo, ali..."

„Moje ponašanje, ćutnju", prekidoh ga zajedljivo, više nisam mogao izdržati.

„Pa, i to!" složi se. „I vaš stav, i karakter, vašu ličnost, sklonost i ostalo. No, ostavimo to za neku drugu priliku. Sada bih vas zamolio da ovaj postupak, uz vašu saradnju, privedemo kraju... Slažete se, zar ne?" Pogledah ga upitno. Ono najvažnije nije rekao – kao da ne zna kako da upotrebi svoje znanje koje je, najblaže rečeno, bilo haotično. Drugim rečima – ne zna kako da upotrebi svoju moć.

Posmatrao sam ga; najzad, maska je pala, posle ove sulude igre, lošeg scenarija učini se da je trenutak da i ja odigram završnu ulogu. U svakom slučaju osećao sam da ovo u meni nije prošlo bez traga.

„Tako znači. Ništa od svega nije bilo ozbiljno! Onda...", slegoh ramenima. „Ja ne mogu da zaobiđem ova zbivanja. Postoji samo jedan način na koji sam mogao da živim u ostalim događanjima..." Ćutali su. „Zaboraviti i dići ruke od svega."

„Ne. To ne možete učiniti", oglasi se pukovnik Miloš. Podigoh pogled i pogledah ih upitno.

„Mislite li vi...", izlete mi, „da sam ja lud?"

„Ne." Izusti šef odsutno.

„A kako možete objasniti ovo što se događalo?" Tišina. „Imate li objašnjenja za to?..." Sva četvorica gledali su u mene netremice; znali su dobro koliko ja poznajem svoj posao, koliko sam sažet i jasan, toga su se bojali, iznosili su činjenice izbegavajući neke delove da se ne bi mogla povezati celina... bez sistematičnosti, reklo bi se i bez znanja...

Tokom ovih nešto manje od tri nedelje ustručavao sam se da primetim sve propuste koje su činili... Lutali su, ali ponešto i otkrivali. Mnogo puta su dospevali pred zid. Onda bi zaćutali, tražeći nove reči, načine. Sve u svemu, pod uticajem scenarija, nevešto vođene igre, nemoći, a posle napornih sati i stresova koje smo svi imali, šanse da dođu do cilja bile su minimalne. Brzo sam shvatio da iznenadni nered u rečima, kazan bez zle namere, može da postane zla optužnica. Mi u poslu koji smo obavljali znali smo za tu tajnovitost reči, ali smo, zarobljeni novim vremenom suludih zbivanja, smatrali da nepovezanost i skučenost reči i misli neće biti smetnja da kažemo to što hoćemo, nadovezujući se jedan drugom u razgovoru. Ali, ovog puta nije bilo tako.

Savršeno svestan uzaludnosti svoje odbrane, Ivan je prekorevao sebe, više nego njih, kao da se sasvim mirio sa onim što mu se dogodilo, sa saznanjem da su ga dojučerašnji drugovi izneverili upućujući ga tamo gde on nikada ne bi pošao... Kao da je iz njega najednom izleteo teško uvredljiv čovek. Trenutku kad je sve ovo počelo stalno se vraćao, ponavljajući misao da istoriji i politici ne treba nikada verovati do kraja, a to ga je, posle svega, teralo da ćuti, sluša ih i gleda sa tihim osećanjem nataložene gorčine, primećujući da u onome što je radio, što je verovao, ima nekog teško razumljivog nereda.

„A da li u svemu ovome postoje i neke moralne dileme?" pitao sam.

„Možda. Možda ih ne treba ni tražiti, Ivane", kaza pukovnik Steva. „Oni koji imaju pameti, razjasniće to sami."

„Jeste li tu podrazumevali i vas?" Ne izdržah.

„Delimično."

Pogledao sam ga. Neprikosnoveni šef... i tako dalje, u jednom trenutku shvatio je da gubi moć. To ga je uzdrmalo, ne zna kojim putem dalje, šta je ispravno da učini, a šta ne? Onda bolje od nečeg odustati nego i hotimice napraviti grešku koja se ne može ispraviti, koja bi, recimo, mogla uništiti zemlju, ljude!...

„Pa, nije isključeno, Ivane, da nismo i grešili...", nastavio je pukovnik Steva, gledajući me ispod oka. „Ali, i to se događa, a to u mnogome ne menja stvar."

„Mislim da je upravo to bitno", bio sam čvrst u odbrani svog gledišta.

„Kako objašnjavate sve ovo što se događa u zemlji?" upita pukovnik Zare. Kao da to nisu očekivali, pogledaše se iznenađeno i nastaviše da ćute.

„Za sad imam samo jedno objašnjenje: da je sve ovo okrenulo nas u nekom drugom pravcu, oduzimajući nam ono najvrednije..."

„Da li biste mogli da nam to malo rastumačite?"

Nisam ni mislio da ću to morati da činim: duboko u sebi osećao sam kako se prirodna pobuna pojačava u svemu što se zbilo u poslednjih nekoliko dana, nesvesni otpor brane pred talasom koji je krenuo. Pomislih u trenu da je možda najbolje da se ponašam na način kako sam to činio u danima koji su protekli, ostao sam staložen... Mada je bilo takvih trenutaka da mu je dolazilo da počupa kosu sa temena, jer nije mogao da poveruje da oni, dojučerašnje njegove kolege, mogu da mu učine to... Umesto da se izvine, oni se još muče neprestano pokušavajući da dokažu ono što im nije pošlo za rukom. I stvarno mu je drago što ih sada vidi u toj nezahvalnoj ulozi. Veće poniženje nije mogao da zamisli. Bivši šef, nadmen i uvek u pravu, sada pogledom moli za oprost. Kao da ga je proviđenje spasilo. Sa nestankom dokaza o bilo kakvoj krivici, nestao je njegov budući odnos... Ostao je slobodan čovek, jednak onim malobrojnim... nalik na njega.

„Koliko danas, Ivane, sve će se ovo završiti, dobićete desetak dana odmora, a potom na posao." Pre nego što sam i zaustio da nešto kažem, oči pukovnika Steve ljutito sevnuše: „Sve te šifre, kako ih rastumačiti?" upita.

„Pripremite se, za sat ćete biti slobodni, poći kući, Ivane."

Čuh, jedva da razumeh reči...

„Kako?" Izlete mi. Za ovaj trenutak nisam bi spreman. Ne još, ne bar sada.

„Pa vi ste, pukovniče Ivane, u ovakav ishod verovali još od trenutka kada smo poveli ovaj razgovor, samo sada potvrđujemo vaše verovanje... Vi ste nas usmeravali u tom pravcu, zar ne?"

„Ali mi morate dozvoliti", počeh da zamuckujem..., „da, da kažem svoje mišljenje..."

Stao je u pokretu nazad prema stolu, gledajući me vrlo značajno. Izgledalo je da i sam prikuplja snagu, da se odlučuje da rašćisti sa nekom svojom zabludom, sa onom u njemu što ga muči, reče:

„Čuli ste, Ivane, ovo se završilo..."

„Kako?" ponovih. „Mislim da nije, ne... prošlo je sve, završilo se na svu sreću."

Kabinet u kome smo sedeli učini se pretesan, nabijen tišinom; bili smo daleki, udaljeni u sumraku... Kolege koje zure jedan u drugog nemo... Mogli smo da čujemo kucanje sata na našim rukama.

Pukovnik Steva je raširio ruke: „Pošto je sve završeno možete ići u svoj kabinet..." I još uvek malo zatečen, vrpoljio se na stolici na kojoj je sedeo... A ipak, kao da se ništa nije dogodilo i kao da ih je to samo na tren zaustavilo!... kao da su sve ovo bile samo formalnosti, gledali su u Ivana zbunjeno, bez reči...

Trenutak kada sam se obreo u svom radnom kabinetu ne umem definisati... u moru neistina, pitanjima iz prošlih dana, gubio se, gušeći se – ne samo zbog spoljašnjeg privida, već zbog onih dubljih motiva koji su iznenada probuđeni. To osećanje nosio sam u sebi, čini mi se van konteksta, odvojen od svog drugog ja – onih povezanih niti ideja i dubokog osećanja, koje čine ličnost... A, sve to sada, kao hrpa odbačenih delova, ležalo je na mom radnom stolu, sva zbivanja nestala su bez traga... a ja više nisam bio sasvim siguran kako sve to skupiti u celinu.

Pogled mi stade na telefonu. Toliko dana nisam čuo njih dve, svoje u Splitu, obrt događaja, kao talas odbacio je tih nekoliko dana u stranu i opet je sve bilo tu; miris maslina, šumovi mora, sunce na mojim leđima žeže, kuća u kojoj sam odrastao, Split... dani mladosti, ona duboka sigurnost kojom bi da verujem tom što je u meni krenulo. Naravno, u vremenu koje nas rastače – jedino mi je ovog trenutka ponajviše nedostajala – Vera. Potreba da ovaj trenutak podelim sa njom bila je sve snažnija. Iako se još nisam oslobodio onoga što me je pritiskalo i dovodilo u zabunu. Bezutešni i gorki dani ispitivanja... a iznad svega bezutešno gubljenje vremena, osuda bez osnova. Postoje mnogi putevi na kojima Bog može da nas osami i dovede same k sebi, govorila bi mi majka. Hteo sam, pre nego što pođem kući, da ubedim sebe da je sve ovo bilo kao rđav san.

Odjednom me obhrvala seta, osetio sam se čudno nemoćan i imao sam utisak da me Sonja, koja sada nije tu, prati prekornim pogledom. Ćutim. Ne pomeram se. Preko prljavštine i mulja, preko ulice i haosa, noći provedenih u razmišljanju, vidim sebe, ukletog borca za ideju, kako posrće bez odustajanja i u bolu, po ružnom i iznenada kaljavom putu, koji nije svojom voljom izabrao. Bilo mi je suđeno da na ovaj način dođem do nekih istina. To je bio početak susreta sa samim sobom. To što se nikada nisam dao, ni izjednačio sa njima, što sam ostao na nogama i što sam stoga mogao sve to da podnesem, to je imalo svoga razloga. Ali, dok sam se, smirujući se, privikavao na ovaj trenutak, spopade me neki razarajući bol. Sedeo sam u stolici, za svojim radnim stolom, čekajući da me to prođe. Ono što sam u sebi osećao, neverovatne stvari su se lomile, one koje nikada nisam mogao smatrati mogućim, postale su gola stvarnost... oko mene, unaokolo, ustajala tišina, zloslutan prazni prostor koji me ispunio do vrha.

Nisam mogao da shvatim šta je to što mi se dogodilo. Kako? Gde je moj udeo u svemu? Sedeo sam ukrućen, kao kakav kip i kao čovek slomljen, pokidanih niti; bez snage da u ruke uzmem slušalicu i okrenem broj, da pozovem kuću.

Veri je prošao dan kao što su dani prolazili otkada Ivan nije kod kuće. Nekoliko časova je provela u školi, pregledala pismene zadatke, dva časa provela na nastavničkom veću... Kad se završilo, mislila je: pravo je čudo šta sve čovek može da proguta! Iako je sve to teško podnosila, ipak je u njenom ludom verovanju postojao smisao, nešto što joj je davalo odgovore, hrabrilo je i čuvalo.

Sonja je tog popodneva donela nekoliko novinskih članaka, iz ljubljanske „Mladine", iz zagrebačkog „Vjesnika". Tekstovi su bili puni mržnje, netolerancije, redovi iz kojih je proterana ljubav...

„Nekada odlični listovi, sada hvale i veličaju neukus, mržnju... Od prve do poslednje stranice, prosto da ne poveruješ, mama, povampiren neukus nacionalizma, talog koji nudi nove ljude za promene... Oskudne u znanju, rečniku, jeftini u trgovini... Krčme ono što se godinama gradilo. Tačno je da hoćemo bolji život, kliču, dok se lepe za njih koji su već zauzeli pozicije vlasti."

Vera ćuti. Stidi se sopstvene nemoći da ćerki pojasni uzroke bar nekih događanja. Kako da joj objasni to što je i sama godinama prećutno ostavljala na stranu; tu tamnu mrlju koja je godinama visila nad glavama. Pažljivo sluša Sonju i pita se ima li prava da i dalje ćuti. A šta bi joj rekla?

Telefon zvoni resko, Vera pogleda u Sonju očekujući da ona podigne slušalicu, kad Sonja ne reagova – ustade i uze slušalicu:

„Halo." Ni reč dalje da progovori, nema. Ćuti i sluša...

„Nešto se desilo, mama?"

„Kada dolaziš? Hvala Bogu." Suze joj krenuše od radosti. Najzad. Dobro je... Možda sve ovo i neće biti tako kako se bojala. Uostalom, zna ona dobro da u životu ništa nije potpuno crno ni potpuno belo. Svet je sazdan od nijansi... Zašto bi njen bio drugačiji?

„Tata dolazi? " pita je Sonja.

„Da. Da", govori odsutno. Kao da se nije pripremila na taj trenutak, osvrće se po sobi, dok duboko negde u sebi oseća da je situacija složena.

„Dakle, mama, sve se ipak završilo."

Majčino lice je još uvek delovalo mirno i produhovljeno, ali se sve ređe na njemu video osmeh i postepeno je poprimalo crte koje se često vide na licima ljudi koji zbog nečeg strahuju, crte koje su odraz nezadovoljstva, zabluda, straha, mrzovolje, otupelosti i odsustva ljubavi. Neverovatne, skokovite promene mogle su se videti na njenom licu samo ako je neočekivano iznenađena. Kao ovog trenutka. A zar je iznenađenje očev povratak kući? Ili...?

I dok se Sonjin um mutio od najezde pitanja, Vera je za tih nekoliko trenutaka postala svesna njihove sudbine, pa je zato bez mnogo razmišljanja prozborila.

„Ivan dolazi, izvesno je. Ništa više neće biti isto."

Sonja se trže i jedva progovori:

„Ti se, mama, bojiš?..."

„Ne, ne... radujem se", kaza uzbuđeno.

„Ali, ja ti vidim strah u očima."

„Nema veze to sa strahom... Ionako, draga moja, na malo šta možemo da utičemo..."

Nepomična kao kamen, pilji u ćerku, ljuta na sebe što je tako reagovala, što se toliko prokleto boji, sumnja, što oseća da sve manje veruje...

* * *

Na vratima fakulteta, kao po dogovoru, ugledala je Milana. Kao da je čekao, uzeo je nežno za ruku i poljubio je. Prošaputala je oklevajući:

„Nisam te očekivala, Milane."

On se nasmeši i snažno je stisnu uza se.

„Ali ja tebe jesam", u njegovom glasu mešali su se ljubav i želja. „Dugo mi je trebalo da se otreznim, da to priznam sebi... Možda mi je ono veče sa tobom na Kalemegdanu pomoglo da shvatim da čovek ne može pobeći od svoje želje, ljubavi... bilo gde da se nađe."

Nasmejala se vragolasto. I sama je to isto doživela kao najveću istinu, kao nešto što je bilo najbolji deo nje, u njoj neprobuđeno.

„Samo da izbegnemo rat", uzdahnu.

„Ne razumem. Rat je već počeo, Sonja, a to da li se može sprečiti?... Ne znam. Dizgine ljudskih sudbina su u rukama suludih igrača.. Svi mi, ponekad, povremeno, osećamo nered u glavi i nešto mutno, iskidano u našem verovanju. Uporno se trudimo da odgonetnemo tu zamršenost ispitujući iskidane tragove svojih prethodnih opredeljenja... Da li si zapazila tu sliku, analizirala to ludilo na ulici, u pojedinim trenucima, na šta ti sve to liči, draga moja? Ko su ljudi koji predvode sve to? Oni koji najlakše odstupaju od jedne vere, odlazeći u drugu? Možda." Zaustio je još nešto da kaže, nasmešio se, pa dodao: „Mislim kao penzioner, jer sam spoznao trošnost ljudskih misli, vrlina i uzaludnost mnogih verovanja..."

Sonja ga pogleda upitno.

„A naša sudbina, Milane? Kakva je ona?"

Milan je pogleda, preko stola nežno je uze za ruku i kroz osmeh kaza:

„Treba se boriti na sve načine."

„Kako?"

„Znanjem i ljubavlju... najmoćnijim oružjem na svetu."

„Eh", uzdahnu. Kako je Milan nasmejan, očigledno ga zabavlja ovaj razgovor. Raduje se što je s njim. Kako to do sada nije otkrila, izuzetan spoj muževnosti i dečaštva u njegovoj pojavi, a to je još više zbunjuje... Sa Nikolom je bilo lakše, sve konce je ona držala u rukama... ili je i tu bila u zabludi? Muči se šta još da ga pita.

„Ako ćutimo, kako da nas čuju, Milane, strah me je, ako se naviknemo na sve ovo što nam se događa, šta dalje?"

Čudi se lakoći kojom Milan o svemu sa njom razgovara, zbunjena tom jednostavnošću pokušava da istu takvu pronađe u sebi, ali nalazi samo nemir upletenih misli, zamršenih emocija iz kojih ne ume da se ispetlja.

Otpila je gutljaj kafe, to je umiri na tren... Pobeći negde od ovog suludog vremena, u moru haosa pronaći tražene odgovore, od koga i kako?... Osloboditi se svih svojih nevolja, svih strahova, osloboditi se Nikole, svih briga.

Milan je posmatra smešeći se, bez reči; samo bi na tren klimnuo glavom. Oči su mu se jezerile zagonetno, u njima nešto skoro kao molba, traženje nečeg što samo ona može da mu da. Taj pogled nosio je u sebi, pored zagonetnosti, molbe, i neku neverovatnu radost, kao da je Milan znao da će ona ispuniti svaku njegovu želju, ili pak ovom trenutku, ili možda, radovao se predvečerju, zlatnom zraku sutona koji zamiče nad Beogradom. Osetila je i sama kako netremice pilji u Milana, duboko u sebi radost je plavila...

Milan je u svakodnevnom životu bio čovek sitnica, onih malih stvari, najbolja kombinacija u čudnim naravima ljudskih bića. Umeo je da je podstakne da se raduje običnim malim stvarima, lepoti dana, plavetnilu neba, lepoti prirodnih pojava, retkim starim knjigama, malim detaljima – toliko običnih i mnogobrojnih radosti. Čini se da ga nikakva opšta ili lična nesreća nije mogla izbaciti, do te mere uzdrmati. Radost je u njemu bila stalna i neprolazna, za razliku od nje, kojoj su za radovanje potrebni događaji, uzvišena osećanja i neobični trenuci. Sada, tu pred njim, pitala se nije li Milanova crta daleko bolje rešenje od njene, od njene krivudave i uvijene. Činilo joj se, u trenu, da je uvek sve znao unapred, trenutak njenog dolaska na fakultet toga popodneva, kao da je očekivao, bio pripremljen. Kao da mu je sama sve govorila, čitao je svaku njenu misao njenom kretnjom. Kako je kod njega sve jednostavno. U toj jednostavnosti otkrila je deo sebe: onu koja nikada nije umela da čeka, a ni sada, gori od želje... ja živim svoj život, a u životu se ništa ne čeka. On je takav dragocen, zato ga jednostavno treba živeti!

Kao da je to izrekla glasno, Milan je ustao, pružio joj ruku, izeo njenu i rekao:

„Idemo, Sonja."

Osmehnula se i bez reči ustala i pošla sa njim, ne pitajući... gde idu, već, išli su jedno pored drugog, očekujući ko će prvi da pita, da učini taj korak... I kao da je progovorio iz njenog srca, čula je:

„Idemo kod mene, Sonja."

Sa istom željom u grlu, samo je potvrdno klimnula glavom.

Suton se crvenkasto zlatio nad Beogradom. Prigušena, zlatna svetlost u senci sipila je iz provid-

nih oblaka i rasipala se na talasima dveju reka. Nije bilo vetra. Poslednji dani leta, šaputavo su prizivali jesen, a ona je te večeri svom snagom želela da zadrži leto, mirisom mora, starom maslinom – do sudnjeg dana...
Pred kućom na Čuburi, u kraju gde je Milan rođen i odrastao, nekoliko trenutaka nije izašao iz auta, ćutao je... da bi jedva čujno kazao:
„Stigli smo, lepa moja."
Uzeo je za ruku i poljubio ovlaš, uzvratila je nervozno. Otvorio je vrata i propustio je ispred sebe...
U kući nije bilo nikoga, osvrnula se i pogledala oko sebe, a onda se spustila u fotelju... kao da joj je neko oduzeo reč, pogledom ga je pratila kako se lako i gospodstveno kreće po kući sa pićem u rukama. Spustio je čaše na sto, kleknuo ispred nje, uzeo je za ruke, gledao je netremice u oči, a zatim je nežno privukao sebi i skoro mrmljajući, prošaputao:
„Kako te volim, Sonja."
Htela je nešto da kaže, blago je pokušala da ga odgurne...
„Ne, ne, ništa ne govori, ćuti... jednostavno te volim..." Ljubio joj je lice, usne u vatri probuđene strasti; pažljivo je svlačio sve sa nje.
Gledala ga je širom otvorenih očiju... a onda... pustila ga je da je uzme u naručje i prenese u spavaću sobu... Spretnost njegovih prstiju, dodirom oslobađali su je grča, njeno telo uz njegovo, njeno predavanje... Okrenula je glavu da uzme daha!
„Milane."
Prekinuo je poljupcem, prošaputavši:

„Znam."

„Ali, ja te volim", izustila je vragolasto.

Zagrlio ju je obema rukama i pripio se uz nju... Telo joj se čudesno treslo, poput jecaja, dajući mu se potpuno...

„Hoćeš da popijemo malo viskija?" šapnuo joj je u uvo. „Zaslužili smo", dodade šeretski.

Pogledom mu je odgovorila potvrdno. Ustao je i krenuo po čaše. Kad je otpila prvi gutljaj, pogledala je u sat, jedan od onih pokreta posle kojih odmah usledi odluka.

„Kasniš?" upita je.

„Ne", zaustila je, „nisam se javila kući."

Tišina koja nastupi Milana podstače da je ponovo uzme, ne dozvolivši da nešto kaže...

„Dobro, dobro", šaputao je, „znam... Moram naučiti da slušam", mrmljao je ljubeći je... Osmehnula se, ljubeći ga zadovoljno.

„Ti si živeo mnogo bogatijim životom od mene", reče, izvlačeći se iz njegovih ruku. „Tebi to neće biti teško..."

„Šta pod tim podrazumevaš?"

„Ništa. Prosto tako mislim, da si imao drugačije vrednosti..."

„U koje ti ne veruješ?"

„Ne, kojih se samo malo bojim."

„Zašto?"

Na tren se zbunila, stisla usne, kao šahista u mat poziciji. Tren-dva je ćutala.

„Ti, Milane", počela je da zamuckuje..., „tu si, siguran si u to što jesi, što je prirodno. A ja se suočavam sa nečim što ne umem da definišem, da razlučim...", pogledala je prema prozoru i zaćutala. „Ma, neću da kvarim ovo veče.... biće dana i za neke druge razgovore, neka... neka."

Zagrlio ju je snažno, okrenuo je sebi, tako da je mogla da vidi da ju je razumeo, ali otćutao je svesno trenutak, ostavivši da situacija govori umesto njih. Ćutnja, tako intenzivno prisutna, gotovo neizreciva, začuđenost u vazduhu, kako je moguće da toliko pripadaju jedno drugom?... Gledala je u Milana, kao neko ko bi još dugo mogao da ćuti i da ga samo gleda... ali, ustala je i počela da se sprema...

Pozvao je taksi i pošao sa njom da je isprati. Videla ga je kako stoji na vratima sa podignutom rukom i prati njen odlazak. Kad je taksista zamako u drugu ulicu, duboko je udahnuo noć, punim plućima.

* * *

Kasno je stigla kući, pred vratima je po torbi prevrtala tražeći ključ, očekujući da se na njima pojavi otac. Otvorila ih je majka. Upitno su pogledale jedna drugu, a ona je pogledala na sat. Ni reč nije stigla da izusti, majka je već otklonila njenu brigu o kašnjenju. Dobro, pomisli, neće morati da misli na razlog kojim bi to da objasni.

„Kasno je, Sonja."

„Ali... sutra, sutra mama", zamuckivala je.

Majka je ćutala.

Kad je izašla iz kupatila, pogledala je prema sobi u kojoj je još gorelo svetlo... majka još nije legla.

Ipak, pošla je u svoju sobu. Svukla se, ugasila lampu, a zatim nekoliko trenutaka stala kraj otvorenog prozora. U mirnom vazduhu noći lebdeo je odnekud neodređen miris sa obala Save. I dok gleda u noć čini še iz koje sve lepo dolazi i u koju se sve vraća, seća se uzaludnih pokušaja da nekim sećanjima umakne. U glavi joj je odzvanjao Milanov glas koji je šaputao nežno opušten: „Volim te... volim!" Ispunjena tom srećom stajala je bez pomeranja.

Kako je znao pravi način da je uzme. I ispuni do vrha. Brišući joj nedoumice i lutanja. Sreća kao lavina. Izbrisana je i poslednja sumnja. Sad izvesno znam da je sve u životu pisano. Ljubav u mom srcu. Nemoć poimanja istine.

Noć je bila na izmaku. Boje jutra počinjale su da se raspoznaju. Od oštrine vazduha sve u njoj podrhtava. Sladunjav osećaj struji njenim telom... Kad bi ova noć imala dovoljno boje da oboji nebo, mesec i zvezde...

Legla je u krevet i počela da misli na trenutak koji je tako ispunio. Sve njene misli završavale su se u Milanovim rukama. U njima je osećala neku čudnu, dosad nepoznatu, za nju neobjašnjivu dimenziju, koja se nije dala odgonetnuti, to je zapravo nateralo da shvati, da gori... i da je Milan postao oblik sudbine potrebne njenom umu i srcu. Negde u samo svitanje je zaspala.

Ujutru je oca zatekla za stolom uz prvu jutarnju kafu, poletela mu je u zagrljaj...

* * *

Sonja je tog jutra rano izašla. Vera i Ivan razgovarali su o svemu, samo dane provedene u pritvoru Ivan je prećutao, ni reč da kaže, iako mu je u svakom pokretu izbijalo nešto mnogo dublje od reči; čudan obrt vremena, onih nenadnih malih ličnih istorija... kad se iznenadno čovek oseti na ivici odluke, podstaknut trenucima koje je nadživeo. Na trenutak, hteo je baš o tome sa Verom govoriti, a opet nije, mučili su se oboje kao da nijedno od njih dvoje ne zna šta će sa sobom.

Ivan je ispod naočara dugo posmatrao Veru; tako izbliza prvi put je gledao u njene godine: bore od života, od godina, umora, i neke koje prvi put vidi... kao da je večnost prošla, pomisli, osećajući kod Vere neki prikriveni strah... Nešto što je godinama bilo njena oblast ćutanja najednom kao da je isplovilo u prvi plan.

Ženu koju je video pred sobom – nije poznavao, ono što je počeo da oseća bila je neka čudna rezervisanost iza koje nije mogao da dokuči šta se krije.

Oboje smo izbegavali da govorimo o onome što je krenulo po nama, što nas je zaustavilo; postajući iznenada tako daleki jedno drugom, nepovezani, kao da time hoćemo da stavimo do znanja da i u nama više ništa nije isto. Ćutnja koja nas obuze, potraja. Nismo čak ni pokušali da to premostimo, sve što je ležalo u nama ostalo je i dalje u oblasti ćutnje... U ovom trenutku nisam bio u stanju da vidim ni u čemu ni mnogo nade, ni smisla:

„Hteo bih da vas dve ne obraćate pažnju na mene, bar neko vreme..."

„Šta to znači, Ivane?"

Ćutao sam. Znao sam da ću ponovo morati da razgovaram sa Verom, da otkrijem put do nje i da će on biti mučan, da ću morati da naiđem na zid ćutnje, na strah, na zabrane. Kao da smo godinama živeli u svetu u kojem se čovek testira stepenom veštine izdržljivosti, i za celu večnost daleko od ove proklete sredine koja u suštini živi, uprkos svemu...

Obuzela je apsolutna sumnja u sebe, posrće pred opštom bezizglednošću koja ne razume nju i njeno verovanje, ne čuje njen strah. Snebiva se da joj to kaže. Nevešt je za glumu.

Bezglasan kao tamna noć, pilji u ženu sa kojom je proveo tolike godine, a kao da je to bilo juče, na trenutke mu se čini da je i ne poznaje, o onome što bi ona htela da čuje, da ga pita; tenzije, povampirene mržnje o toj misterioznoj građevini skrivene realnosti, nisam bio spreman da govorim. Možda upravo zato što sam hteo da iskupim zablude mladosti? Namestilo mu se tako. S vremena na vreme neke se nepravde, izgleda, za trnutak isprave, pa posle se sve ponovo vrati tamo gde je i bilo.

„Ivane, zar opet? Rat?"

„Da, da. Opet, opet i opet. Rat je u ovoj zemlji neumitan kao sudbina. Rat, Vera. Sankcije, novi svetski poredak, presing, opšte ludilo, siromaštvo – čine svoje. Uništavaju sve pred sobom, znanje u takvim okolnostima nema nikakvu vrednost; na sceni su neki novi igrači praznih glava, ali srčani snagatori za kratko vreme poput moljaca razorili su granice ove jadne zemlje, otvorili je i izložili bescenju za neku novu zemlju, isparčane pašaluke u kojima misle da stvaraju decu, žive i privređuju. Ništa više nije kao ranije. Ništa."

„A mi, Ivane, gde smo mi?"

„Koji mi?"

„Mi malobrojni, koji nismo kao oni, koji trpe i nemoguće. Šta sa nama?"

„Ništa. Ništa, Vera. Ko ne ume da se prilagodi svemu tome, taj preko noći nestaje, ne mislim fizički nego duhovno, posrće, živi kao biljka, jede i spava i nemo posmatra sve to."

Nemoćno je raširila ruke.

„Ne, ovo zaista nikuda ne vodi. Pa neće valjda ovako... ne, ne, ovo se pretvara u moru, zar ostatak života da provedemo postavljajući hiljade pitanja na koje ne znamo odgovore. Ne to! Ali, od čega krenuti, Ivane?"

„Od klizanja, kako ono ti reče, od toga, Vera."

Ivan je pogleda ispod oka, učini mu se da iz nje izbijaju nekakvi nejasni znakovi, unutrašnji obris sudbine koji ona ranije nije ispoljavala ili to nisam video?... njena ćutnja, taj pogled, strah koji ni sama ne ume da definiše, bez nade... dublje je sve to. Bez sumnje na jedan sličan način bilo je to i u njemu. Ali ne tako. Glasom koji je parao po njemu, bolom koji je razdire govorila je nepovezano, pokušavajući da sazna šta će biti moji dalji koraci u danima koji tek dolaze.

Kao da im je verovanje uništilo život. Tvrdoglavost i istrajavanje doveli su nas dovde... čuo sam kako mi govori tiho. Slušam je i ćutim. Životni put nije lako promeniti, skrenuti malo u stranu, učiniti ga lakšim. On je takav kakav jeste. I svaki novi dan, čak i ovaj trenutak, jeste deo našeg malog života koji treba umeti proživeti na pravi način. Život je tu i sad, ni pre ni posle ne postoji... Korak po korak, iz svega ovoga. Ne, ne, Ivane. Ćuteći, idemo u susret zloj sudbini, koja se nadvila nad našom glavom.

Nisam mogao ništa da kažem. Jer sam, zaista bio umoran. Posle toliko dana ponovo sam kod kuće.

Na trenutak ćutanje je prevladalo, kao da više nemaju šta da kažu jedno drugom, gledaju se i ćutnjom ubijaju vreme... Ponovo je izgubio osećanje za realnost, ponovo kao da živi van sebe, osećanje koje ga prati od prvog dana onih suludih događanja na poslu, samo što ovog puta manje-više svesno, i što mu se fatalistički predaje. Bol da je promašio život nije ga napuštala, mučio se da odgonetne odakle je tako snažno izbila, iz kog dela njega?

Vera je ustala. Pogledala ga ćutke, zatim mu dotakla i stegla ruku. Ohrabrenje, razumevanje, ćutljiva molba – znao je da taj gest ne znači ništa više od onog svakodnevnog života sa njom. Čak i da je hteo da uhvati i zadrži tu ruku ne bi mogao, gest je bio suviše brz: dodir, pa povlačenje. Protivrečan gest: vređa taktičnošću i trenutkom, dira ga dozivanjem toplih uspomena, tako bezglasno.

Ustao je i krenuo za njom u sobu. Znao je da želi mnogo toga da joj kaže; da je odlučio... da, da poći će, na nekoliko dana do svojih, mora... ćutao je, ni reč da progovori, kao da je ovo njihov poslednji dan.

Kad se vratio u sobu i seo za svoj radni sto, odlučio je da mora prekinuti sa tom besmislenom ćutnjom. To je znak da on u stvari još uvek ne zna šta hoće. Na čudan način je mnogo bolje znao šta oseća Vera, ali ga to nije ohrabrilo. Već se previše otkrio. Nekada su savršeno dobro i lako čitali jedno drugom raspoloženja, misli... što im pak nije pomoglo, da evo i zaćute; to duboko razumevanje je i dalje tu, ali ne pomaže njihovom zbližavanju u onom što se pokrenulo u njima. Pokušao je još nekoliko puta da govori baš o tome, ali nije učinio ništa jer je znao kuda to vodi.

U mraku, u krevetu, večno noćno vraćanje u prošlost, klatio se na stolici i bez pomeranja gledao u plafon. A onda se bolno osmehnuo sebi, osmehom gotovo metafizičkim, to se njegov razum miri sa odlukom donetom duboko negde u sebi. Možda je i on, kao svi političari, samo nastojao da dobije u vremenu, ili je to osećao kao đavolsku igru, iz želje da to što lakše premosti. Ali bilo bi mi mnogo lakše – možda bi i bolje podneo – da sam kod Vere otkrio i najmanji trag istinskog očajanja ili bar gorčinu u glasu. Ništa od toga nije pokazivala. Ćutala je. Kako onda da otvoreno razgovaramo.

Potreba za mirom i samoćom, bila je sve prisutnija; da možda ode do svojih u Split, izgledalo mu je jedino rešenje; da se tamo odmori i zaleči ožiljke, vidi šta to sve ne valja, ne samo kod njega, nego kod njegove generacije, ljudi njegovog kova, da pokuša, da shvati i razume jedinstven egoizam doba... neverovatno plitkoumlje, stalno pogrešno postavljene ciljeve.

* * *

Ivan se nije odmarao, danima je nešto sređivao, ispisivao neke papire, zapisivao nešto u svoje beležnice... Njih dve ga nisu ometale, prvih dana, po dolasku kući, nisu ga mučile pitanjima, zapitkivale, a on je najviše voleo da bude sam. Ćutao bi satima. Ispisivao nešto, čitao ispisano, i s vremena na vreme bi ga iznenada obuzimali strašni košmari.

Noću, posebno, budio bi se sav obliven znojem, dok su mu se vlažni čaršavi uvijali oko tela. Ponekad bi sanjao kako se nalazi na frontu, u ratu je... ali, i neke druge stvari davno negde zaturene dolazile bi mu u san. Tada bi se budio i odlazio u kuhinju da popije čašu vode, sam da sebi skuva kafu, a onda bi uzeo neku knjigu i nastavio da je čita do pred zoru. Tek pred zoru bi se vraćao u krevet da nastavi san. Najpre je mislio da je reč o jednom običnom, uobičajenom zamoru. A potom, znao je da reč „uobičajeno" nije postojala u njegovom rečniku.

Ustao je i prišao prozoru. Iza zavese, koju je stvaralo lišće platana u omalenom parku u blizini zgrade u kojoj je stanovao, ljudi su u manjim grupama već zamicali na posao. Još jedno obično jutro. Ali, ti ljudi su sada bili daleko od njega, kao da je na nekoj drugoj planeti. Gleda ih i pokušava da se seti nekih proživljenih trenutaka.

Pokušavam da se setim bola, a osećam samo beskrajnu patnju ove zemlje i ljudi u njoj. Odložio sam mnoge, bar tako sam verovao, nepotrebne stvari u ladice. Kakva laž. I sebe sam gurnuo u ladice zaborava. Namerno ili slučajno, ko bi to mogao znati... Nesporazum! Sve što se zbilo, svaka izgovorena reč, bilo je – nesporazum. Shvatio sam, izgleda kasno, da nisam ni ovde ni tamo... Ne postojim nigde, ni u jednom obliku. Ili je to zla kob da budem izbrisan, grubo i bez pogovora. Šta učiniti, gde poći? Pravi put je izgubljen, prekriven sumnjom.

Nakon nekoliko dana, prvo jutro u kojem se osećao dobro. Obukao se i izašao napolje, uputio se kroz park prema tramvajskoj stanici. Na pola puta do stanice naleteo je na svog kolegu, zemljaka iz okoline Splita. Išao je na posao.

„Zdravo, Branko!"

„Dobro jutro, pukovniče." Ivan zastade.

„Kako ste?"

„Dobro. Dobro. Na odmoru sam nekoliko dana, idem do grada."

„A ti, Branko? Radiš?"

„Da. Da", reče zamišljeno. Hteo je još nešto da ga pita, ali odustade. Nasmešio se i pozdravio ga lako i propustio da prođe ispred njega.

U gradu se nije zadržao dugo, u određenom trenutku odlučio je da se spusti do železničke stanice da bi se informisao za vreme polaska brzog voza za Split.

Dakle, izabrao si, Ivane, najstrmiju stazu i krenuo njome sa pomešanim osećanjima jeze i nekog čudnog, neprozirnog stanja straha. Ipak će otići, mislio je sporo. Ono što je doživeo u tih nekoliko nedelja u iznenadnom zadržavanju na poslu, u pritvoru, kako bi on to rekao, nešto je što on nije mogao da podnese, ime koje je imao scenarij *Opera* nikako se nije uklapalo u njegov mozaik. Pokraj njega su promicali ljudi, a on kao da ih nije video, kao da je bio sam na ovome svetu.

Pred železničku stanicu stigao je slomljen ali odlučan: tačno je znao šta mora da uradi. Bez ikakvog oklevanja i dvoumljenja odmah je počeo u glavi da realizuje svoj plan. Možda sve te muke i potisne kad se vrati od svojih. Spakovati kofer i otići na nekoliko dana. Ali kako tu iznenadnu odluku saopštiti njima dvema, šta će im reći? Da mora hitno da otputuje, da vidi svoje, iskrslo je nešto vrlo važno, neodložno, sad nema vremena da im objašnjava, kad se vrati... Stao je na trenutak, korak pred šalterom, kao da se dvoumio... a ipak čuo je sebe kako izgovara:

„Molim vas, u koliko sati polazi brzi voz za Split?" Na posletku prelomio se, posle obaveštenja... „Da. Da, čuo sam gospođo. Hvala lepo." Putovaću, potvrdio je sebi.

U povratku kući, čini se da je sve utihnulo, tišina gotovo lepljiva još od jutra. Na sve je mislio jer nije mogao sebi dozvoliti da napravi neku grešku... u svemu jedino nije mogao predvideti Veru na vratima, nije ni pozvonio a ona ih je otvorila, gotovo je stao zaprepašćen. Kao da ga je čekala, baš tu na vratima, mislio je ulazeći u kuću...

Sa njom je više od dvadeset godina, ali ponekad mu izgleda čudno, kao da ga posmatra iz perspektive nekog drugog života, nekog drugog doba. Na taj način podsećala ga je na njegovu majku, uvek je verovao da je to zbog pomešanih vera, nacionalnih nasleđa, što ga je odvodilo u neki tajanstveni svet kome nije pripadao i u kojem se osećao kao biće sa druge planete. Bilo je to, znao je, mišljenje primorca. Na tu pomisao zadrhtao je duboko u sebi. Možda zbog svega onoga u čemu je bio, što mu se dogodilo, zbog vremena koje je prošlo, sada je bio nemoćan i nije mogao da vidi kako ga je to stvarno Vera posmatrala. Odnosno, šta je htela toga trenutka na vratima. Da, da, mislio je dok je prao ruke u kupatilu sa bolnim osećanjem stida i kajanja: bila je toliko prisebna da mu otvori vrata i ne pita ga ništa. Pokazala se kao prava kći svoga oca koji nikada nije gubio prisebnost duha, i naravno, domaćinske instinkte.

Otac joj odavno nije živ, možda izgubi i njega. Prošao je pored nje u dnevnu sobu, osmehnuvši se bez reči. Vera pođe za njim, i kao da je htela da ga pita... mogao je da oseti oklevanje u koraku kojim je išla iza njega, nije progovorila ni reč...

Dok je nešto tražio po fijokama radnog stola, pitao se šta još treba da uradi: da li je želeo da nešto uopšte uradi? Negde u sebi i on je strahovao da nešto neće ispasti kako valja. Vera je taj strah podgrevala, buljeći u njega, kao da očekuje da je odbrani od njega ili od sumnje u ono što je proganja. Težak osećaj. Okrenula je polako glavu u stranu. Video je kako joj svetlost osvetljava lice, usne. Osmeh sete joj je titrao u senci.

„Hoću da znam, Ivane, jesi li odlučio, putuješ li za Split?"

Kao da ga je polila vrelom vodom, ustao je i stao ispred nje. Odakle ona zna njegovu odluku, zapita se. Na tren, dok ju je posmatrao, činilo mu se da je doneo pogrešnu odluku i da se možda našao na ivici ambisa. Da mu se nije učinilo nemoguće. Ne, ne nije to nikakva omaška, nije greška, čuo je, Vera je pitala... Nije imao glasa, ni reči da kaže Veri. Ma, to je koješta. Smogao je snage da pruži ruke i povuče je sebi.

„Jesi li dobro?", upita je tiho.

Klimnula je potvrdno glavom, bez reči. Osetila je kako joj se suze skupljaju u očima. Grlo joj se stezalo, čini se da je boli Ivanova blizina.

„Reći ću ti večeras, Vera."

„Zašto večeras? Koliko misliš da ostaneš?"

„Ne znam. Pitaj me to večeras." Pogledala ga je upitno. „Obećavam, Vera, da ćemo večeras razgovarati." Pritegao joj je ruku. Zaustavio se kad je video da je zadrhtala i da je spustila pogled. „Vera", počeo je, „tebi ne treba mnogo da shvatiš. Ti razumeš, u toku si svih naših zbivanja, u duhu naše istorije. Narod je dobar svakako, pouzdan, ali... i tgvrdoglav. Mazga. U glavama naših ljudi, da se sav svet na glavu posadi, pamet mu ni za dlaku ne može promeniti. Što je naumio, to će da uradi makar šta da se desi. To pojedinci ne mogu promeniti, a pogotovo kad zli duhovi krenu ispred njega..."

„Ali", prekide ga, „sećanja biraju, istorija ne. Mi smo ono što jesmo. Ne možemo odbaciti zlo praveći se da ga nikada nije bilo..."

„Nisam to ni mislio. Već...", zaćuta na tren.

Hteo je da joj kaže o čemu je reč, šta je to razmišljao ovih nekoliko nedelja dok je bio odsutan, ali shvatio je da je bolje da o tome ne razgovaraju. Ili bar ne sada. Bilo je pogrešno i mesto a i vreme za takav razgovor. On je to dobro osećao. Možda će joj reći još noćas. Noć mnoge stvari pomiri. Posmatrao je njen zamišljen pogled, lice. Učini mu se da je najednom ostarila.

Verine oči bile su pune suza. Ponovo je osetila nelagodnost, grč u stomaku, pritisak u grudima, tako da je jedva disala. Sama sebi je govorila, ubeđivala sebe da će sve proći, na treba se bojati. Zadrhtala je. Strah... nije mogla da kontroliše.

Setila se da je bol u njoj uvek postojao, sve je prolazilo kroz nju. Sad više nije morala da se zavarava, sve joj je to najednom postalo jasno – još od onog dana kad se sukobila sa ocem, u njoj, toga dana, bol je nikao... Osećala je kako joj suze klize niz lice, počeće da plače glasno.

„Pa, Ivane, moraš da mi kažeš šta si odlučio."

Oklevao je tren-dva, a zatim reče:

„Otići ću na nekoliko dana, Vera, još dok se može otići da vidim starce šta rade...", zatim je nastavio ćuteći da je gleda, pitajući se šta želi da čuje još od njega.

„Treba da odeš."

Morao je da se složi sa njom. Stajali su jedno naspram drugog i gledali se ćutke. Na tren, kao da su sami na ovome svetu, kao da spoljni svet ne postoji. Nestao je... Kao da je vreme stalo. Uzdahnula je.

„Kupio sam kartu, Vera, putovaću sutra u podne..."

Kao da nije čula, ne reagova, čak se i ne pomeri. Bio je to šok. Pa oni se nisu dogovorili, nije joj za tu donesenu odluku rekao. Kako? Bila je oduzeta i zatečena. Na stranu to što bi ga podržala, što bi mu rekla da ide, da to učini... Ne, ovo nije očekivala. Na njenom licu oslikavao se unutarnji bol i zabrinutost. Odlazi. Zašto? Ne, Ivan ne beži, zašto bi i gde bi on to bežao? Ne, ne, on to ne čini.

„Slušaj, Ivane, ne treba da se mučiš, idi, zašto da ne, nikad se ne zna... Kad se vratiš biće ti lakše."

Posmatrao sam je kako ustaje i polako odlazi u trpezariju. Vera je zaista bila nešto izuzetno! I pored muke u kojoj smo se našli, uzbuđenja i nevolja, držala se savršeno mirno, uspravno dostojanstvena, sa ponekom suzom koja joj sklizne niz lice, što bi dopunilo njen neosporni šarm. Naravno, Ivan se pribrao da prihvati razgovor, Vera mu je pomogla...

„Ne treba da se žrtvuješ, ni za mene, ni za Sonju, ni za bilo koga drugog. Nego postupi po onom unutrašnjem osećanju..."

„Do đavola! Ja se ne žrtvujem! Nego... nego samo hoću da odem na nekoliko dana i to je sve. To je jedino što želim. Zar je to tako strašno?"

„Nije, Ivane. Nije... Pripremiću te za put. Premoren si a i ja sam odužila sa svojim objašnjenjima", pomirljivo reče Vera.

„Razgovaraćemo kasnije."

Pogleda me ispod oka.

„Ma i ne moramo!"

„Ne budi detinjasta, Vera."

„Ne, ja nisam detinjasta, Ivane, samo hoću na miru da te spremim na put."

„Dobro, samo što se ponašaš čudno", kaza Ivan, nepovezano.

„Zar? Ja? "

„U redu, u redu", ljutnuo se. „Zaista sam nervozan. Proći će sve to... kad se vratim, Vera." Ustao je.

„Nećemo više o putovanju, Ivane."

Glas joj je najednom postao hrapav.

„Mislim da bi ovo trebalo da znaš", rekao je kroz želju najdubljeg dela svoga bića...

„Ne. Ne, Ivane..."

Uzeo ju je za ruke:

„Bilo šta da se dogodi, da se možda, ne, neću to da kažem... već... ja, Vera, uvek sam voleo svoju zemlju koja polako nestaje... tebe, i Sonju kao najbolje delove sebe... vi ste ta moja celina."

„Ućuti, Ivane, molim te!"

Otrgla se iz njegovih ruku i odjurila u kupatilo. Tišina: ako se ne računa njegovo ubrzano disanje i udaljeni dolazak vetra sa blagim udarima o prozore. Oseća otupeli umor u zglobovima i neobjašnjivi umor u duši. Da, u duši, u toj čudnoj odaji, pretrpanoj naslagama uspomena. Posle mnogo, mnogo iscurelog vremena imala je na umu taj mutni osećaj bola i nezadovoljstva.

Vera se vratila iz kupatila i, ne samo što se vratila, nego je pokušala da bude vedra, da se nasmeši...

Za večerom Ivan je Sonju kratko obavestio o svojoj nameri.

„Idem na nekoliko dana za Split... Ti i mama ćete biti dobre dok se ja ne vratim", pokušao je da se našali...

Zatečeno, iznenađena gledala je u oca, zatim zaustila da nešto kaže, a potom odustala. Učtivost, odmerenost i ćutnja. Bio je njen izbor. Najzad se dogodilo ono čega se bojala, mislila je u sebi, ne pogledajući ni jedno ni drugo. Kao da je između njih prostrujao neki hladan vazduh, stresla se.

U podne, drugog dana, nije im dozvolio da ga prate na stanicu, uzeo je torbu u ruke, poljubio ih lako i izašao iz kuće...

„Kad stigneš javi se, tata", Sonja je kazala i ostavila njega i majku na vratima, povlačeći se u svoju sobu.

Nemo i bez reči pogledali su jedno drugo...

„Gospode!" Čula je Vera svoj glas, kao da dolazi sa drugog sveta.

Kad je zatvorila vrata za Ivanom, spustila se na fotelju, osećajući koliko je Ivanov odlazak slomio, savila se unazad, bez ikakve nade da može da se oslobodi teških misli.

* * *

Ivan je Beograd napustio u popodnevnim satima, brzim vozom koji je išao za Split. Uprkos polaska na vreme, čistoću u vozu, nešto je nedostajalo, gušilo ga je: razgovarao je sam sa sobom, u sebi se preslišavao, objašnjavao svoje čudne i zagonetne zaplete, glasno bi nekontrolisano uzdahnuo, pa opet iznova...

S vremena na vreme baci pogled kroz prozor. Deo pruge kojom je voz išao usporeno, bilo je truckanje, truckanje... Predeli su promicali pored njega. Učinilo mu se da je video ljude koji kao kipovi bez pomeranja stoje u daljini. Vojska. Čija? Ko su ti ljudi?

Za manje od jednog sata šine će skrenuti prema moru. Dan je bio lep, i pošto se veče primicalo, suton koji se pojavljivao bio je čaroban. On je začudo bio miran. Odvojio je oči od predela koji su promicali i pogledao bi ispod oka po kupeu. Putnici su bili različiti. Lica koja su ravnodušno piljila negde u jednu tačku u kupeu, sedela su nemo bez reči; preleteo je pogledom po njima, i nastavio da gleda kroz prozor, voz je već ulazio u Split. Pogledao je na sat, uskoro će već biti u kući u kojoj se rodio... more je bilo nepregledno, mirno, sve do horizonta.

Uzbuđeno izlazi na stanici, olakšanje... ili? Nikada nije išao unazad, nego samo unapred. Svaki dan bio mu je drugačiji od prethodnog i nijedan nije bio isti kao drugi. Nikada mu nije bilo dosadno. Zar se sad umorio? Iznenada tako se osećao. Znao je da nije umoran, da mu nije dosadno, ali osećao je nešto nepoznato, nešto što je krio i od sebe samog. Osećao je užasan strah! Zato je valjda krenuo u Split.

Ono uzbuđenje kad je voz piskom ušao u stanicu nastavi da ga drži putem do kuće... Išao je prema taksiju laganim korakom noseći u ruci omanji kofer, potrebne stvari za nekoliko dana. Konačno, olakšavajući mir u duši. Posle svega što sam pregrmeo. Osećam miris borova. Čujem štrickanje cvrčaka. Opijam se čežnjom za detinjstvom. Zastajem i gledam.

Video je često tu sliku, u snu... ali, nikada je nije video ovako snažno. Posmatrao je čudesan prizor nekoliko trenutaka. Bio je miran. Deo njegovih misli bio je zaustavljen... Prestale su da mu jure kroz glavu... Trenutak me preporađa. Na tren mu bi žao što Sonja i Vera nisu sa njim. Osmehnuo se. Split je bio njegov dom... Beograd takođe, već dvadesetak godina. Jugoslavija. Nekada. Sada. Kao da je to bilo tako davno, negde, u nekom drugom životu... Kada? I gde? Ivan je u duši bio kosmopolita. Naročito kad je u pitanju bio posao kojim se bavio. Nije verovao u zatvorenost i preveliko poštovanje tradicije... Na svetu ima toliko mnogo kultura, govorio bi; ko može da kaže koja je vrednija od koje? Treba živeti.

Veče je polako preraslo u noć. Sunce je već nestalo s horizonta, negde na morskoj pučini, i hvatao se suton. Oblaci su tu i tamo bili pozlaćeni po ivicama na tamno sivom nebu. Sve je izgledalo beskrajno mirno. Kao nekad... Ono magično doba dana, slično onom trenutku pre dizanja zavese u pozorištu, kad uvo čuje i zvuke koji ne postoje.

Kolona poređanih taksi vozila, prišao je prvom u redu, rekao gde želi da ide, a zatim ušao u kola.

Za nekoliko minuta obreo se na kućnom pragu. Sa ocem, koji kao da ga je čekao u dvorištu, pozdravio se nekako prisno... ili mu se to učini; na kućnom pragu, majka je raširila ruke i zagrlila ga snažno. Ne seća se da je to ikada učinila na taj način. Ona je držala do porodice, ali to nije pokazivala. Ulazeći u kuću, osvrnuvši se, pogledao sam je ispod oka. Učini mi se da je vidno ostarila.

„Kako ste u Beogradu? Ti Ivane, Sonja i Vera?" upita.

„Dobro, dobro. Samo sam ja malo umoran. Umoran od puta i to je sve."

„Ne brini, proći će", potapša ga po ramenu.

„Došao sam da se odmorim na nekoliko dana."

„Trebalo je da odeš negde drugde, Ivane, da se odmoriš", kaže tiho otac, kao da se boji da ga neko ne čuje.

„Sve će biti u redu, tata."

„Više ništa nije kao pre, sine moj; a toliko sam želeo da proživim starost u miru, toliko se nadao da tebe i Veru vidim u mirovini... tu pored nas, Sonju. A ovako, hm." Uzdahnuo je.

„I biće tako, tata."

Pogledao me, pogledom punim neverice.

„Daj, Bože!" dodade.

Tom starom primorcu, u odmaklim godinama, od njegovog zanimanja ostali su samo nepromočivi šuškavi ogrtač, šešir i muštikla, kao i bore na licu opaljene od soli mora. Svoje mirne dane provodio je igrajući balote na jednom popločanom livadku nedaleko od kuće i pijući bevandu u malom kafiću uz plažu. Govorio je malo, ali je njegov jezik bio direktan i otvoren. Kad nije imao ništa drugo da radi, provodio bi sate čitajući neku dobru knjigu.

Treći dan po mom dolasku otac je umro u stolici, u dvorištu, okružen palmama i cvećem. Veri i Sonji samo sam kratko javio tu vest... moleći ih da ne kreću na put, ne znajući ni sam zašto ih nisam pustio da dođu. Nisam znao kako se to dogodilo, ni kako ću sam. Jedino sam znao da nekako moram sve to obaviti. Kao da ništa više oko mene nije imalo vrednost, sada najednom sam pokušavao da shvatim mnogo toga.

Očev pogreb mi je na poseban način otvorio oči. Ono što nisam video godinama, video sam toga dana jasno. Nikada neću zaboraviti taj trenutak. Sve mi je bilo jasno, osim kako je moguće da svuda i u svemu se osećao miris rata? Zadrhtao sam na tu reč! Kičma mi se ukočila. Nisam mogao da se pokrenem, kao da mi je to osećanje probilo srce. Dogodilo se. A time je sve rečeno.

Ja i majka, svako za sebe, ćutimo danima. Šta smo mogli jedno drugom da kažemo posle tog iznenadnog očevog odlaska. Sve je najednom utihnulo, da mi se činilo da mogu da čujem kako raste trava.

Jedno jutro, još dok sam bio u krevetu, čuo sam majku kako razgovara sa nekim u dvorištu, nisam mogao odgonetnuti o čemu se radi, samo njene reči koje je izgovorila na kraju, digle su me iz kreveta.

„Preneću mu", rekla je oštro, sa puno ponosa.

Kad sam je upitao o čemu se radi, lomila se trenutak-dva, a onda tihim, baš tihim glasom:

„Ivane, dolazili su po tebe, traže te da se javiš... u odeljenje vojnog ureda."

Lice joj je bilo bledo i zabrinuto. Ruka joj je podrhtavala dok mi je prinosila šoljicu sa kafom. Za trenutak sam pomislio da imam vrtoglavicu. Morao sam da odem do kupatila, odstupajući pred tim iznenadnim čudom kao od vatre.

„Moj sine, ni ovde nije sigurno", rekla je.

„Šta pričaš, mama? Ovo je moja kuća."

„Eh", uzdahnula je.

„Molim te, vrati se nazad za Beograd, njima... njima Ivane."

„Šta se dogodilo, mama? Molim te, reci mi."

„Nemam šta da kažem, Ivane."

Majka me je posmatrala prekrštenih ruku, zatim, bogzna zašto, počela da hoda po kući. Miris kiše pomešan sa mirisom mora dopire kroz otvoren prozor, stablo stare masline u dvorištu treperi u magli, iskri pred mojim očima – to je dovoljno da me vrati zaboravljenim snovima, događajima i bolu koji me odvajaju od detinjstva. Gotovo bih mogao ustvrditi da taj period nije potrajao duže od jednog letnjeg dana, ili da je reč o onom trenutku u koji sam poluzatvorenih očiju tonuo. Ni život ni ja u tim trenucima nismo imali vremena da se mnogo pazimo. Treba samo da zatvorim oči i sve je tačno onako kako je i bilo; nalazim ga kao da me ništa i nije napuštalo, onda, kao što je sve i sada tu. I kako sam se onda mogao nadati da ću pronaći mir preko potreban kad ne umem jasno ni da ga prepoznam? Odvojio sam se od takvog života uveravajući sebe da će za odmor biti vremena.

„Nikom nisam rekla ovo što ću ti sada reći, Ivane. Čak ni tvome ocu", čuo sam majku kao da sanjam. „Ja, ja, Ivane, nikada nisam verovala u tvorevinu koja se zvala Jugoslavija."

Napravila je pauzu, kao da čeka moju reakciju. Sa rukom podignutom u vazduhu, stresao sam se celim telom.

„Znam. Znam", viknuo sam. „Ja ne verujem politici, onima koji su u njoj, političarima ovim i ovakvim... ali, i dalje verujem u Jugoslaviju."

„Gospode moj, ajme meni...", uzdahnula je majka.

Prvi put nije mogao majku da pogleda u oči, okrenuo je glavu negde u stranu. Ni sam nije znao šta više oseća... duboko u sebi znao je da nije više onaj stari. Kao da ga je prelomio ovaj trenutak, dolazak kući... sve je u njemu počelo da se kida, lomi i nestaje... Ustao je i izašao napolje, i bez ijedne misli stao nasred dvorišta.

Oblaci su putovali negde na zapad. Nije ni primetio da je dan prošao. Posmatrao je zvezde; činilo se kao da se osmehuju Verinim osmehom... odlučio je da pođe do mora, da prošeta obalom, bila je plima ali niska. Tu i tamo čulo bi se cvrčanje cvrčka u borovim iglicama. Bio je sam. Sagnuo se i podigao kamen. Kako ga je vreme oblikovalo! Tako lep i gladak, pa ipak, bio je čvrst. Zamahnuo je rukom, i bacio ga daleko u vodu. Pao je, a da se udarac o površinu nije čuo. Kao da nikada nije ni postojao, a on je još osećao njegovu težinu na svom dlanu.

Bilo bi tako dobro kad bi jednostavno mogli da ljude pomirimo, a da nas nije briga za njihovu prošlost. Tada bismo mnoge stvari videli u drugoj boji... Ali, ne možemo, mislio je udišući miris mora ubrzano, kao da mu nedostaje u plućima, ljudsko sećanje suviše je jako... Kad se vrati u kuću pozvače Veru, da ih čuje obe. Odjednom, bio je ljut na sebe i na sve oko sebe. Možda nije trebalo da dolazi?... Ali, zbog očeve smrti morao bi, a možda bi otac, da nije došao, bio živ... ta iznenadna pomisao ga zaustavi u koraku, prikova za zemlju nekoliko trenutaka, bez pomeranja stajao je i zurio u morsku vodu. Osvrnuo se oko sebe i krenuo nazad kući. Zar nije čudno, mislio je, kako oči vide jedno, a razum diktira drugo? Osetio je užasnu vrelinu, vatru čitavim telom kao da gori. Groznica. Ili, oni letnji dani kad se bezbrižan okretao na vrelom pesku, sada ponovo gore u njemu?...

Vraćajući se, jednim delom ulice je trčao. Noć je bila mirna. Split je ćutao, tajanstven, činilo mu se kao da je sam na celome svetu. U glavi mu je bučalo kao da će eksplodirati. U dvorištu kuće stao je, jedva dišući. Nekoliko trenutaka kasnije, kad je ušao u kuću, majka je samo podigla pogled i tiho rekla:

„Dolazili su ponovo iz vojnog ureda, Ivane, tražili te..."

„Šta hoće?"

Majka je ćutala zabrinuto, kao da ga nije čula, nastavila je da radi svoj posao. Kad je ušao u sobu, prišao je prozoru, otvorio ga lagano, trudeći se da se otvaranje ne čuje. Napolju je bila tako vedra noć. Sad ni najmanje nije sumnjao zašto su ga tražili, znao je to još kada su bili prvi put – jasno je čuo njihove reči... u mnoga zbivanja sada se može uveriti, osetiti ih na svojoj koži.

Majka je nešto pripremala, još dugo je čuo njeno kretanje po kući... Šta hoće sa njim? Zašto su ga tražili, baš ovde? Otkuda dolazi ta naredba? Možda je to samo provera? A, ako jeste, zašto je on uvučen u sve to? Odjednom mu se učini da će ga uvući u ono što nije verovao da postoji... Bio je siguran da je majka znala više nego što mu je rekla. Zašto je i šta je prećutala? Zašto sada uzmiče?

Pogledom je dodirivao stvari u sobi. Negde u jednom delu sebe nadao se da neće morati da ide... Prvi put se suočio sa saznanjem da možda nije trebao dolaziti iz Beograda, da je možda precenio svoje snage. Bio je bespomoćan. Osećao se slomljen, kao kad je posle svega ugledao mrtvog oca...

Pošto je jedina osoba koja ga je u potpunosti razumela nestala sa ovoga sveta, morao je da se osloni sam na sebe.

Pozvaće Veru, da ih čuje... ništa im neće reći, samo da ih čuje. Toliko samo.

Osetio je bol kakav nije osećao nikad ranije. Možda, samo jednom, nešto slično, pre dvadeset godina. Sećao se. Mali čamac nasred otvorenog mora, letnja omorina, stopila se sa morskom vodom i pretvorila se u oluju koja zviždi, visoki talasi podivljali, zvuci koji se mešaju s vetrom, dizanje i spuštanje plime, zavijanje i pokreti, i – on! Srce mu je udaralo kao ludo, a nešto mu se pelo u grlo i stezalo ga, stezalo... Mislio je da nikada više... ne, bolje da ne misli na taj događaj, već da mirno siđe i pozove Beograd. Još nije smislio šta će reći, kada se vraća. Bez upaljenog svetla u polumraku silazio je niz stepenice.

„Ivane, kazala sam im da nisi kod kuće!" I ne sačekavši da nešto kažem, majka je nastavila... „Ujutru, Ivane, u osam sati da se javiš u vojni ured."

Pogledao sam je, lice joj je bilo smračeno od straha, to se jasno videlo u polutami.

Znači li to da će ga zadržati, zapita se.

Spustio se na stolicu, stavio je pesnice na slepoočnice i zatvorio oči. Misli su mu jurile kao lude, ni jednu da zadrži; kuda su nestali oni dani mira, sitnih radosti, dani iz Akademije, druženja, lepi dani odmora... baš tu u ovoj kući u kojoj se rodio i odrastao... oni dani života u Srbiji? I kao da je sve nestalo u dimu rata, kao nečija uzaludna nada – ničeg više nema...

„Šta ćeš da učiniš, Ivane", čuo je majku kako ga pita.
„Ne znam", odgovorio joj je kratko.
„Ali, mi smo u pitanju, Sonja, ti i ja, Ivane."
Ćutao je... tek nakon nekoliko trenutaka shvatio je da majka nije ni spomenula Veru, to ga je prvi put zabolelo, zabolelo jako... Hteo je da joj to kaže, ali u poslednjem trenutku odustao.

Ujutru u osam sati bio je u zgradi vojnog ureda u Splitu, tačan... javljao se po naređenju.

„Sedite, gospon pukovniče."

Ivan odmeri prostor u kome su sedeli. Nije primetio ništa upozoravajuće, ništa sem: nedaleko od zgrade stajala su dva parkirana policijska automobila. U njima se nije video niko... Ali, on je dobro znao da kola nisu prazna.

„Zašto niste prijavili vaš dolazak, gospon pukovniče! Trebalo bi da znate pravila."

„Znam! Ali nisam smatrao da je to potrebno, gospodo."

„Situacija se promenila od vašeg poslednjeg dolaska u Split. Verujemo da ste to uočili!"

„Da", rekoh. Najzad, ukrstismo poglede, bez trunke razumevanja, bez imalo poverenja nastavismo nepovezano dalji tok razgovora.

„Znamo da ste vezani za Beograd, za Srbiju... Ali mi vam to nećemo uzeti za zlo."

„Nisam razumeo!"

„Nikad ne smete zaboraviti, vi ste Hrvat, gospon pukovniče, a to znači, najvećim delom kovač svoje sudbine, sluga svom narodu."

Ivan sleže ramenima ne rekavši ništa. Mada, za samo jedan sat sa njima sve mu je bilo jasno...

izdržaće, mora sve izdržati. Jedino pravo rešenje za njega, shvatio je to još u Beogradu kada je sve počelo, da mora sve podneti. Ali, nije imao izbora, stvarno nije imao... osećao je to.

U stvari, šta je on za sve ove godine postigao kao vojnik? Šta bi uradio da je ostao u Beogradu? Toliko je vremena straćio. A da nijednog trenutka nije ni pomislio, da možda nije u zabludi? Šta bi bilo onda? Šta bi bilo sada? Bez sumnje, bio bi neki uspešan direktor sa velikom kućom i divnom jahtom... Provodio bi dane putujući, ili vikende krstareći, ako ne bi bio potreban turistima... Čovek žali za onim što nema. Međutim, u ovakvim trenucima on nije žalio ni za čim.

Ta kuća u kojoj se rodio, podnožje Marjana, svi ti mirisi Mediterana; jedan deo njegove proklete duše leži tu ćutljiv i pobeđen. Kao da je najednom shvatio da je ovaj život brodolom, a spasilačke ekipe niotkuda. Osim taj jedan jedini put kojim istrajavamo, ubeđujući sebe da su spasilačke ekipe na domaku. U poslednje vreme ova zemlja počela je da mu liči na zagušljivu mrtvačnicu u kojoj se ledeno strujanje, bez izlaza, okreće u mestu. Tako, mrtvi smo još za života, u isti mah još živi. Zato sve to što se zbiva podnosi... podnosi ovaj narod. Sa pedeset i nešto više godina u kostima opet na početku: gde sam to, bolje i da nisam... Sve mu je već postalo nezamislivo, i ne zna kako još u svemu istrajava.

Mogao je da vidi Verino lice, kada je čula da će ostati; mirno, kao da joj ništa nije saopštio. Savršeno mirno, kao da je znala... kakvo samo može da bude lice umrlog. Ko zna?... pomisli, a bol ga čitavim bićem prože: znao je da um može da se okrutno poigra sa čovekom, i ovog jutra on se pitao šta je pravi svet, a šta san.

Pauza nije dugo trajala, ali je bila teška. Sve mu je ovo čudno i neuobičajeno. Žele... šta žele ovi ljudi? Da dobiju čin, ili... da se bore za nacionalnu stvar... čiju? Kako? Hteo je svim srcem da im pomogne. Pitajući se kako bi mogao da ih ubedi... i taman kada je izustio da ih pita posle razgovora:

„Da li sam slobodan?"

Usledio je odgovor:

„Ako želite da svratite do kuće, to i učinite, inače hitno trebate poći u Zagreb. Kola već čekaju, gospon pukovniče..."

„Šta to znači", upitah oštro.

„To što ste čuli."

„Šta hoćete da kažete time", usprotivih se.

„Ja vam ne verujem, a još manje poštujem... Vi ste za mene samo jedan od onih beogradskih žbirova."

Ivan ga ošinu pogledom, i bez trunke gorčine – nasmeši se.

Nešto kasnije, Ivan je u pratnji ušao u kola. Nije prihvatio da svrate kući... Dva čoveka u uniformi sedela su sa njim u kolima na putu do Zagreba. Nije očekivao da ga mogu sprovesti... a to što se sam nije javio po dolasku u Split, nije postojala ni primisao da im pobegne, on o tome nikada nije razmišljao: takve misli nikada nisu mogle da se jave u njegovoj glavi. Nije se bojao smrti. Na nju se pripremio još ulaskom u službu.

Događaji se brzo razvijaju. Na putu za Zagreb shvatam da je ovaj trenutak nešto vrlo ozbiljno u čemu valja ići do kraja. Otuda i ne moram da im objašnjavam da sam unajmljen i da sam se predomislio, i da sam navodno sam upao u mrežu, te da je to najnepobitniji dokaz moje krivice. Istina je da volim ovu zemlju, nimalo manje Beograd od Splita, i to baš zato što to osećam u sebi onom sklonošću koju drugi nemaju, jer su ispunjeni mržnjom i osvetoljubljem, koju nose i pothranjuju smišljeno i duboko u sebi. Istina je, da sam upao u mrežu i da sam odlučio da sve podnesem. Odluku smatram svojom povoljnošću. Jer oni se boje sopstvene mreže kao vatre, vide u njoj opasnost i za sebe. Stoga žure i ne veruju nikom.

Znam šta mislim kad u svemu ovome za sebe pronalazim povoljnu okolnost. To me drži u snazi, pojačava moju veru da sam u pravu. Ukratko, u mreži sam a ipak ne predajem se, to što strah postoji shvatam kao upozorenje. Ne znam koliko sam jasan. Za više nemam vremena. To sa njima osećam, neće ići lako, stvari se razvijaju brže nego što mogu i pretpostaviti.

Najzad, stigli su u Zagreb. Podne je već prošlo. Ušli su u zgradu u Lenjinovoj koju je on dobro poznavao. Išli su u korak sa njim, nije se osvrtao. „Ivane!" čuo je da ga neko doziva, zastao je. „Ivane", čuo je ponovo i tek tad se osvrnuo. Ugledao je kolegu iz Akademije.

„Šta radiš ti ovde, do đavola?", zaustavio se i stao pred njim.

Nasmejao sam se.

„To je jednostavno pitati ali, očigledno, nije lako odgovoriti."

Mogao je da kaže nešto drugo. Na primer: da su ga sproveli? Nije to rekao i sam se iznenadio zašto.

Ušao je za njim u sobu u koju su ga uveli. Zatvorio vrata, i kao da ne veruje, tiho, sasvim tiho upitao ga:

„Ivane, nisu li te uhapsili?"

„Možda", kazah ironično.

„Ne, ne mogu da razumem... kako?"

„Ni ja", nastavih da se šalim. „Ne znam zašto sam tu, zašto se sve to dogodilo, ali znam da nisam slučajno."

„To je ludost", pobunio se. „Šta hoće od tebe?"

„Ne znam..."

Sa nakupljenim borama na čelu stao je i nastavio bez reči da gleda u mene, nije govorio ništa, čekao da je vidi da li će Ivan nešto reći. Na licu sam mu ugledao strah; bojao se da ne zatražim pomoć!

Na nekom drugom mestu, i prilici, oni bi se zagrlili... a sada? Stoje jedan naspram drugog, bez reči, nemo se gledaju.

Naviku, koju je u službi stekao, da vrlo malo govori nastavio je da koristi, ubeđujući sebe da jedino tako može biti sve u redu. Dok su mu misli na rat još treperile ispred očiju, i dok je piljio u svog druga sa Akademije.

„To je greška, Ivane", čuo je kako govori jedno te isto. „Sve su to gluposti! Te sulude fantazije! Pa šta ako nešto i nije po volji, nećemo sada valjda da ratujemo zbog toga. O kakvom to beogradskom žbiru govoriš? Znaš li ti ko smo i kakvi smo mi ljudi bili? Svi smo, Ivane, bili radni, odgovorni, pravi specijalisti raznih struka, askete, ljudi koji vole svoj poziv, zemlju... A pre nego što smo na Akademiju došli provereni smo hiljadu puta, koreni dedova, pradedova, duboko motivisani za poslove koje obavljamo, tu nije moglo biti greške!"

Kolega se nadao da me svojom tiradom umiri, možda, odobrovolji za razgovor, ali nije me dobro poznavao.

„Tu greške nema", rekoh prkosno.

„Ne radi se samo o tome ko smo bili, već ko smo sada?"

„U Beogradu još uvek veruju u opstanak Jugoslavije." Potvrdno klimnuh glavom.

„To je, Ivane moj, samo dobra nada za naivne." Kaza, smeškajući se, ali oči su mu odavale da je i sam daleko od dobrog raspoloženja. Moramo da se suočimo sa stvarnošću. „Dobro. Ivane, nalazimo se tu gde smo, u zemlji u kojoj se ratuje, što svima nama postavlja mnoge, svakojake obaveze, a prva je: ne istrčavaj pre vremena!"

Razume se da mu se razgovor sa mnom nije dopadao. I nastavi još nekoliko trenutaka da me ispituje pogledom. Nije imao snage da okrene leđa i izađe. Kada se u jednom trenutku opet prolomi eksplozija, ovog puta jače nego ranije, kad se jedna za drugom začuše potmule eksplozije, gotovo da sam bio siguran da ništa više neće biti dobro!

„To dejstvuju vrlo blizu. Začas će biti gotovo, Ivane."

Zar je to mogao tako jednostavno reći, začudi se Ivan.

„To opet pokušavaju napade na kasarne, nisu uspeli, odbijeni su. Vidimo se stari moj", i brzo izađe. Zatvarajući vrata, jedva razumljivo reče. „Nije teško shvatiti da se isto ponavlja kao za vreme onog rata, zemlja je pokidana različitim interesima, a onda je sve neminovnost..."

Za trenutak pogledi nam se sretoše. Napolju je vetar postajao jači, s vremena na vreme u naletima bacao je kišu na prozorska okna. Pukovnik Ivan čekao je dalji tok događaja: sasvim mirno, kao da se ništa ne događa mislio je na prijatelje, na sve one stvari koje oseća da će nestati u ovom ratu.

Da je imao vremena lako bi se mnogo toga rešio. Činilo mu se, ipak, da nema više mnogo vremena. Znao je da je pritvoren i da će vrlo brzo, za koji tren početi sa isleđivanjem. Pogledom je šarao po zidovima prostorije u kojoj su ga ostavili, mada ih je dobro poznavao, učinili su mu se hladni i nepoznati... Tišina je postala zastrašujuća, kakva se retko sreće.

U jednom momentu neko je otvorio vrata i provirio unutra, zatim brzo zatvorio... valjda da bi ga uplašili. Dolaze, pomisli Ivan. Najzad dolaze. Prošao je još sat, još jedan, ništa se nije događalo. Nisam imao pojma šta se napolju zbiva. Zatvoren, osluškivao sam korake hodnikom, nevidljiva za mene vodila se bitka za moj status. Nisam znao ni kako ni gde, čekao sam da već jednom počne.

* * *

Kakva se drama odigrava sa Ivanom? Šta je značilo to dva-tri dana ćutanja telefona. Vera je ovu neizvesnost teško podnosila i nesluteći šta se u stvari zbiva. Gunđala je i tiho razgovarala sama sa sobom:

– U šta si ti, Vera, ulagala sebe, kad se oko tebe događaju čuda a ti samo ćutiš i čekaš, zuriš u telefon. Znajući koliko me to sve boli Sonja me je stišavala, mada je i sama bila nervozna. U jednom trenutku poče da misli na ono što je Ivan govorio one noći pred odlazak.

Nebo nad Beogradom bilo je plavo, čisto, bez ijednog oblaka. Vetar je fijukao kroz stabla platana nagoveštavajući dolazak košave. To joj je kidalo misli, zaustavljalo je... telefon je zazvonio. Trže je. Njene ruke poleteše ka slušalici. Zadrhtala je i napuklim glasom izustila:

– Halo!

Sa druge strane žice kapala je samo tišina, čekala je još trenutak-dva, a potom vratila slušalicu na mesto. Pogledala je koliko je sati, Sonju je očekivala svakog trenutka na vratima...

Noć se spustila kao zavesa. Čuli su se samo koraci hodnikom, i tišina svuda. Mučila je pomisao da pozove Split. Da potraži Ivana. Možda, da majci Ivanovoj kaže to što joj se nakupilo; sva ta strahovanja, te barijere da pokida... u tom razmišljanju, i bol joj je nestajao s vremena na vreme, gubio se i bio manje bolan. Šta ti se događa, Vera, pita sebe samu. Postojiš a ne živiš. Skoro kao biljka živiš. Ništa gore, govorio joj je otac, od toga nema! Čovek ni sam ne zna koliko može da izdrži ovako. Koliko može da izdrži ovu tišinu, slučajnu i privremenu ćutnju u slušalici.

Tišina odzvanja, prazna, zastrašujuća, kao što je zvono telefona prodorno i prazno. Odumrla u iščekivanju, stajala je nasred sobe potpuno nemoćna.

Zadrhtala je. Taj iznenadni bol, bio je njena veza sa njom... Vreme je prestalo da ima bilo kakvo značenje. Nije više bilo ni prošlosti, ni budućnosti, samo jedna beskrajna sadašnjost koja me nekom nevidljivom silom vezivala sa Ivanom u Splitu. Za tren sam pomislila da imam vrtoglavicu. I sasvim nesvesno uputila se prema telefonu. Potreba da ih čujem, ili? U grudima me gušila hladnoća Ivanove majke pa mi se činilo da ću se onesvestiti i pre nego što okrenem broj... Najzad sam to učinila. Sa druge strane žice moja svekrva se oglasila nepromenjenom bojom glasa.

„Mislila sam", mucala sam, „da se nešto dogodilo... ne javljate se", izustih jedva. Dugo traje tišina, mora da smišlja reči kojima bi nešto da kaže, uzdahnu Vera. „Šta bi to moglo da se dogodi", konačno kaza:

„Ništa. Ništa se nije dogodilo."

„A, Ivan? Gde je on?" upitah.

Opet je ćutala, kao da se malo premišlja, a onda poče:

„Ljudi se više ne daju kontrolirati..."

„Ništa vas nisam shvatila."

„Ništa više nije isto, Vera, shvati već jednom."

„Htela sam da pitam..."

„Pozdravi Sonju, i...", ne završi rečenicu, razgovor prekide spuštanjem slušalice.

Stojim pored telefona, i ćutim. Sa tom ženom nikada nisam bila prisna, ali nikada nismo razgovarale na ovaj način. Svet se menja, a zar baš na ovaj način?... Samo što se nisam srušila kada je prekinula razgovor, posle toliko godina osećam se kao da ništa nisam učinila, samo sam negde klizila po plimi. Ne mogu da se oslobodim bola da sam se trudila, ali, osećala sam se krajnje glupo; nije znala šta govori, pokušala sam da je odbranim pred sobom. Ali, zašto?

Sa čela mi je klizio hladan znoj... Zašto se Ivan ne javlja, šta se događa u Splitu?... U danima koji su zatim usledili, stvari pred Sonjom uspela je da nekako drži u normali. Ivan se i dalje nije javljao. A do istine šta se zapravo događa nije mogla doći... Ubedila sam sebe da treba što manje da mislim o tome, takve misli zatrpavala sam obavezama, bar kad je u blizini bila Sonja. Sve mi je već postalo nezamislivo, ako budem mogla izdržati. Ivan se ne javlja, ja s vremena na vreme okrenem broj, tišina sa druge strane me upozori da moji pozivi liče na vapaje. Ali ne, to nisu vapaji. Sve vreme čujem njen glas, ispunjen čuđenjem što je uznemiravam.

„Prestanite već jednom. Hoćete li, Vera, zašutiti", uzbuđeno razabiram kako gunđa.

Ponovo okrenem broj. Tišina kaplje žicom. U svom dahu, pre nego što se nepovratno izbezumim, dođem do odgovora. Sve je to bilo i ranije, Vera, samo ti nisi umela da vidiš.

Dešava mi se u poslednje vreme da nepomično stojim kraj prozora i kroz njega nepoverljivo zurim u park ispred zgrade. Povremeno uzdahnem hvatajući jedne te iste misli... nesposobna da shvatim šta se ovo zaista događa. Otkako je Ivan otputovao noćima spavam i ne spavam. To mi postaje navika. Želja da bar na kratko zaspim drži me budnom. Sonja je gotovo svakodnevno na fakultetu. Uveče još s vrata bi počela:

„Mama, gde si? Je li se tata javio?" Stišanim, tanjim glasom pita me, da prikrije strah... a onda bi izmenile još po nekoliko reči o svakodnevnim događanjima... i nastavile da ćutimo, ni sama ne znam zašto, radeći odvojeno svaka u svojoj sobi...

U poslednje vreme, Sonja je često razmišljala o nekoj drugoj zemlji u kojoj bi moglo da se živi, bar mirnije... Da ode iz Beograda, iz Splita? Iz ove zemlje?

* * *

Ivana su drugi dan počeli da ispituju. Gledali su kroz njega hladno i nezainteresovano i postavljali pitanja...

Susret sa kolegama u Zagrebu neočekivan, bez mogućnosti da se i sam na sve ovo pripremi... Sad je bio tu, u susretu koji nije tražio ni očekivao... Sve je slično onom u Beogradu, ili ?... Bila je sva sreća što je bio u senci, tako da nisu mogli da ga vide u punoj meri, ali njemu je bilo dovoljno što je već tu!

To što je ćutao bojao se da mu ne vide na licu, ono što kriju njegove najintimnije zebnje, da digne ruke od svega; da ih tako paralise, da izgubi svaku volju da se bori; da oseti nesigurnost i besmislenost svega ovog ovde što vidi svojim očima... Da se preda... Zna da je to loš znak. Bilo šta da kaže. Najbolje što može je da ćuti... s obzirom da nije spreman na kompromise. Da su svi njegovi drugi, ozbiljni odnosi uništeni... Da će svi završiti u brodolomu, u ovom vremenu bilo pred kim želi da ih odbrani. Drsko ih odmeri, ti mladi ljudi, ote mu se uzdahom... Moraš da se odlučiš za novu ulogu, Ivane, kaže sebi.

„Gospon pukovniče", čuje jednog od ispitivača. „Mi znamo vašu prošlost... Mi sve znamo..."

„Šta ja to krijem?" ne izdrža, odreagova pobunjeno.

„Vaša prošlost nije sjajna."

Prošlost. To je glup, lukav, neuspeo napad. Pozorišna scena. Nerealna. Nemo ih posmatra. Ćuti... Takva je uglavnom i svačija druga prošlost... Nije im ništa rekao. On im neće pomoći.

Nastavim mirno da ih slušam: kako me nazivaju beogradskim agentom, žbirom, komunjarom, lošim vojnikom. Do tada nisam znao da sam sve to. Bio sam čovek koji voli svoju zemlju, da živi slobodno u njoj. To sam znao. To sam hteo da budem. To sam i nosio u sebi, verovao... i za to se borio. Nikada nisam razmišljao o tome da li čovek ceni sebe i koliko... ali, sada, gledajući ta lica ispred sebe, pitao sam se koliko ću izdržati da se držim dostojanstveno, stoički... ili ću se predati? U ovakvoj prilici izgledalo je da ću teško moći odlučivati o svom ponašanju. Kao jedino moguće, znak dostojanstva, preostaje mi samo ćutanje. Ono je prkos, izaziva bes kod njih, a time oni su ipak niže... Tako sam odvojio sebe od njih. Bar nakratko.

Nekoliko dana posle, oni i dalje nastavljaju, ispituju me, sumnjiv sam... nisam neprijatelj, ali trebao bi da ih razumem? Pokvarilo se vreme. Postalo nam je svima tesno u sopstvenoj koži; niti smo ljudi, niti ribe, već ribe-ljudi. More nam je tesno, na zemlji smo, ali na njoj ne možemo da opstanemo, ponovo stavljamo glavu u pesak, uranjamo u more; i opet sve iznova: izgubljeni smo; eto... smračilo se lice zemlje, potamnelo nebo, more se i ne može videti, upalile se prve svetiljke u Zagrebu. One retke ptice iz okolnih parkova utihnule pred grmljavinom oružja. Ali, on, Ivan, nije sagao glavu.

Svaki čovek, rekla bi njegova mati, nalazi se u ruci Božijoj; koga on hoće – spašava, koga hoće – ubija; kako mi možemo tome da se odupremo? Podneće sve to, nek mu je Bog na pomoći! Okrenuo se, u razređenoj svetlosti sutona bio je sam u sobi; ostavili ga da dobro o svojim odlukama razmisli. Učinili mu uslugu.

Ima u mom životu jedan period koji je neispitan. Mislim na taj deo i ćutim... osvrćem se po sobi u kojoj su i oni sedeli do pre neki sat, kao da mi neko zaklanja čitav taj moj novonastali položaj i događaje koji se svom svojom silinom okomljuju na mene... čini mi se da mi se sve ovo već jedanput dogodilo. Ali zašto? Mada, nije imao osećaj kao ono u Beogradu, ali ni ovo nije bilo manje neprijatno... U prirodi čoveka je da se zbog straha preda i da sebe osuđuje!... On to nije činio, bio je siguran da će izdržati, za njega to nije nikakva zla kob i iznenađenje, on je to odavno, još kako je krenulo, mogao da očekuje da bude spreman, kad ga bez svoje volje uvuku u sve to... Pa dobro, ako već mora, on će da ih gleda, ali će ćutati: gledaće ih kao nepoznate... Kad čovek dobije takav izgled, kad ga život ili neživot tako unakazi šta mu se tad dešava: postaje li opasan tada?

Posmatrao ih je, svoje dojučerašnje kolege sa posla, u istoj armiji koja se sa državom raspada, u to je sada sasvim siguran. Osećaju li oni grižu savesti ili su pred sobom isti kao pre, i, sigurno, misle da su u pravu...

Njegova majka, prolete mu kroz glavu. Pogledom kojim ga je ispratila... opet je to činila, molitvom. Opet sa Bogom; ne može da izađe na kraj sa njom; ideš kroz čitav život, ideš kroz sve muke, da ga strgneš, da mu se pomoliš, da te vidi... a, on to ne čini. „Ne mešaj ga u prljave poslove, Ivane; ti imaš posla sa ljudima, sa neljudima, prevrtljivcima, čuvaj se ljudi, Ivane." Ta žena, koja ga uvek začudi svojom ćudljivošću, svojim zahtevima, iako u godinama, umela je da uživa u svom svetu; ako bi otac nešto priuštio sebi ona bi uvređena ćutala danima... Uvek tajanstvena... On, njen sin, nije bio na nju. Trebalo mu je mnogo vremena da to shvati: da niko od nas nije ono što drugi vide.

Ivane, upozori sebe, i pored svega što ti se događa, ti si isti od pre, neizmenjen, tvrd, nepokolebljiv... A oni? Ko su oni od ovog trenutka pred tobom? Da li su sami svesni te svoje promene iznutra. Gleda ih, neće da veruje da im je trag vremena ostavio sva ta pustošenja na licu, kojih ne mogu da ne budu svesni. A biti toga svestan, znači osećati strah u sebi, u svom unutrašnjem biću...

Razgovarao je onog dana kad je doputovao sa ocem o tome, o još nekim sećanjima, iako je otac retko govorio, tada reče: „U pravu si, sine. Čovek do sudnjeg dana treba da bude ono što jeste..." „U opstanak ove zemlje, da li veruješ, oče?" Nasmejao se. „U godinama u kojima jesmo, ne treba mnogo da verujemo u sve u šta bi kao mladi sumnjali. Čak i za one stvari, za koje mislimo da se nisu mogle dogoditi, verujemo da će se dogoditi. „Šta bi ti uradio, oče, da si na mom mestu?" dodade.

Otac je ćutao; nije bio spreman, lomio se da kaže ono što bi učinio; čas je pomišljao da mu kaže da napusti armiju, a onda bi odustao, ćuti, i gleda ga, ne, to ne bi učinio, to nije njegov sin... oči su ga milovale, strpljivo, molećivo, iskreno lice očevo... Dok su, meni već poznatim dugim hodnikom, koračali ka sobi u kojoj su me držali u pritvoru, gde sam već ranije prisustvovao dramatičnim zbivanjima, pomislih šta me još čeka?...

Gotovo istog trena pojaviše se na vratima sva trojica. Na licima s mukom su zadržavali suzdržanost, bes im je iskrio u oku, žurilo im se da što pre to sa mnom završe. Mora da su na mom licu videli ono što sam razmišljao, jer jedan od njih kaza:

„Šta vam je, gospon pukovniče? Žuri vam se! Hoćete za Beograd?"

Izustih, da nešto kažem, da nisam...

„Ostavite sad to", prekide me isti. „Nije važno! Ali nama se ne žuri."

To se moglo videti, ali oni su žurili da završe sa mnom, i meni se žurilo jer...

„Počnimo, gospon pukovniče", reče jedan od njih promuklim glasom, odlučno. „Vi ste Hrvat! Vi ste dužni da to nikada ne zaboravite! Valjda to shvatate. Bez obzira pod kojom vlašću živite, pod levicom ili desnicom, u jednoj ili drugoj armiji, pod revolucionarima ili kontrarevolucionarima, komunistima ili novim demokratama, Hrvat nikad ne zaboravlja da je Hrvat, to nosi u srcu kao ljubav, a ljubav je iznad svega!"

Onaj drugi dreknu na mene:

„Progovorite, đavo da vas nosi!"

Ćutao sam. Ona dvojica, koji su vodili ispitivanje, razgovarali su nešto između sebe. Mučenje je trajalo još desetak minuta. Za to vreme niko u sobu nije ulazio.

U novonastaloj pauzi Ivan je mogao da čuje brektanje tramvaja koji su zamicali Ilicom. Na stolu, ispred njih, bilo je previše papira. Video je neke fotografije... bili su to crno beli snimci. Očigledno to je bio neki dokazni materijal... čiji? Protiv koga?

„Ne bi trebalo da gubimo vreme na onome što je sasvim jasno: vi bi trebali da sarađujete sa nama, inače, u suprotnom, znate kakve mogu biti posledice."

Zastao je, pogledao me očima besa i prezira: odćutao sam to, nisam otvorio usta da bilo šta kažem. Da ih se ne bojim? Ne. Nije me strah? Ćutao sam. Kao da nisam još uvideo šta se to dešava, ko su oni, kuda idemo? Rat je, a ćutnja je loš znak! Loš znak! Da možda i ne završi u tišini, poput ribe, da nestane u tamnim dubinama? Umorio sam se, zgadila mi se sopstvena duša, a oni još uvek mlate praznu slamu. Nije im dojadilo sve to. Ta ništavna lica bila su svuda, živa ne živa, život teče i bez njih; kao da ih to i ne interesuje, ništavni, za veliku stvar.

Njegove kolege postali su drugi ljudi. Nisu više na istoj niti, za istu stvar; rade za jedan veliki cilj; čuješ? za jedan veliki cilj; a ako se za cilj radi, pa makar i ne bio vredan, on postaje velik. Razumeš ti, Ivane. Razgovara sam sa sobom.

Skupio je obrve, i skoro da kaza: slušajte me dobro, naši putevi nisu isto.

To ih je razbesnelo.

„Vi kao da ništa ne razumete ili nastojite da nas ponizite", udario je ljutito rukom o sto.

„Pa, ja bih voleo da vas razumem", kazah. „Zašto mislite da treba da sarađujem sa vama?..."

„Isuse", huknu. „Zar treba da vam to kažemo? U najmanju ruku zbog naše nacionalne stvari, zato što ste Hrvat... i zato, zato što sve ovo u čemu se nalazite ne bi trebalo da olako shvatite."

Ivan slegnu ramenima i otćuta odgovor. U tom času se začu kucanje na vratima i vojnik, koji je obezbeđivao prostoriju, propusti majora u sobu. Major je u rukama nosio list papira.

„Evo spiska", reče i stavi papir na sto ispred njih. Zatim se nervozno osvrnu, kao da ga tek vidi, „šta vi, pukovniče, tražite tu?" upita.

„Znate?" upitaše ona trojica u jedan glas.

Major klimnu glavom.

„Je li on na spisku", upita jedan i uze spisak u ruke. Major klimnu glavom.

Ivan je brzo mislio. Ko su ljudi na ovom spisku? Trebalo mu je nekoliko minuta trezvenog razmišljanja da to odgonetne.

„Možemo li da krenemo, gospon?" upita islednik, ni čin mu ne izgovori, a ime kao da nije želeo da mu čuje.

Nastup mu je arogantan... Ali, promene su donele nove ljude koji su jedino umeli da koriste žargon ulice, pokušavajući da ga pretoče u moć filozofije.

„Gospon pukovniče, interesuje vas spisak, on vam je isto što i novac, a novac donosi moć... i to na najbolji mogući način... Nadam se da to znate i da sam jasan, ljudi sa spiska rade za našu stvar i svi zajedno gledamo kako novac pritiče."

Uzeo je spisak u ruke i uvio ga u rolnu. Ličio je, sa spiskom u rukama, na ličnost iz nekog crtanog filma. Druga dvojica su zurila u njega.

„Jeste li možda o tome razmišljali?..."

„Da budem iskren, ne znam da li sam ikada bio u takvoj prilici", rekoh. „Ali zar je to i važno. Novac uopšte nije moj cilj. Nisam ništa manje nesrećan što ga imam malo, ili, samo onoliko koliko mi treba."

„Mi, i dalje mislimo da možemo računati na vas..."

Ivan je ćutao.

„Vi ste vojnik, Hrvat? Nudimo vam mesto, na kome ćete biti samostalni, samo vi ćete donositi odluke. To je sasvim dovoljno uzbuđenje, zar ne mislite da je tako? Posao koji bi vi radili niko drugi ne može da radi. I vi poznajete tu vrstu uzbuđenja, zar ne? Radite nešto što znate da niko ne može tako dobro da radi kao vi?" Ivan se nasmeja. A potom dodao: „Mi se očito nismo razumeli, gospodo..." Oči islednika zasijaše pretnjom. „Vi ste, pukovniče, veoma tvrd čovek. Takvi nam ljudi trebaju. Mislite da to ne umem da osetim? Čak i pre nego što sam vas video znao sam to, i to mnogo pre nego što vam se sve to dogodilo u Beogradu, to sa *Operom*... znate. To je sve u korist naše stvari. Zato želimo da vam pomognemo i zato smo tako sigurni u vas. Da vam kažem istinu, zadovoljni smo što ste odlučili da dođete... Nudimo vam sve: novac, poziciju i to sve za našu stvar. Mada znamo da novac može da pokvari čoveka", kaza ironično.

„Da li se to što govorite odnosi na mene?" upita Ivan.

„Da. Na vas. A zašto se to ne bi odnosilo na vas, pukovniče? Svi smo mi kvarljivi, od krvi i mesa."

Na mestu gde je sedeo, Ivan se za trenutak oseti kao uljez. Pokušao je da zamisli šta mu se sve to dogodilo za kratko vreme. Odjednom je bio ljut i na sebe i na sve oko sebe. Vlast u rukama mediokriteta. Mentalni skokovi.

U trenu osetio je užasnu vrelinu. Kao onog dana kad je stigao u Split. Ni šetnja pored mora nije mu pomogla da se rashladi. Odjednom se setio kako je umro njegov otac: mirno u stolici u dvorištu, on se vraćao iz šetnje i našao ga u stolici, kao da je zaspao. Uhvatio se obema rukama za glavu, činilo mu se da će poludeti dok je pogledom zurio u sto pun razbacanih papira, a njegov svet se rušio oko njega. Na trenutak je poželeo da nestane, što dalje iz Zagreba, iz Splita, iz Beograda i da se bar neko vreme ne vrati. Ali to sada nije bilo lako.

Hiljade misli, nepovezano letele su mu kroz glavu. A oni, tu preko puta njega, pratili su svaki njegov pokret...

„Dakle, jeste li se odlučili, pukovniče", upita ga islednik gledajući ga pravo u oči!

„Jesam."

U očima islednika očitavalo se neko duboko očajanje; bi mu drago; zavisio je od njega, to mu je bilo jasno... izgleda da je on dobio baš taj zadatak... da se dokaže... A sad, u ovoj podužoj pauzi, jasno mu je da pukovnik njegovu sudbinu drži u ruci! Naravno, to mu se uopšte ne sviđa, ali on je prinuđen da pukovnika privoli na saradnju, da ga moli ako treba. To nije nimalo lako. Ne bar sa ovakvim čovekom, tvrdog kova. Pukovnik je neki sasvim drugi čovek! Pa, ni sličnosti nema sa njima!... Tako da i on gubi nerve, kida mu se dah... nemoć ili?

„Meni je, gospodo, sasvim svejedno... ja nemam potrebu da vas od vaših nauma odvraćam, razuveravam. Ali ako me pitate, moram da vam kažem: ne učestvujem ni u jednoj od vaših ponuda, ne prihvatam ponuđeno..."

„Slušajte", u besu poskoči islednik, „ja shvatam da ste vi uzbuđeni, umorni i da vam nije lako... Ali, mi vas molimo ne žurite, to je u vašem interesu..."

Hodnicima je odzvanjalo neko trčanje, za koje nije mogao da oceni uzrok, lagano pa brzo, pa zastajkivanje pred vratima, ne znam ni sam zašto očekivao sam da se vrata otvore. To se nije dogodilo. Nešto pripremaju, jedva sam razaznavao glasove; tako sam svojim očima video ono što bi se moglo nazvati haosom. Kako će se sve ovo završiti, to mi uopšte nije bilo jasno. Drugim rečima, bio sam ubeđen da do svega ovoga neće doći, bilo je nemoguće i srce mi se steže od bola.

Nadaleko, okolo, sve se treslo, napadnute kasarne u blizini, komadi istopljenog metala, pakao –

valjda je eksplodirala bomba! Tek tada sam odlučio da ih pogledam, i brzim pogledom preleteo sam preko njih, osmehnuo sam im se, ali sam video da nisu reagovali. Znao sam dobro da ih moj osmeh iritira, i da moraju da izdrže sve da bi me pridobili, ali... Onda još jedna eksplozija potrese tle i razleže se Zagrebom.

Ivan je pokušao da zamisli dan kad će sve ovo biti iza njega i kada će mirno moći da priča o svemu što mu se događalo. Kroz prozor, na podu, ugledao je nisku prugu večernjeg svetla. Iznad nje se beleo zid sveže okrečen. Na tren, okrenuo se prema prozoru... oblaci su odlazili na zapad ili na jug i, otkad je tu u sobi sa njima, nije ni primetio da je dan prošao i da je sunce već na zalasku. Meka svetlost večeri osvetljavala je, kao nekim nežnim, delikatnim projektorom pod i sobu, šarajući zracima po zidu.

Ivan je ćutao i odsutno posmatrao nebo kroz prozor, mislio je na njih dve u Beogradu. O nekim svojim realnim svetovima, o kojima je još ćutao. O prošlosti, koja će biti prisutna u svakoj njegovoj budućnosti. U vremenu u kojem se našao, u zemlji koju je voleo, na trenutak mu se činilo da je i on sam putnik sa druge planete, hladnije i sa manje smeha. Neizvestan kraj dvadesetog veka, zapad sa svojim suviše komplikovanim životom, izgledao je kao preteća senka oblaka u prolazu, ludilo, rezultat pobune, želje za profitom...

Iznenada, da ni sam ne zna kako, njegova misao iz ovih lutanja mu skrenu na oca, pitajući se, ne prvi put u životu, nije li on u dnu duše, duboko proizašao iz njegove ćutnje, u izvesnom smislu, nije li ta očeva ćutnja gotovo bila jedino moguće rešenje. Razmišljao je o očevom bekstvu u stalnost, nepromenljivost, prastari ritual i bezbednu tradiciju. Iako se na bezbroj načina bunio protiv tolike malodušnosti, on je sada, i u sadašnjim događanjima u svom životu, opravdavao oca, čeznuo za bezbednim mestom, tišinom... Njegovo stalno kretanje; kofer u večitom tranzitu, kako ga je u šali nazivala Vera.

Osvrnuo se i pogledao ih; lica su im bila hladna, oči suve i nemilosrdne: sa takvom mržnjom nikud nećemo stići, ugledati novo svetlo.

U prostoru, u kome su sedeli, vazduh se zgušnjavao, bio zagasito plavičaste boje. Tog popodneva nebo je rano ostalo bez sunca i, tako umorno, spuštalo se na zemlju. U ovom nesigurnom popodnevu, Ivanove misli nisu posustajale; kružile su u njegovoj glavi i ličile na molitvu...

„Upozoravamo vas, gospon pukovniče." Čuo je opet onog što ga isleđuje. „Ovo je rat. Vi ste Hrvat!"

Trgnuo se. Da nije možda njegova dužnost bila da stane na čelo te vojske u crnim uniformama, u ovom ljudožderskom vremenu, da vikne ispred njih: ubijamo jednu zemlju da bi živeli bolje... da on glasno objavi: propast zemlje i carstvo novog...? Ne. To nije mogao učiniti. Nikako. Zabolela ga tolika mržnja; ta kamena lica ljudi, ta praznina u njihovim srcima... Zaustio je da nešto kaže, usne su mu ostale poluotvorene; samo je onaj što ga isleđuje govorio; čini se da je spustio glas:

„Vaša obaveza, pukovniče, je da se stavite hrvatskoj vojsci na raspolaganje... Velike se stvari za nas dešavaju; nećete propustiti tu priliku, trenutak kad nam i Bog pomaže."

Ivan nije odgovorio; i dalje je ćutao, udubljen u svoje misli, želeo je da su sada tu sa njim njih dve, više od svega na svetu; da razgovara sa njima. Da ih zamoli da mu veruju... kao on njima.

Odrastao je učeći da nema vremena za greške. Ako bi ih razočarao... Bila bi to neka vrsta greške, sasvim drugačije. Ako je njegov dolazak u Split greška... ona nije u njemu, već u prošlosti. Pogledao je islednika ironično, nije im verovao... nije. Vide oni to. Razumeju. Slegao je ramenima.

U Zagrebu je sve bilo drugačije. Miris rata osećao se svuda, čini se udisao se u vazduhu. Već nekoliko dana drže ga u jednoj oslobođenoj kasarni, kažu mu ironično; mučeći se da ga nagovore da preuzme ulogu koju mu nude... odbio je... ne, to nije on! To ne može učiniti, odzvanjalo je duboko u njemu. To je pitanje časti. Eh, znao je on to dobro, tu vrstu časti ovo vreme je istopilo. Sve je manje onih koji žive da bi umrli u borbi?

„Kako je u Beogradu?" upita ga jedan od njih, gledajući negde preko njegovog ramena.

Ivan oseti da se stvari menjaju, u kom pravcu? Nije razmišljao, pa sasvim mirno reče:

„Nije važno sad to."

„Ipak, vi ne shvatate, pukovniče...", izusti islednik.

„Šta to treba da shvatim?"

„Razmislite sami, pukovniče."

„Ne volim takav način razgovora, ne volim zagonetke... Možda bi trebalo da me najavite vašem pretpostavljenom..."

„Nisam vas čuo, pukovniče?" Na njegovom licu zaigrao je zlobni grč, lice mu se smračilo. „Bojim se, pukovniče, da vam nema izlaza... Niko vama više ne može pomoći, čak ni vi... sami, sebi." Okrenuo se i iznenada ustao. „Vodite ga!" kaza oštro onoj dvojici pored sebe.

Nije bio iznenađen... sam sebe je obuzdavao i prisiljavao na mir i čekanje. Soba je bila prazna – sto, stolica i jedan krevet... sav nameštaj. Na brzinu pripremljen, težak miris ispunio je prostor. Seo je na stolicu i zagledao se u jedan ćošak, čitava njegova prošlost se vratila – kao ogroman talas plime.

Zagreb je tonuo u još jednu nemirnu noć, noćne ptice protresale su krila u obližnjem parku; osvežavajući vetrić klizio je niz Ilicu; i iznenada, u večernjem skladu, Ivan se trgnu: sve mu je bilo jasno još onog trena kad mu je majka prenela da su ga tražili... „Izabrao si težak put, drži se... sine."

„Hoćete li da prihvatite novu dužnost ili nećete?!" vrtelo mu se po glavi pitanje islednika. Kao da je govorio nekim drugim jezikom... A noć je odmicala, studen iz vlažne zemlje i sa ravnodušnog neba sve je oštrije ulazila u njega, prolazila mu kroz meso; kroz kosti, dok nije došla do razuma, prodrmala ga i zaledila, stresao se i naježio, osećajući nelagodu od ukočenosti: ustao je i počeo da hoda po sobi, u njemu se nešto kidalo i raspadalo; misao je nestala, naglo zamrla, kao da je naprasno izdahnulo neko živo biće koje je, do maločas, bilo hrabro i uporno, sve ljude sveta povezivalo: kida se i nestaje kao da nismo bili tamo – a nema nas ni ovde; iznenadni umor oduze mu snagu...

S novim danom opet isto, pitanja na koja je već navikao... Jutro je pametnije od večeri, mora pokušati da još jednom sve razmotri, mislio je brzo i odsutno. Vreme u kome većina ljudi ustalasalo hoće sve da menja... a svak sumnja u svakoga oko sebe, stvara i događaje koji izgledaju neverovatno... a, svi misle da rade pravu stvar. Tačno je, promene sve ruše, i da svak grabi koliko može, da manjina ćuti i posmatra. Učeni ljudi kažu da sve košta, ali nisu rekli da kad se stvara novo, neke se reči najskuplje plaćaju!

Jutro je dočekao budan. Osluškivao je korake hodnikom, stresao se, neka iznenadna jeza prođe ga čitavim bićem... jer prvi put je osetio da se u Beograd više nikada neće vratiti... jeza ga nije napuštala, a i jabučica u grlu mu se zaledila pod samom bradom.

Tek kad je čuo da neko užurbano korača hodnikom, prenuo se iz te obamrlosti, čekajući da se vrata otvore. Ne mogu da biram, mislio je. Slutio je to već po napetosti koja je bila sve jača. Osušilo mu se, zatvorilo grlo, bio je žedan; koliko je dana prošlo, dođe mu da počne da viče, ali ćuti... kao da mu je um pomućen, podivljao... zašto baš njemu? Opet sve to? Kakva su ovo čuda, kakve gadosti, kako ih velikodušno činimo jedni drugima! Dobra je tišina; ona za sve ima odgovore. Uzdahnuo je. Uprkos svemu, u Split je došao po svojoj volji... iako uopšte nije mislio na posledice, šta se nalazi iza... svega što mu se događa, zaista osećao je potrebu da dođe. Podigao je ruku i prstima provukao kroz kosu; a onda je otac iznenada umro: njegovim nevoljama pridruživale su se nove...

Na vratima, koja se naglo otvoriše, stajao je islednik:

„Pođite sa mnom, gospon pukovniče."

Pogledao sam ga i bez reči ustao i krenuo za njim. Velika drama zemlje, čiji sam vojnik bio, odvijala se munjevito. U ovakvim sudbonosnim vremenima, kada se iskušavaju temelji jedne zemlje, za koju se verovalo da će izdržati sve oluje, Ivan i nije mogao da se suprotstavi drugačije osim verovanjem. Po nekoj nepisanoj slutnji, nesrećnoj ironiji, put do Splita poveo ga je u neizvesnost... Još kad je ušao u kuću – pogledi majke, ćutnja... znaci, koje u prvi mah nije razumeo!

Ćutke, u korak, išao sam pored islednika koji me je, s vremena na vreme, ispod oka posmatrao. Trebalo je da shvatim kako je revoltiran mojim ponašanjem; sada sam to čitao u njegovom pogledu, bio mi jasan: namignuo je očima na dvojicu pratioca koji su me sprovodili, zatim progovorio.

„Pukovniče, ovo je poslednji naš razgovor, ili će te sarađivati, ili..."

Ivan ga je pogledao, izgledalo je da islednik hoće još nešto da kaže, ali pred vratima sobe u kojoj su ga isleđivali, zastao je; na licu mu se samo pojavio trag umornog osmeha. I nešto više nego trag pretnji. Kao da je mislio, hteo da kaže, da ta scena u sebi sadrži neki viši smisao: da će svakog, svakog trena vaskrsnuti i ostvariti se ceo hrvatski plan. Impresivno je bilo u kojoj je meri to ušlo u ljude... zao duh nacionalne mržnje. Hteo sam da viknem, da ih opsujem, da im saspem u lice to ludilo u kome su tako potonuli, da se suočim sa svim tim, da tražim neizostavno objašnjenje postupanja sa mnom. Ali, nisam učinio ništa od toga; bio sam iscrpljen, siguran da to više niko ne može zaustaviti, a daleko od toga da bi hteli i da me čuju... Mogli su očekivati takvu reakciju sa moje strane... a, u čisto fizičkom pogledu, ja sam bio umoran... umoran od svega. Uz to sam, pored ljutnje, osećao i revolt prema politici, ovoj ovde, ili, onoj tamo... onima koji vuku konce u njoj.

Ponovo sam bio čovek koji živi u mitu zemlje koja nestaje, nesposoban da to razume, ali nekako svestan da moram nastaviti ako hoću da razumem, ma kako strašne muke morao proći... Tog dana pitanja su bila nepodnošljiva... i vreme je bilo ružno, bez vetra, nemilosrdno vrelo i ustajalo, sve lepote jutra kao da su izgorele predskazujući vatru... ono malo što je iskrilo u vazduhu izgledalo je bljutavo. Samo je Zagreb živeo užurbano i neizvesno... ono što je bilo izvesno, u šta sam mogao da poverujem, jeste da će se prema meni od tog jutra odnositi grubo, sve je novim pitanjem dobijalo i novo značenje.

Sa jezom sam shvatio da je epizoda iz Beograda mogla da sluti finale – zatvor u Zagrebu – ili, nema više vremena za mene. Razmišljao sam da prihvatim ponuđeno da bi ih polako urazumio... uporedio sam svoju situaciju sa burom, setio sam se svih onih prilika u kojima ljudi govore jedno a misle na drugo. Odbijao sam da verujem da bih bio u stanju da postanem sve to... Možda će i ovde, u Zagrebu, nastaviti sa tom režiranom komedijom, da bi me na kraju pustili da se odmorim...

Još jednom sam osetio onaj užasan strah, zebnju od stvarnosti kakvu nisam mogao zamisliti. Dotuklo me je i to što su mi stavili do znanja da im nisam neophodan, ali da će me uzeti... moje prisustvo, iznad svega, bilo im je neophodno kao eksperiment. Ili, možda i nije, možda je moje prisustvo bilo predviđeno samo za neophodne zaplete u suludoj političkoj igri oko JNA, možda će me odbaciti čim se ta igra završi. A najviše me brinulo i bolelo to što sam se našao u istoj kategoriji neprijatelja, izdajnika, kojekakvih svetskih probisveta, i to su mi nemilosrdno bacili u lice. Sve je to bilo nezamislivo da se može dogoditi... ipak, za samo nekoliko dana u Zagrebu, dobio sam neku nejasnu metafizičku lekciju o mestu čovekove egzistencije; o tome da je drugačiji pogled na svet ograničen.

Utopio sam se u moru nepoznanica, nepoverenja... ne samo zbog svih tih događanja već zbog dubljih motiva. U sebi sam danima nosio to osećanje da sam van sebe, odvojen od svog prvobitnog ja – ili od svih onih povezanih ideja i osećanja koje čine čoveka. A sve je to sada ležalo pokidano ispred mene... da više nisam bio siguran ko sam ja, i kako se sve to sastavlja u celinu. U takvom stanju sam sedeo pred njima i slušao pitanja, nisam davao odgovore; negde u meni, još uvek u besno nesređenom, i sa nadom da u zadnjem trenutku neće doći do nestajanja jedne zemlje, koja se potvrdila da postoji kao Jugoslavija, tamo... godinama u nama, u svetu.

Ova poslednja dva dana, ni sam ne znam zašto, polako sam počeo da verujem u nemoguće, za to nisam imao neke jake razloge, ali nisam mogao ni da shvatim da ništa više nije i neće biti isto. I koliko god sam pokušavao, ja nisam mogao da vidim iz kojih to razloga sada – ja i Vera treba da se odreknemo života koji smo živeli?...

Islednik je povisio ton. Bez izvinjenja, bez objašnjenja, čak i bez novih pitanja sasvim je bilo jasno da što god da je rekao, nije prestao sa pokušajima da me natera na saradnju. Mučili su me, iskušavali me, hteli da vide da li mogu da izdržim, koliko mogu da izdržim...

U službi u kojoj sam radio mnoga su bila i moja iskušenja; neka, strašna, njih se nisam plašio; druga plitka, opojna, puna obećanja; tih sam se plašio, držao sebe, pritezao dizgine... to oni nisu znali.

„Imate li vi nešto, pukovniče, da nas pitate?" reče islednik sarkastično.

„Nemam", odgovorih kratko. I osetih kako mi je u želucu mučnina, kako se širi i opseda me, to me dodatno opterećivalo; ali sada... kako da im saspem u lice to što osećam?

Spolja je vetar upozoravajuće udarao na prozore i hteo da uđe, ništa se u zgradi nije čulo, nijedan korak hodnikom, nijedna više eksplozija u blizini; sve je bilo utihnuto, uplašeno i čekalo da ponovo krene. I posle kraćeg ćutanja islednik poče:

„Težak ste vi čovek, pukovniče, niste pogodni čak ni za razgovor; preneo sam to pretpostavljenom..."

„Zaista?" izustih, smešeći se ironično.

„Da. Sve je mnogo drugačije nego što se dalo očekivati, mnogo je žrtava..."

„Žrtava?" izlete mi, „kako god već da zovete ljude koje naterate na saradnju, a da im nije dato da biraju."

Iznenada, islednik je ustao i prišao mi na korak do mene. Pogledao me u oči i rekao:

"Hteli vi to priznati ili ne, vi ste, pukovniče, Hrvat i od vas se očekuje da budete bojovnik svoje domovine." Nisam se pomerio, otćutao sam islednikovu blizinu. "Da li bar to prihvatate?" nije odustajao.

"Ne. Ništa ja ne prihvatam, isledniče; ništa sem istine."

"Možda ćete tako otkriti da bi ste bili srećniji da je ne znate."

"Hm. Taj rizik ostavljam sebi."

Pogledao me je još jednom pravo u oči, zatim koraknuo prema meni i slegnuo ramenima. Stajao tako tren-dva, a potom se vratio i seo.

"Mislio sam", nastavio je, "da nam neće biti toliko dana potrebno za razgovor. Uključujući i činjenicu da znate šta se sve događa sa vojskom iz koje dolazite."

Osmehnuo sam se...

"Suviše često ste me to pitali...", izustih.

"Kako?" upita me oštro.

Učini mi se da to čini sa nijansom nelagodnosti.

"Vi, pukovniče, činite nešto što ne bi trebali. Sebi dozvoljavate neograničene slobode... Ja, ja to ne bih činio da sam na vašem mestu. No, to je stvar izbora. Da li su vas iz Beograda poslali da dođete ovamo?"

Poskočih sa stolice.

"Vi đavolski znate da ja nisam došao po zadatku... pa me iznenađuje i čudi zašto se stalno vrtite oko istog pitanja."

Odmahnuo je glavom, i ponovo me pogledao u oči.

"Vodite ga", reče kratko.

Islednik mi se nije svideo. Imao je oči divlje zveri. Najneprijatnije oči koje sam ikad video na jednom ljudskom biću. U njima nije bilo ni trunke simpatije za ono u šta su gledale. Ništa, samo procena i bes, kalkulacija. Da su bile brutalne, ili sadističke, bilo bi možda bolje. To su bile oči izvršitelja, oči mašine koje sprovode sve naredbe ne pitajući se ni trena u ispravnost.

Oko ponoći su me probudili koraci i kucanje na vratima. Bio je to islednik. Nije me iznenadio.

„Spremite se, pukovniče, idete u jedinicu. Dobio sam naređenje da vas sprovedem."

Izustio sam da nešto kažem.

„Nemojte", prekide me.

Izgledao je umoran i odsutan. Ali njegov izraz lica bio je mračan, ispunjen mržnjom. Sumnjam da bi čak i slušao šta govorim. Spoljašnji svet za njega nije postojao. Ništa sem mržnje... mržnje koja je izbijala iz njega. Išao je ispred mene korak-dva i, ne osvrćući se, reče:

„Poverićemo vam, pukovniče, komandnu dužnost. Idete za Vukovar. Bitka za Vukovar je bitka koja se mora dobiti. Nema cene..."

Pogledao sam ga, u šoku. Nije reagovao na moj pogled, govorio je:

„Verovatno, kao svaki od oficira, vaša je jedina dužnost u životu da se borite i da tako hrvatsku istorijsku stvar stavite na noge. Kad to postignemo, onda će doći vreme i za neka druga razjašnjenja."

Ne znam zašto sam ćutao ali sam osećao da mi nedostaju reči. Jedna od velikih zabluda ovog vremena je da ne vidimo da nacionalna mržnja među i određuje putokaz u haosu nametnuvši red... A istina je suprotna tome... postizali su cilj zato što su redu nametnuli haos i mržnju. Srušili su jedan poredak, odbacili sve pred sobom, u ime promena. Ništa nije valjalo, ništa dovoljno dobro, sve je dozvoljeno: možeš da proganjaš manjine, da ubijaš, mučiš, da živiš bez ljubavi u svojim malim novostvorenim državicama ograđenim mržnjom, nudeći iskušenja... Ništa nije sveto, nije istina, sve je dozvoljeno. Za razliku od većine jugoslovenskih naroda, čak i od većine Hrvata, oni su to dobro znali, umeli da koriste; islednik i nova hrvatska vlast, kao i svi oni u drugim republikama. Postupali su tako kao da se igraju sa nama.

U početku nije tako izgledalo; trebalo je zaista menjati mnoge stvari... međutim, sve je krenulo drugačije, obrt koji se nije dao očekivati, kasnije je dobio zamah i proširio se čitavom zemljom pod imenom promena.

Napolju sam seo u jedan džip, islednik je nešto rekao vozaču, a potom smo krenuli. Osećanja su mi bila pomešana, ali je dominantno bilo samo jedno – da li ću sve ovo preživeti. Da li ću se vratiti njima dvema nazad u Beograd?

U osvit nastavili smo put prema Vukovaru. Bilo je veoma toplo u vozilu, sparno, takva je teška bila i noć... U kolima nisam bio sam, pečat mog ćutanja u njih utiskivalo je moje snažno prisustvo. Postepeno i druga dvojica, verovatno oficira, nisam ih poznavao, postali su apsolutno tihi; zid lica u iščekivanju... Savršeno mirno jutro obećavalo je vedar dan. Visoko na nebu video sam jato ptica. Naravno, u takvim okolnostima čovek ne može da misli... sva povezanost misli iščili. Imao sam to na umu. Od tada nadalje, reagovao sam bez razuma. Sa one strane razuma u sebi sam mislio: nemam izbora?

Kad smo stigli u jedinicu, shvatio sam mnoge stvari. Sva ta događanja, promene... te nove ljude, mobilisane najednom u vojsku nove države. Otuda, možda iz tog iznenadnog saznanja, učinilo mi se da su svi pomalo ludi, čak i oni nevini. Bili su ono što život nekad, ako hoće, napravi – krajnja mogućnost, grozno podivljala duhom i telom.

Posmatrao sam sva ta lica u novim uniformama, nem i bez ijedne izgovorene reči gledao u te mlade ljude. Osećao sam potrebu da nešto kažem nekolicini koji mi se učiniše da bi bili u stanju da me razumeju: da nemamo izbora, da moramo da izvršimo naređenja, iako znamo... Ali sam odustao, osetio sam da sam tu priliku propustio. Možda tim osećanjem još u Zagrebu sam znao šta se dogodilo sa armijom kojoj sam pripadao. Kako sam se bližio komandi jedinice, koju sam trebao preuzeti, kako mi to već rekoše... u tim trenucima najznačajnijim u mom životu, razumeo sam mnogo bolje život od života samog. Sa tim otkrićem kretao sam se lagano, videvši ga svuda u očima ljudi, na njihovom licu. Ono što su govorili, skoro vikali, izazivalo je mnogo manje saosećanja, mnogo manje razumevanja, nije imalo težinu, ali nisam mogao pobeći od te slike...

Dolazio sam iz sveta koji je bio sušta suprotnost njihovome. U mom svetu, život nije imao cenu. Bio je tako vredan da je bukvalno bio neprocenjiv. U njihovom svetu, samo jedna stvar imala je taj kvalitet neprocenjivosti: nacionalna stvar Hrvata... Nisam to mogao razumeti. Tu čudnu nacionalnu histeriju, koja je bila nesalomiva, izvan razuma, izvan logike, iznad civilizacije, izvan istorije. Otkrio sam u tom ludilu najednom da postoji Bog koga nikada ne možemo upoznati. To pravo čoveka da poriče – sve sam više branio. Da bude slobodan da bira. Ali, ovo što se kroz ljude manifestuje, uključujući i ludost političkih previranja, nisam razumeo. Tu slobodu od najbolje do najgore. Svaku slobodu. Slobodu da se ruši... proganja, uništava. Bilo je nešto u tom ludilu što je prevazilazilo mudrost, ali izbijalo je iz same suštine stvari – što je podrazumevalo sve... sloboda da se čini sve, a stajalo je samo protiv jednoga – zabrane da se ne čini sve.

Sve te misli vrcavo su mu prolazile kroz glavu dok je posmatrao ljude u jedinici u koju je doveden. Ništa nije govorio, ćutao je. Kao olovo u grudima opterećivala ga je ta nesalomljivost, to odbijanje da se povinuje većini... Sve što sam tu, u jedinici, uvideo odigralo se u sekundi, možda uopšte ne u vremenu. Video sam, da sam ja jedina osoba među njima koja je imala slobodu da bira i da je objavi... Odbrana te slobode bila je važnija od svih promena, nacionalne strasti, da, važnija od tih novih ciljeva koji u zdravom razumu nemaju jasnu sliku. Iznova i neprestano, bez daha prelazio sam sa lica na lice, i sve što sam imao da stavim nasuprot njihovim licima jesu ta moja saznanja stečena kroz sva ta događanja. Saznanja kao belo usijanje... Celo moje biće govorilo mi da sam u pravu.

Stajao sam tako pred njima – ne mogu reći koliko dugo, vreme u takvim okolnostima ne znači ništa. A onda sam prišao glavnokomandujućem. Video sam da me uporno posmatra; i tiho, kao da sam se nečeg bojao, da neko ne čuje upitao:

„Zašto? Zašto sve ovo?" ali, odgovor nisam dobio, bilo je već kasno. Sad sam ja njega posmatrao, osećajući da se duboko u njemu nešto pokrenulo; ali mu je pogled, ubrzo posle toga, ponovo ukazivao na njegovo podivljalo ja.

Nezgodna strana ove naše drame je u tome što, u toj nastaloj situaciji, ne znaš šta možeš a šta ne možeš da veruješ. Onima koji neumorno kliču – promene, a nisu tu... do onih koji vuku konce; stalno se nešto dogovaraju, scene često viđene u poslednje vreme nikako da se uklope u realnu priču koja bi ih potvrdila.

Ponovo je pala noć, pucnjava utihnula, do sutra, kad treba krenuti u odbranu grada. Nisam imao sna; sedeo sam na jednom zaklonitom mestu i osluškivao noć, srce mi je uznemireno udaralo; u njemu glasovi nepoznati, bol veliki, ljudi koji stradaju...

Osećao sam se kao zrno peska u pustinji. Zrno peska što misli, govori i diše, u poslednje vreme i nemo ćuti... jedino oružje u sebi koje je imao bila je ljubav; u odbljesku zvezda nazirale su se oči koje sijaju, čas pune vatre, čas potpuno utihnule, sa njegovog, borama nabranog čela, tekli su pomešano strah i znoj.

Konačno, u svitanje, kad je pala sa njega bela svetlost zore, ustao je, protegao se nekoliko puta... Setio se majčinog pogleda kad ga je poljubila, doručka tog jutra, presovanih maslina, urmi u činiji, od večere pržene ribe; i sve mu se to penjalo u grlo, u um i mirisale mu smokve, grožđe, narovi, zapljuskivao ga miris algi... Udubio se u misli: ne mogu da procenim tok daljih događanja. Mrmljao je sebi u bradu. Glas mu je promenio boju; nije imao snage da dovrši svoju misao; ipak, u sebi, dovršio je: tvoj put, Ivane? Nemaš drugog izbora. Kasnije je satima ponirao u ovu misao.

Nedaleko od njega stajao je jedan mlad čovek i smešio se. Pogledao ga je upitno. Čudan osmeh, pomislih. I nastavih da piljim u njega. U trenu sam shvatio šta znači humor: on je manifestacija slobode. Osmeh postoji zato što postoji sloboda. Samo bi totalno predodređen univerzum mogao da postoji bez njega. Na kraju, čovek izbegne konačnoj šali samo onda kada postane žrtva – a šala je, zapravo, u tome što čovek otkrije kako stalnim bežanjem na kraju bi da pobegne od života. Da više ne postoji, da više nije slobodan, da je to ono što velika većina nas, u pojedinim trenucima svog života, ima da otkrije; i što će uvek imati da otkriva.

Okrenuo se i pukovnik Ivan i pogledao sve te ljude oko sebe. On, sa njima, tu ispred Vukovara na nekoliko kilometara. Dobar Hrvat. Pomisli u sebi, ironično. Trenutak kad veruješ da je samoubistvo dobro. Nije dobro. Mržnja je bolest i nosi u sebi zlo kao neizlečivu bolest. Sa rukama prekrštenim na grudima posmatrao je svetlost koja se igrala senkama; a zatim je povlačio polako pogledom po licima tih mladih ljudi, koja su bila okrenuta prema njemu uplašena, bolna i izopačena od mržnje; njihove oči, prikovane za njega, gledale su ga, kao da je baš on bio kriv pa su mu se žalile.

Ni o čemu nije razmišljao, nije se pitao zašto tako zure u njega, kuda to oni idu svi zajedno. Setio se jedne rečenice koju je nedavno negde pročitao: „Bolje je ubiti dete u kolevci nego gajiti neostvarene žudnje." Njome su se koristili nacionalni lideri da zavedu sebe i druge... Video sam im u očima da nemam izbora: ili da stanem uz njih, ili da posmatram i očajavam ili očajavam i posmatram. U prvom slučaju, to je fizičko, a u drugom, moralno samoubistvo. Moje očajavanje je bilo moralno samoubistvo. Nisam mogao sebi da pomognem; čini mi se da sam počeo da živim na strani smrti... Ne, života. Ne. Od ubeđenja. Događaji koji su me pratili nisu mogli stati u priču. Novi svetski poredak? Nova hrvatska država? Pukovnik? On. Buntovnik bez imena. Možda zaista nemam izbora. Ponavljao je u sebi, osećajući svu tu negativnu energiju, svu tu žestinu nacionalno obojenu, bezdušnost, netrpeljivost pred svim što stoji na putu: mržnja, ne samo prema njemu, već prema svemu onom što misle da brane, prema onome u životu što je pasivno... Sve te ljude koje je gledao oko sebe, ti mladi ljudi ličili su mu na one koji žele da menjaju svet, a ne mogu, pa zato gore od nestrpljenja,... a da preobrate ili mrze imaju sve one ispred sebe. Ovaj svet oko nas.

„Samo napred, pukovniče, nismo vas pozvali da vas gledamo već u rat", kao da tu opasku iz pozadine nisam čuo, stajao sam mirno bez pomeranja.

„Vi... vi, pukovniče", učini mu se poznat glas nedaleko od njega, „kao da ne razumete šta znači nacionalna stvar."

Osvrnuh se da pogledam ko bi to mogao biti; ne, nisam poznavao oficira.

Konačno, stajao sam pred glavnokomandujućim, nekoliko trenutaka jedan drugog smo ispitivali pogledima...

„Dakle, šta želite od mene? Da počnem da učim iznova!"

Kao da ga je to malo neočekivano zaustavilo. Pre nego što je odgovorio, nastupila je mala, ali mrzovoljna pauza:

„Da preuzmete jedinicu, pukovniče. Već od sutra. To dugujete hrvatskom narodu."

U mislima sam se vratio na poslednjih nekoliko godina svog života, na godine u akademiji, godine teskobe i prilagođavanja, na opsednutost cele moje generacije žudnjom za individualnošću, na povlačenje od društva, od nacije, u sebe. Znao sam da u stvari ne mogu da odgovorim ovoj pomahnitaloj nacionalnoj histeriji... a još manje mogu da prihvatim da budem istorijska žrtva svih ovih suludih događanja. Opet, i po ko zna koliko puta, u sivoj tišini noći, u mirisu rata, tumarao sam u mislima od nekad, bila je u njima Vera iz onih prvih dana naše ljubavi. Zagledan u noć naterao sam sebe da te slike oživim...

Spustio sam se do jednog prevrnutog panja i seo; mislio sam intenzivno na te dane. Tu noć oka nisam sklopio; ali o tome više nisam ni brinuo.

Pukovnik Ivan tog jutra nem, bez pokreta, zurio je odsutno negde u daljinu ne mogavši da veruje svojim očima...Kakva je ovo nesreća, razmišljao je, kakav duboki nesklad u ljudskim glavama, znanja i neznanja. Da na ovom svetu nema ludosti, zla i mržnje, da na sve strane mami priroda svojom lepotom i pesmom ptica, čovek bi mogao da provede život sedeći na travi sa knjigom u ruci, opušten i zadovoljan, jer bi svi odgovori već bili poznati, a oni detalji na koje odgovor ne bi bio poznat, ne bi bili od nekog značaja da se zbog njih žrtvuje život... Vukovar liči na ruinu.

* * *

Toliko je dana prošlo. Ivan se nije javljao. Vera je po kući kao avet koračala. Kasno po podne okrenula je ipak broj telefona u Splitu... Ali sa druge strane slušalica je mirovala u svojoj ćutnji. Nikog nije bilo da je podigne.

Ustala je i otišla u kupatilo, u ogledalu je dugo zurila u svoje sopstvene oči. Iznenada su njena hrabrost, njena postojanost – njena istinska ljubav – postali jedino preostalo sidro. Ako je Ivan, ako je on... mrmljala je slomljeno u sebi ne dovršivši misao do kraja. Ceo život je postao zavera. Kao da se ispoveda, mučila se da dosegne slike iz prošlosti, da bude potpuno sigurna u njih, tu suštinu sa Ivanom da dodirne... preko svih njenih moći ljubavi i mržnje, preko svega prolaznog u njima.

Ona i Ivan! Gledala je u svoje lice u ogledalu; htela je sebe da ohrabri, tražeći ono zrno realnosti na kome se opstaje... Držala se nečeg u Ivanu, nečeg što je u njemu bilo kao maleni kristal istine i ljubavi. Kao svetlost u najcrnjem mraku. Kao suza.

A suze koje su joj na tren navrle na oči, bile su neka vrsta gorke potvrde da je Ivan u opasnosti. Nisu to bile samo suze za njim, već i suze gneva i nemoći. Čitavo nebo je nad nama, prema kome mi ne izgledamo veći od zrna peska. Pa, ako je tako, zbog čega ubijamo, mrzimo jedni druge?

Razmišljala je da olakša mučenja: da uzvrati Ivanovoj majci istim takvim udarcem koji je ona od nje primala godinama. Ljuta na sebe što to ranije nije učinila; osećala je kako je još više boli što je njenu pristojnost svekrva koristila i u ovom trenutku. To što joj ne odgovara na pozive, što joj ne kaže šta je sa Ivanom – ne može joj oprostiti... zar je moguće da ona bude u takvoj situaciji, da konačno postane nevažna za Ivanovu majku, ili... manje važna, svejedno. Došla je do telefona, okrenula broj... sleđena ćutnjom, treperila je čitavim bićem; sa druge strane, samo jedan zvuk, dizanje slušalice, a potom tišina.

„Ima li koga tamo?"

Tišina je bila zlokobna, gora nego da joj je neko strašne vesti sasuo u lice. Pogledala je na svetleće brojeve na slušalici i jedino što je mogla da pomisli bilo je: ona to ničim nije zaslužila. Da pozove Sonju, da ona okrene broj... ne, ne...

Ivanova majka me nikada nije prihvatila. Čak kada sam joj darovala unuku... Nešto je bilo između nas. Nešto kao odsjaj plamena; možda plamen mržnje, ili ... uzdahnula je, zar treba da prođe kroz sve to? Toliko godina u porodici da joj nije palo na pamet da misli na to! U početku je smatrala da je to trenutak prilagođavanja, ali sada vidi da je to mnogo dublje... Počinjala je da shvata.

* * *

Kad ju je ugledao, nije mogao da se suzdrži:
"Sonja!"
Išla mu je u susret smešeći se onom unutrašnjom napetošću koja mu je oduvek bila zanimljiva kod nje. Ispružio je obe ruke i privukao je sebi.
"Ponekad samo poželim da nestanem, da me nema."
"Ti se šališ", upitah.
"Ozbiljnija sam nego što misliš."
"Ja to zovem ludilo šarma, moja damo."
"To je kao... kad si iznenada, ni sam ne znaš kako, visoko uzleteo, ne shvataš do koje visine, pogledaš napolje, šok... tako je to, odjednom shvatiš kako si daleko od onoga što stvarno jesi. Ili što si bio, ili nekako tako. Ne objašnjavam dobro."
"Samo nastavi."
"Počneš da osećaš kako više nigde ne pripadaš. Ja, ja više uopšte nemam korena, nigde više. Nikom više ne pripadam. Samo gradu u kome jesam ili onom u koji odem. Imam samo drugove koji su mi dragi, ili koje volim. Onog koga volim. Oni su mi jedina zemlja koja mi je preostala."

Stajao sam pored nje i bolno osećao krhkost, ne samo dana koji su pred nama, već i samog vremena. Znao sam da nikada više neće ništa biti isto... Ali, zbog jednog sam bio srećan, i mnogo toga sam bio spreman da žrtvujem, samo kad bi mogao da produžim ovo poslepodne, beskonačno da je držim u rukama, da razgovaramo, da joj izbrišem mnoge misli, umesto njih darujući joj one lepše.

"Tata se nije vratio iz Hrvatske", prekide me u razmišljanju.

Zatečen stadoh.

„Je li se javio?" upitah ishitreno.

„Ne. Ne", kaza kratko.

Ne znam kako odjednom ne mogah da pronađem nijednu reč: delimično zato što nisam očekivao to u razgovoru, a i zbog nečeg nepoznatog što u tom trenutku osetih.

„Znači, ipak sve je ozbiljnije nego što izgleda."

Klimnula je glavom. Seli smo u baštu restorana hotela Moskva. Uočih da je Sonja uplašenija nego što je to odavala, osećao sam to...

„Ali, zašto baš nama sve to, Milane?"

„Eh", uzdahnuo je Milan.

Na Sonjinom licu, jasno kao rukom napisano, mogao sam da čitam da misli „dobro je što si tu". Nagnuo sam se preko stola i poljubio je u obraz. Osmehnula se.

„Baš sam te umorila", kaza.

„Ti si nešto najdraže što sam ikad imao."

„Imao?"

„Osetio", popravih se namerno.

* * *

Na jednom praznom sanduku Ivan je sedeo sam i čekao da se nad sivim nebom probudi zora.

U Zagrebu do suđenja nije došlo, samo presuda: da preuzme jedinicu koja brani Vukovar. Usled izliva gneva i prezira nije izustio ni reč. Samo što je tad poželeo da nestane, da ode... bilo gde, jednostavno da ga nema.

Najednom, kroz glavu počnu da mu se ređaju onih nekoliko večeri u Splitu, kada se odmarao u prošlosti... Grad pun svetlosti, more! Dugo se zadržavao u starom maslinjaku, na odlomljenu granu reagovao kao da oseća gubitak, kao da su mu odsekli deo tela, onaj duboki znak, upozoravajući... nije ga plašio. Tek sad misli na neke detalje; ustao je da ispravi noge, da prošeta.

Stotine porušenih kuća, u ruinama, većina njih samo siva gomila kamenja, tu i tamo mogu se videti ostaci prebivališta, ostaci drugog sprata, prozori koji uokviruju nebo... ali, bilo je i nečeg posebnog u tom razrušenom gradu mrtvih: izgledalo je kao da grad lebdi u vazduhu, nad glavom, hiljadu kilometara dalje.

Pogledah unaokolo. U pravcu odakle se valjao Dunav. Kao da sam bio potpuno sam, poslednji preživeli u mrtvom gradu, između neba i reke. Lagano sam krenuo, bez cilja, puteljkom koji je vodio kroz zagušene ruševine. Rovovi iskopani svuda; podzemni hodnici vijugaju među ruševinama; dugi tuneli koji objašnjavaju detaljan plan za sve ono što se događa.

Jutro je odmicalo mirno, neuobičajeno tiho, sa svojom beličastom bojom, koju je prosipalo po braonkastosivim oblicima iznad zemljanih rupa.

Ispred njega, nedaleko, omanja grupa, okupljena oko starešine koji nešto objašnjava mlatarajući rukama. Samo jedan je cilj, naprežući se da ga objasni, izgovarajući i poneku utešnu reč, koja je delovala kao fraza, ali, ubrzo zaćuta, pred izbezumljeno ravnodušnim licima. Negde u blizini, huknu i prolomi se artiljerijsko oružje, starešina se instinktivno baci na zemlju, a zatim, pošto se prolomi još nekoliko takvih plotuna, razjareno skoči u rov i urlajući povika:

„Pali... šta čekate, majku vam vašu. Dajte signal, sve čovek treba da vam nacrta. Gađaćemo ih iz zaklona; ali...", neko pokuša da mu nešto kaže; nemamo granata, šaputalo se.

Nije ih čuo... sručio je nekoliko rafala, ne pitajući se u kom pravcu. Starešina pogleda oko sebe; njegove oči preleteše preko lica vojnika, na brzinu skupljenih rezervista, i zaustaviše se na tek pridošlom mladiću, ukočenom od straha, priljubljenom uz obalu rova. Brada mu se tresla. Ruke je sklopio na prsima, kao da se moli... Starešina ga uhvati za ruku i reče mu, smejući se:

„Gle junaka... ovo je prvo krštenje... To je naša proba, da ih samo malo zastrašimo."

I poče, sa mnogo suvišnih reči, da objašnjava tehniku jednog napada. Ivan je bez pomeranja stajao nedaleko i posmatrao to što se dešava. Mladi vojnik, mogao bi biti seljak, ili nekog nižeg obrazovanja, zanatlija na primer, posmatrao je s nepoverenjem, bolno i zatečeno, lice starešine, zatim ispruži ruku i uze kapu koja beše odskočila sa njegove glave i bojažljivo se okrenu. Ali, na svaki rafal on bi se naglo trzao od straha. Ivan duboko uzdahnu sa divljim bolom, skoro razarajućim. Zatim, ljut, prommrmlja:

„Kuda ovo vodi? Kuda?"

„Nikuda, pukovniče", neko iz rova dobaci.

Odjednom uplašen, starešina pogleda oko sebe:

„Napadaju opet, do đavola. Pucajte, do vraga."
Artiljerija zagrme, poleteše granate iznad njih. Sve je gorelo u daljini, iz šume, tamo gde je bio Dunav... izgledalo je kao da i on gori u vatri. Kao da nije bilo čoveka, u čitavoj diviziji, uključujući generala, koji bi pokušao da bar umiri strah kod ljudi, panika se mogla videti svuda.

„Pukovniče", iza leđa oglasi se hrapav glas, „verujete li vi da ćemo pobediti?"

Osvrnuh se.

„Koga?"

Lice vojnika u crnoj, do grla zakopčanoj uniformi, se zgrči pod dejstvom silnog straha koji ga obuze i ono postade nepomična maska. Pogledah ga u oči i smeteno promrmljah:

„Da! Da!" Potom krenuh žurno, ubrzanim korakom prema komandi...

Jutro je već odavno odmaklo. Paljba se sa dunavske strane pojača, zatim još više, sad već preteća i opasnija, potom poče da tuče po gradu sa svih strana. Sunce, visoko na nebu, već se zlatilo kupajući se u sopstvenoj svetlosti koja se širila po razorenoj zemlji. Vojska još nije izlazila iz rovova, iz tih hladnih tunela jeze i smrti. Očigledno postojao je samo jedan put, gore ili dole, drugog izlaza iz ovog stravičnog prizora nije bilo. Šok od viđenog, bol, i razočaranje, kucali su mu u svakom damaru.

Hteo sam da vičem, da sve to izlijem iz sebe. Ali sam se iznenada učinio jadnim i nemoćnim. Ispunjen višestrukim bolom, stajao sam nem i slomljen: zbog prošlosti, zbog sadašnjosti, zbog budućnosti. Nisam znao šta da uradim; samo sam znao šta ne mogu... ne mogu ubijati, rušiti ne mogu. U meni, i ispred mene stajala je emocionalna pustinja, nesposobnost da bilo šta učinim, sastojala se iz suštinske tragedije dva naroda, Srba i Hrvata. Neželjeno, a ipak neizbežno osećanje da se u ovom drevnom gradu lome i ukrštaju istina i zabluda, ruše temelji jedne zemlje, nestaju sa njom... počeo je da me proganja. Savest, gde je ona u svemu ovome? Hrpa pravila, nasleđenih iz određene sredine, iz ljudske zajednice bila je zaista nešto neodređeno... Mnoga pravila nasleđujemo i držimo se njih iako znamo da su nasleđe. Eh, šta sve nije nasleđe? Zašto moramo tako slepo da ih se držimo? Zašto je čovek sin svoga naroda, svog plemena? Zašto čovek nije čovek?

Bio sam kao duh, neupotrebljiv i nemoćan... bez krila, olovno težak. Svuda iz ruševina do mene su dopirali slabi ali suviše bolni glasovi i krici.

I tako. Posmatraš i očajavaš. Ili očajavaš i posmatraš. U prvom slučaju to je fizičko, a u drugom moralno samoubistvo. Ali ipak, još sam bio na nogama, rešen da izdržim i nemoguće. On, pukovnik Ivan. U ratu. Buntovnik.... Hrvat i Jugosloven, rastrzan između Beograda i Zagreba. Čeka i ćuti... možda zaista i nemam izbora.

Granatiranje se malo umirilo, vojska se razmilela, žagor svuda isti. Pozvali su me grubo i sproveli do glavnokomandujućeg. General bivše JNA, sada komandant hrvatske vojske, stajao je između svoja dva čoveka. Nije se ni pomerio, na pozdrav odgovarao odsutno, a kada mi se obratio, učinilo mi se kao da ga prvi put vidim; govorio je nekim nepoznatim, na brzinu skovanim arhaičnim rečima. Zurio sam bez daha u ljude oko njega. Odmah se mogla videti razlika između zatrovanih mržnjom i onih koji su morali da odgovore vojnom pozivu. Oni prvi odnekud dobro uvežbani, disciplinovaniji, mnogo udaljeniji od osećanja čovečnosti. A tako mladi. Najstrašnija stvar kod njih je ta njihova, u crnom fanatična mladost. Mogao sam da primetim kako su ipak izgubljeni u svom tom ludilu. Mladima rat omogućuje da izgledaju ozbiljno, da se dokažu; jer zamišljaju da im se u ratu dive; jer samo u ratu što žele mogu da svedu na status predmeta. U tome je velika razlika između rata i mira. U ratu, i ljude vide kao predmete, a u miru potrebni su odnosi među ljudima, a njih nismo izgradili...

Najednom sam poželeo da se suprotstavim, da generalu, koga sam dobro poznavao, kažem: Da je rat psihoza koja nastaje iz nesposobnosti da se vide i izgrade odnosi; odnosi sa ljudima; da se komunicira i živi zajedno. Naš odnos prema ekonomskoj i istorijskoj situaciji. I iznad svega odnos prema ništavilu. Smrti. Ali, ni reč nisam izustio: koliko me pamćenje služi, nikada generalovo lice nije izgledalo tako koncentrisano, tako iznutra mračno okrenuto.

Uskoro general je prešao na stvar. Bez obavljenog razgovora sa mnom, naredio mi je oštro da predvodim jedinicu koja će osloboditi Vukovar.

„Kako? Nisam vas razumeo, gospodine generale", kazah.

Ustao je nervozno i koraknuo prema meni.

„Pukovniče Ivane, ili se pravite ludi, ili ste zaista ludi..." Dvojica vojnika iz njegove pratnje već su bili kraj mene, prvo su me gurnuli napred, pa nazad, i tako me naterali da sednem. Nekoliko nedoličnih trenutaka rvanja iz kojeg su sa lakoćom izišli kao pobednici. Minut kasnije general je naredio da ustanem. „Pođite sa njim do jedinice...", naredio je onoj dvojici.

Tog popodneva nešto se manje pucalo. Tek veče je donelo pravu vatru. Ponovo su rušili i jedni i drugi, bez milosti... Svi su urlali, kao iz jednog grla:

„Vukovar se mora osvojiti..."

Naša artiljerija tukla je sa svih strana. Zbog previše alkohola artiljerijsko gađanje je bilo naslepo... ili su, možda, pucali na osnovu nekih čudnih planova. Ovakva ironija nije nusproizvod rata. Tipična je. Komandovao sam preuzetoj jedinici da ne žuri, da ne srlja... hteo sam taktičkim znanjem da zaštitim te mlade ljude, da ne gube glave; da ne ruše...

Kanonada je bila sve jača, sada već preteća i opasnija, potom poče da tuče i sipa po gradu svojim vatrenim udarcima. Ivan se okrenu i pogleda te ljude na čijem je čelu bio, želeći da im nešto kaže, da ih umiri, zaustavi, polako, ne žurimo... jedan za drugim vatreni udarci razbiše razmeštene redove vojnika; ručne bombe letele su besciljno, u svom čudnom luku; jedva se čulo kako stižu uz tiho brujanje, kao zid koji puca i ruši se na zemlju. Komadi su leteli po ljudima, a oni su padali kao pokošeno snoplje, ječeći. Nedaleko, ugledah nekoliko ljudi, trčeći odbacuju sve sa sebe... oružje, delove opreme, ludačkom brzinom ka šumi; ubrzo nestadoše kao da u Dunav propadoše.

„Vukovar se mora osvojiti", orilo se niz talase Dunava. „Do noći mora biti naš!..." Vikali su i jedni i drugi. A do juče je zaista bio naš. Razmišljao sam u pauzi, u tom međuvremenu urlika koji se razlegao ravnicom. Video sam, znam, ova kataklizma mora da je kazna za neke stare zasluge, varvarske zločine civilizacije, neku strašnu ljudsku laž... opet iznova isto radimo jedni drugima. Da u ovo vreme i na ovom mestu objasnim ljudima u čemu je laž, nisam imao dovoljno volje, ni vremena, a ni oni znanje iz istorije i nauke da bi me razumeli. Jednog dana, znao sam, kad se sve ovo preživi, shvatiće da je najveća laž našeg verovanja da služimo nekom cilju, da ispunjavamo neki plan; da se na kraju dobro završi; jer sve je u nekoj velikoj zamisli, za neki viši cilj. Za razliku od realnosti. Nema plana. Sve je hazard. A jedino što nas može sačuvati to smo mi sami... S mukom sam pokušao da nazrem šta u zatišju piše na licima tih ljudi, čiji su pogledi sada bili mračni kao Dunav; sivo blato i užas, sve je ispred nas tako vidljivo.

Ponovo smo napali. A ja sam mislio, kako bih otkazao poslušnost i nestao u rovu... ili, za onim beguncima koji nestadoše u šumi. Ali, ni za jedno ni za drugo nisam imao snage; išao sam napred.

Pucalo se sa svih strana, svi su se žurili da stignu do iste tačke, kao jedinog pravog puta. Nedaleko ispred sebe, na drugoj strani, ugledao sam njih... svoje kolege iz Beograda. Na tren sam se zateturao, uhvatio za srce i ispustio pušku... Tada sam zapravo sasvim blizu ispred sebe ugledao i pukovnika Stevu, svog glavnog pretpostavljenog u Beogradu. Dreka sa svih strana: Napred! Svetlost nebeska nas je obasjala i na momenat razdvojila, jer bombe su letele sa svih strana. Nisam verovao u Boga. Ali sam u jednom trenu molitvom preskočio ceo svoj život. Poželeh samo da bar neko sve ovo preživi, da iskusi ovaj mrak, ovu vatrenu svetlost, ovaj grad, da iskusi sve ove dane i noći, sve ove mesece u Vukovaru. Strast rata: vreme će im oprostiti što nisu uspeli da umru.

Pre zore Vukovar je još jednom napadnut. Ista slika. Napali su u osvit i jedni i drugi. Činili su istu grešku kao prethodnih dana. Sa više gubitaka, pored rovova... svuda haos.

Da bih razumeo slučajnost nametnutih događanja, smogao sam snage da se osvrnem, da pogledam na onu drugu stranu, i ne očekujući, tako blizu, preda mnom na nekoliko koraka, stajao je pukovnik Steva. Za trenutak me je pogledao u oči, kao da je hteo da se uveri da li to ja zaista stojim pred njim; smogao sam snage da mu se osmehnem... ne znam šta je u tom trenutku za njega predstavljao moj osmeh, ali on je nekako teškog koraka išao prema meni... Poslednja trunka obmane da je susret slučajan, nestala je... On je očito kroz sve ovo pre mene već prošao.

Zavladala je tišina. Zrikavci iz zrelog žita oglasiše se pesmom, visoko nad glavom neka zalutala noćna ptica zloslutno zakrešta u nebo.

„Ivane. Ivane, pa, pa... ti, ma, šta se desilo kada si stigao u Split?" čuo sam kako me nervozno, prilazeći mi, još u hodu pita. Ćutao sam. Kao da ga noge izdaju išao je prema meni korak po korak... „Sve je ovo ludost, ludost, čoveče...", govorio je, „ljudi su važni, moj Ivane, ljudi... Sebe ne smemo izdati... ne, ne, ljude moramo učiti da se čuvaju... da čuvaju jedni druge... da ne izdaju sebe. Jedina tragedija je što ih tome nismo naučili."

Posmatrao sam ga, nem, apsolutno nepokretan. U magnovenju, duboko u sebi, osetih da sam mu sve oprostio. Nisam imao snage da to iskažem glasom. Netremice gledao sam u njega; možda je prošlo nekoliko trenutaka a onda sam se po drugi put osmehnuo. Sa očima uporno na meni, pukovnik Steva mi je bio na korak, sa ispruženom rukom... još uvek me posmatrajući. Bila je potpuna tišina. Ruka mu je pala.

Za trenutak, pred očima mu se smračilo, ispred njegovih nogu ležao je pukovnik Ivan smrtno pogođen. Daleko iza njega čuli su se povici pijanih i ludovanju predanih rezervista. A zatim, ceo svet se pred njim smračio, eksplodirao. Drhtanje zemlje, neba, uma, svega. Zatim muk. Stajao je mirno. Nem. Pred čovekom sa kojim je godinama radio. Sagnuo se i na ruke podigao mrtvog Ivana. Herojska žrtva? A da li mrtav čovek može biti hrabar? Ludilo.

„Ludilo rata, Ivane, nestajemo sa zemljom koju nismo umeli sačuvati... istinski neprijatelj je samo smrt."

Smogao je snage da ga položi na zemlju, da se podigne i vojnički ga pozdravi... U Ivanovoj smrti video je i svoju smrt. Isto tako i u svakom vojniku koji je pao, u Vukovaru, svuda, koliko i u nevidljivim hrvatskim vojnicima sa druge strane. Ako postoji pakao, onda je Vukovar to. Ne rat, već mesto koje se razumom ne da shvatiti. I drhtavica, i pljusak mokre ilovače lepio je korak za zemlju. Jedan čovek je pao... Mnogo ljudi je palo... Rat zbližava ljude. Ali bojno polje je nešto drugo... ono guta ljude, živote, kao bezdan, a ostavlja prazninu, jedinu istinu, u kojoj nema istine...

Zvuci sa obližnje crkve razlegli su se ravnicom, kao da anđeli udaraju u tešku, zelenu bronzu, šireći u beskonačnost mekani i razliveni zvuk bola, koji se širio oko nas i odlazio u nebo. Pukovnik Steva nem i nepomičan, najednom shvatio je sve ono o čemu je Ivan govorio; potrebu za razumevanjem i ljubavlju, ili možda za onim što proizlazi iz naše nesposobnosti da se nesreća primi kao nešto što pripada najdubljem sloju same ljubavi... ili? I da se nije ni osvrnuo da pogleda oko sebe, laganim a teškim korakom krenuo je natrag... kao da odstupa?

Ova zemlja je tako puna iracionalnih sila, da i ono malo sabranih ljudi zaneme ili podivljaju kad počnu balkanski iracionalizmi živeti umesto nas... u takvom vremenu narod se svodi samo na folklorizme koji samo prividno guše iracionalizam, a ustvari ga još samo više raspiruju i daju mu snagu narodne duše, koja okuplja mase, kojima ništa ne objašnjavamo, ili objašnjavamo vrlo malo... Sva ta okupljanja, ti ljudi na trgovima, zaudaraju i kvare jezik, zajedno sa inflacijom novca i sve opet liči na čudnu mehaničku spravu za klizanje u rat preko svih pravnih argumenata; dok nam duša siromaši i postaje ćorava na jedno oko i bez jedne noge, bez obzira koje...

Pored pukovnika Miloša prošao je da ga nije ni primetio, gledao je u njega ali ga nije video, iskrivljenog lica, užasnut bolom išao je zadihan kao da beži od nečeg strašnog što je video, noge i ruke su mu se tresle kao kod nevešto naštimane mehaničke lutke.

Pukovnik Zare ga uhvati za ruku, sa bolom u očima pogleda ga i reče mu:

„Ivan. Ivan je mrtav."

Noć puna slutnje i tišine kao da je predskazivala još teže dane... Kako javiti Veri i Sonji? Šta im reći?

Tresući ramenima da istisne grčeviti bol, tresao se kao da ga neko drugi trese, nije prestajao... Mučio se do svitanja da svojim mentalnim okom sagleda bar nekakav poredak stvari...

I tako je te noći shvatio kako je poredak stvari, na neki čudan način, gotovo nadrealističkim trikom, zamenjen poretkom vlasti. I tad, pred njegovim unutrašnjim okom, otvori se tamna mrlja nasilja rata i beznađa ali mu se učini da je sve to samo deo jedne druge slike – koje? Kakve? Kao da mu pred oči izlaze neke čudne nemani, njuškaju ga i istovremeno otvaraju mu pogled na čudne pukotine: deo litografije iz pakla. Nemani nacionalizma, čudovišta koja preko noći pocepaše zemlju, opijumske pare novog svetskog poretka. Redovi pred praznim prodavnicama, mitinzi narodni, dogodio se narod. Sve mu se to učini kao deo jedne paklene slike koju nije mogao razumeti. Ali, otkud se on našao u svemu tome? Kao da mu je stala pamet, i misao mu se gasi, ništa se više ne može ni naslutiti u rovovima oko ovog starog grada koji umire u ropcu. Da, ako preživi sve ovo, jednog dana o tome mora govoriti...

Vojska tek izmilela iz hladnog zagrljaja noći, razmilela se ravnicom. Kao da niko na njega nije obraćao pažnju, ili se bar pravio da je tako. Pukovnik Steva je koračao bez cilja. Umesto da stane išao je, išao... prolazeći pored ranjenih, mrtvih, pored lekara, policajaca...

Ponovo se razleže eksplozija i poče da udara na sve strane. Tenkovi krenuše napred, uz potmulu jeku.

Operativac Beli je pao smrtno pogođen, nije se više micao... nedaleko od njega pogođen ležao je pukovnik Miloš.

Posrćući u sumraku, sa poslednjim ostacima snage, teturao se pukovnik Steva i plakao.

„Udri dušmanina, kao što on udara tebe... Samo napred!", jedna poluluda starica vikala je na sav glas...

* * *

Vera je rasejano posmatrala ljude koji prolaze, automobile koji promiču pored nje, kako se pale i gase svetla na semaforu. Čekala je tramvaj do škole. Razmišljala da još jednom pokuša, kada se vrati kući, da pozove Ivanovu majku u Splitu. Sinoćni poziv jednog njegovog kolege bio je pun straha i uznemirenja. Možda je Ivan... Ne. Ne, to ona ne može zamisliti, ali neki nepoznati strah je nije napustio. Sunce je kao u inat sve jače pržilo – peklo znoj na čelu; provukla je prstima kroz kosu, zažalivši što se nije laganije obukla. Možda bi joj bilo manje toplo.

Svetlo na semaforu bilo je crveno. Vazduh je bio težak. Teško je disala. Nekada nije primećivala da joj nešto smeta; sve je bilo drugačije.

U tramvaj je ušla kao u transu, podigla ruku i uhvatila se za šipku kao da će se svakog trena srušiti.

U školi nikada teže nije podnela dan. Svu gorčinu, čini se, izlila je na kolegu vičući:

„Uopšte nije važno šta je bilo juče, kome je to više važno, to nema uticaja na nikoga više, kao da smo svi poludeli, čitav narod poludeo."

Kolega je popustio. Učinilo mu se da je dotakao pravi nerv i za trenutak ugledao nešto drugo u Veri, nešto što mu je davalo drugi vid, što ju je činilo nežnom i ranjivom ženom.

Vera reagova pobunjeno, i u trenu je shvatila da je dopustila kolegi da baci pogled u njenu dušu. To je još više zbuni. Ustade i nervozno uze dnevnik u ruke i nešto ranije krenu na čas. Navikla se na samoću u poslednje vreme, nekako je tako i sa Ivanom bilo... čim su se časovi završili, žurno je izašla iz škole i krenula kući. Čudan nemir nije je napuštao.

* * *

Sonja je mirno podnela Nikolinu odluku da se dobrovoljno prijavi i ode u rat.

„Idem u Vukovar, idem da branim zemlju."

„Da braniš zemlju?" rekla je zbunjeno i pokrila svoje lice rukama.

„Vratiću se", kazao je uzdahom, „moram da se vratim, ne brini, Sonja. Bog mene čuva."

„Čuvaj se", izustila je samo.

U poslednje vreme, pre nego što će se dogoditi to sa njom i Milanom, ona i Nikola... ma ne, Nikola za nju sve je manje imao vremena, a ona razumevanja i ljubavi. Verovatno je zato i tu njegovu odluku tako prokomentarisala.

* * *

Nad našim glavama munja je iznad reke rascepila nebo, i za trenutak-dva sve je bilo obasjano tajanstvenim bledoružičastim svetlom: pripijeni jedno uz drugo... dugi susret usana... potpuno predavanje... u novom sevu munje uhvatio sam njen pogled... neka vrsta urođene ozbiljnosti, ili?... Zatim mi je sklopila ruke oko vrata, kao što je učinila one noći na Kalemegdanu, i malo se nasmešila.
„Ti si nešto najvrednije što mi je Bog darovao, Milane!"
Stegao sam je čvrsto uz sebe i ponovo našao njene usne.

* * *

Vera je odavno već stigla kući. Napetost koja je držala nije popustila. Možda bi mi bilo lakše kad bih znala šta se događa sa Ivanom. Ali, kao da joj nije dato da razume, ni ono što joj prolazi kroz glavu, ni zašto nije pošla u Split da ga traži. Zašto je telefon nem?
Trebalo je da joj se sve to dogodi, da Ivan ode da bi bar u po nečemu razumela reči svoga oca... čitav njegov život. Njena grešna misao, kako nije

voleo ljude, ženu, nas decu – voleo je samo zemlju, rodne njive, Srbiju, šljivike plave, a iz njih nicala je, sada zna, na neki izvoran način ljubav kojom je voleo ženu, nas decu, ljude, voleo je duboko i mnogo. Bio je vešt na rečima, ali nije govorio mnogo, čak ni onda kada bi svojim prirodnim osećajem dolazio do nekih saznanja koja bi bila ujedno potvrda istina o kojima je govorio...

Uzdahnula je, ako je išta bilo istina, onda je otac za mnogo toga bio u pravu. Kao da je odnekud u sebi prepoznala sposobnost pravednog vaganja, očevu nit u sebi; sad joj je jasno da je taj oštroumni čovek, seljak, njen otac, daleko prisutniji u njoj od majke. Ali, ne u rečima, mislima, ne u svesti, nego negde duboko ispod, u samom temelju njenog života. Njena vera i njena pobeda su bili iluzija. Pokidane iluzije. To sam sad ja. Reči koje nikada nemamo hrabrosti izgovoriti. Iako ih godinama osećamo na dnu srca... nikada ih ne stignemo izgovoriti. Boli je to što mu nije rekla da ga voli, nikada to nije prevalila preko usana... eh, tih nekoliko reči samo, u kojima je čitav beskraj, tišina, smrt, ljubav; trepere kao kapi jutarnje rose.

Ćutala je kao da je očekivala da se nešto dogodi. Dugi trenuci su prošli u tišini dok se pomerila i krenula po kući. Samo jedan zvuk se čuo, sasvim blizu nje... shvatila je da se to čulo njeno uplašeno, ubrzano disanje. Tišina je bila čudna, gora nego da ju je neko uplašio i tako nemu ostavio. Pogledala je prema prozoru i jedino što je pomislila jeste da se Ivan vrati. Ali, neki čudni predznak držao je i dalje u grču; laganim korakom pošla je do Ivanovog radnog stola, nekoliko trenutaka netremice posmatrala papire na stolu, a zatim je pošla do Ivanovog plakara, otvorila vrata i počela da pomera njegove stvari.

Kao da je vuče nešto nepoznato, uzimala je stvar po stvar u ruke, dugo zagledala, zatim ih pažljivo vraćala na svoje mesto... a onda se vratila u dnevnu sobu, uključila radio, muzika koja se čula bila je puna napetosti... Koraknula je korak-dva a potom se slomljeno spustila na fotelju. Muzika sa radija još se čula. Blagi bože! Dok čekam bilo kakav glas o Ivanu, sećam se kako mi je otac govorio: „Čudan smo mi narod, mi Srbi... toliko čudan da nam ne koristi ni ona pouka, da od čoveka neme veće sile koja protiv čoveka može da se okrene, kad je najpotrebnije mi smo najmanje mudri i snažni, onima koji se nadaju da čovek može da se promeni, i onima koji, mada se naša sebičnost ponavlja i umnožava, još veruju u ljudsku dobrotu." Najdublje su mi se urezale njegove reči: „Jedino Bog zna šta nam je kazna. To niko ne može da izbegne, ne možeš ni ti, dete moje!"

Tako je govorio moj otac – malo i retko. Seća se onih dana kad bi u predvečerje seo na prag ispred kuće i počeo da govori tiho i razložno, kao da nije čitav dan radio. Nisu ožiljci vremena iščileli, potreban je samo tren da ih pozledimo i da oni počnu da krvare i stvaraju nove.

Rukom je protrljala oči, a zatim obrisala znoj sa čela, da bi odagnala sliku oca koji je oživeo, u ovom uskovitlanom vremenu u njoj... iznad njene glave.

A noć je odmicala, grč nije posustajao, prolazio joj je kroz meso i kroz kosti, ne dolazeći joj samo do razuma, da bi je prodrmao i rastreznio... Dokada li sve ovo može da traje? Pitala se, ubeđujući sebe, da smo u ovom vremenu još više nemoćni pred onim što nas goni, uplašeno ali nezaustavljivo, kao u groznici a zanemeli, pokidali smo iluziju, porušili sve što nam je bilo na putu, podižući ograde, pa mrzeći jedni druge – nismo stali, već smo počeli i da se ubijamo... A kad narod krene ne pita šta treba da radi, ruši sve pred sobom, ne pitajući se zašto?

Već drugo jutro koje dočekuje budna. Skuvala je kafu i stavila sitne kolače na tanjir. Miris kafe učinio je da se malo smiri. Koliko je vremena prošlo od kako je to činila Ivanu? Izgledalo joj je kao davno prošlo vreme... Telefon je resko zazvonio, polete iz kuhinje, kao da je nešto steže u grlu... uhvatila je slušalicu i uplašeno izustila:

„Halo?" Glas joj je pun straha.

„Dobar dan, Vera! Da vas nisam probudio?"

„Ne. Ne...", kaza odsutno, baš kao da ju je telefon probudio.

Po glasu je prepoznala jednog Ivanovog kolegu s posla. Bio je suviše vojnik, disciplinovan čovek da bi se javljao u ranim jutarnjim satima. Nikada to nije činio, izuzev kada se radilo o nečem ozbiljnom. Oklevao je, kao da je čekao da ga ona nešto pita, kaže, ili...

„Došao bih da vas pozdravim... da vas vidim."

Vera je ćutala, osećala je da joj najednom nedostaje vazduha... Glas mu je bio čudan.

„Dođite", kaza kratko.

Kad je vratila slušalicu na mesto, osetila je da joj je dlan sasvim vlažan. Sat kasnije na vratima se oglasilo zvono. Otvorila je vrata sa očekivanjem. Zatim je Ivanovog kolegu propustila ispred sebe, pokazujući mu rukom u dnevnu sobu.

„Sedite", reče.

Major Dragaš klimnu glavom i spusti se u fotelju. Pokušaće da joj kaže sve što zna. Neka mi Bog oprosti ako nešto prećutim... Naravno, postoje i okolnosti kad čovek ne ume ništa da smisli... Nije imao izbora, njega su odredili... da izvrši taj zadatak. Od onih koji su to preživeli mene su odredili da to učinim.

Čekao je da se Vera pojavi iz kuhinje da donese kafu i sedne.

Pukovnik Steva odmah je napustio Vukovar posle Ivanove pogibije... na ivici ludila, povukli su ga... Kao da je zaboravio razlog svog dolaska, još uvek nem, major Dragaš pogledao je u Veru dok su mu kroz svest promicale slike iz Vukovara.

Vera je ćutala, pažljivo me slušala, nijednog trena me ne pogledavši, zurila u šoljicu kafe ispred sebe kao da će u njoj naći razlog mog dolaska.

„U Vukovaru vreme ni za koga nije ništa značilo. Ovaj rat? Ma, on je bio... Ni nalik ni na jedan dosad viđen i preživljen. Nije bilo dela u Vukovaru u kome bi mogao da bude uspostavljen čvrst front, na kome bi se određene jedinice mogle suprotstaviti neprijatelju. Sami sebi smo bili neprijatelji... Nema linije fronta, slobodne teritorije, napada i povlačenja. Bilo je samo pitanje kako da se održimo tamo gde smo. U tom beznađu stajali bi od jutra do zalaska sunca, a da jedni druge ne bi videli. Nismo čak ni znali koliko smo udaljeni jedni od drugih. Specijalne naredbe „kreni", „stani"... izdavane su sporadično, a kada bismo ih dobili bilo je iz njih jasno da ni generalima ova situacija nije bila mnogo jasnija nego nama. Živeli smo u nekoj vrsti pomalo kontrolisane anarhije. Bila je to naša jedina zaštita protiv panike koja je kao mač visila nad našim glavama. Govorim vam, Vera, o danima provedenim u ratu. Većina ljudi se vratila, a da nije ni shvatila zašto su bili tamo. Mnogi nisu bili u stanju da se bore. Neobučenost, strah, alkohol... Noć je donosila više smrti nego... Pojačavali smo disciplinu, povećavali kontrolu... Ništa nije pomagalo... ljudi su pucali u senke, u krike noćnih ptica. Nisu pogodili... za uzvrat su bili pogođeni."

„Sve to izgleda ludo..."

„Nismo mogli da poverujemo u sve to. Nismo bili pripremljeni. Za ovakav rat potrebno je dosta vremena. To nije moglo da bude obavljeno preko noći. Da ratujemo jedni protiv drugih... da rušimo zemlju. Ma, bili smo ubeđeni da se radi o nečem drugom, ali o čemu? Kao da to nismo mogli da odgonetnemo. Na jednoj i drugoj strani kolege... drugovi koji su godinama radili zajedno. Kad sam ugledao Ivana, mislio sam da sanjam, da je neko drugi ispred mene. Pokušao sam da nešto kažem, ali reči su negde nestajale, umesto mene učinio je to pukovnik Steva. Ja sam bio korak-dva iza njega, kao da mi je svest bila otkačena i kao da moj um nije reagovao na zapovesti nerava. Hteo sam da pogledam iza sebe, da se osvrnem, nisam verovao da smo tako blizu jedni drugih."

„Hoćete da kažete da je Ivan poginuo?"
„Da, Vera." U uglovima očiju mu zablistaše suze, a u glasu mu se osećao drhtaj.
Vera je gledala u njega ali ga nije videla, sedela je nepomična, mrtva... Jedva čujnim glasom major Dragaš je izustio:
„Ja još ne mogu da razumem kako se to dogodilo. Sukobljene strane su se dugo mimoilazile, samo dovikivanjem razmenjujući pretnje, da se nije razaznavalo ko šta kome zamera. Ne znamo odakle je došao metak. Pukovnik Steva je bio potpuno nemoćan. Ivan je bio naš drug, kolega... divan čovek."
Kad se pribrala, Veri se činilo da je ostala negde između onog što je bilo i onog što tek dolazi. Bol je prestao. Prestao je taj bol – istina. Počela je da plače, da jeca, telo joj je drhtalo... Vreme je prestalo da ima bilo kakvo značenje... Nije više bilo ni prošlosti, ni budućnosti, samo jedna beskrajna sadašnjost koja je vezivala sa Ivanovom smrću!

* * *

Sonja se kući kasno vratila. Još s vrata, kad je pogledala u majku, izustila je:
„Mama, tata... tata nije živ?"
Smogla je snage da izusti:
„Nije... nije Sonja."
Sonja je pustila majku da se isplače. Uzela je u ruke slušalicu i okrenula Milanov broj. Mora biti jaka, govorila je sebi, ne vredi.

„Milane, tata je poginuo!"
„Odmah dolazim!"

Brzo je izašao iz kuće. Kad je stao pred vratima, na koja je trebalo pozvoniti, skoro da se uplašio, tišina je bila potpuna, kakva se retko sreće. Kao da više ništa nije postojalo za njih dve. Bile su pune ćutnje. U svom sopstvenom svetu u kome zakoni spoljašnjeg sveta ne važe.

„Žao mi je", kaza tiho, prilazeći Veri.

Vera je nešto promrmljala nerazgovetno. Prišao je Sonji, zagrlio je čvrsto i privio na grudi. Drhtala je kao list na vetru.

„Sada, kad si tu, Milane, lakše je." Stavila je glavu na njegovo rame. „Teško mi je da to pomirim... ali, moramo."

„Znam. Želiš li da odeš u Split", upita je tiho.

Trenutak-dva je ćutala, a onda kaza:

„Mislim da želim, Milane. Ali kako? Možda jednog dana samo kao turisti?"

„Ne, Sonja, ići ćemo zajedno, ići ćemo pre, i tamo je tvoj dom."

Pogledala ga je.

„Milane..." Poljubio ju je, nedozvoljavajući joj da kaže ni reč. „Sada znam, sa tobom mogu biti tako jaka, jaka, Milane."

* * *

Nakon šoka, posle nekoliko dana, Vera se povratila. U toku tih dana većim delom je spavala, kao neko ko preživi dugu i tešku bolest. Za sve to vreme

Milan je bio uz njih. Sonju je želeo više nego ikada...

Vera je pakovala Ivanove stvari. Možda jedan deo mora poslati za Split, tamo im je mesto, govorila je sama sa sobom, još ne verujući da se dogodilo... Vreme menja mnoge stvari. Pa i verovanja.

Kad je sve krenulo, niko nije verovao u nestanak jedne zemlje, čak i kada su se odvojile severne republike... Neko se rađao da bi spajao ljude, neko da bi ratovao i razdvajao ih, rušio... greška je u proceni. Milovala je Ivanovu torbu ispred sebe. Kao da više nije čistog uma kakva je nekada bila... Ali, mora, mora sve to podneti zbog Sonje.

Ustala je, u kupatilu pred ogledalom, zuri u svoje lice koje joj se iznenada čini prazno i preteće, kao da nije živa... bez ljubavi i vere, bez želje koja bi da je pokrene, ona koja se uvek oslanjala samo na sebe, sad joj se čini da ne može dalje... Stanje apsolutne ravnodušnosti. Između rasula dana i izmaglice noći, ona se utapa u to stanje bez ijedne misli, bez volje, snage. Vreme koje je prolazilo nije bol izlečio već se ona u duši razlila i otrovala je.

Zbog Sonje trudila sam se da pobedim sebe. Kroz sve izazove prolazila sam sama, mnogo toga nisam videla, ni u najobičnijim svakodnevnim događanjima, ništa drugo do znake moguće nesreće čitavog naroda. Bojala sam se tih novih misli, bežala sam od njih u ćutnju, uzdržavajući se da govorim i sudim drugima. Lutnjom sam postala nemilosrdna prema svima kao prema samoj sebi. Čini mi se da sam bila sve manje sposobna da praštam i najmanju grešku. Ivan više nije bio sa nama, ali samoća me nije plašila. Jer, nikada nismo potpuno sami; kao za inat, uvek smo sa sobom.

Napolju je svetlost postala bleda, sve je u sobi izgubilo boju, predmeti su postali tamne mase. Obamrla celim bićem, išla je lagano kroz kuću, sa nekim, ko zna odakle iskrslim, mislima koje su joj punile glavu, tražile... i terale je da izdrži.

Sa Ivanovom majkom još se nije čula, ostavila je Sonji da to ona učini. Nije se tu više radilo o nekom nemom prekoru koji bi je zaboleo; već mnogo više je bolelo što je sve to otkrila najednom tako ogoljeno. Kao što to mnogo često biva u životu, tako i kod nje „svekrva" znači prećutan prekor, predosećanje na to da je ona davno prekršila neka pravila igre i izgubila preimućstvo odnosa između svekrve i snahe.

Na trenutak se vratila na one dane kad je previše želela da je osvoji... da se zbliži sa njom... Sada je shvatila da njih dve žive u dva potpuno različita i razdvojena sveta, koja nikada neće moći da se sretnu. Možda sve ovo što u ovom trenutku misli je njena unutrašnja žudnja za stalnošću, možda, ponekad bi je i sada pokušala opravdati; ta žena se jednostavno našla – slučajno i ne razmišljajući u nekom svom svetu, gde je vera samo odgovor na strah... ono za čime u ovo vreme tragaju mnogi... našla je svoj mir i sigurnost u verovanju, držeći se van toga vere nevezivanja... kao što se sve ove godine ponašala prema njoj, svojoj snahi. Uzdahnula je. Možda je kod obe nas postojao nedostatak prirode: potreba da se ništa ne dovodi u pitanje, da se ćutnjom stavi zabrana na izvesne mogućnosti...

Stavljajući večeru na sto, Vera je mislila na tu ženu u Splitu. Zaista, u vremenu i okolnostima koje jesu ne mogu se ukloniti neprijatnosti: one su bile neizbežne kao ova burma na njenoj ruci. Njena prošlost, njena sadašnjost, Ivanov duh, porodični odnosi, odgovornosti, sve ih je to vezivalo preko Sonje zauvek... Odjednom je obuze bolno razumevanje prema toj ženi, prema svakome na ovome svetu ko je uhvaćen u tkivo zajedničkog mučenja; ustala je i u ruke uzela slušalicu i okrenula broj.

Dok sam čekala uključenje, sada u međunarodnu liniju, mislila sam da je ovo možda čudna reakcija na nešto što bi, možda u drugim okolnostima, među drugim ljudima bila najjednostavnija i najprirodnija reakcija. Konačno, čula sam glas sa druge strane žice. Po boji glasa sam prepoznala da je osećala da smo došle tamo odakle bi zbog Sonje morale poći zajedno... Na tren nisam imala snage da progovorim, ali, ona je to najzad učinila, i mom glasu vratila snagu i povukla me iz živog peska dalje, od nestajanja...

„Vera!" čula sam kako promuklim od bola glasom govori u slušalicu... odjednom je bilo toplo... bez mogućnosti da vidim to bolom slomljeno lice, da ga utešim... Pokušavam da budem mirna: „Ne, ne krivim više nikoga... Ne, Vera." Plakala je. „Bol je istina koja je naš život", šaptala je iskidano u slušalicu. „Druge nemamo. Ali ovo nije kraj, nije Vera... čuvajte se, rušiće dalje."

„Bombardovaće?"

„Hoće. Hoće. Sve ovo ludilo će potrajati", slomljeno viče u slušalicu. Plakala sam. „Ne. Samo to ne,

Vera. Ne možemo nadomestiti one koje smo izgubili... Niko ih ne priznaje ko ih je uzeo? Za koga su otišli? Istorija počinje sada. Opet je pišu. Lažu nas, dete moje, ubijaju i truju... ovaj narod, kao da neće bolje."

Plače neutešno. Dugo. Obe smo znale da ono što se desilo nije zapravo ništa promenilo, osim što nam ukazalo da dobro postoji još negde i još bi moglo da bude dobro kad bi smo mogli da ga povratimo. I baš kao što je Ivan jednom rekao da postoji granica do koje se možemo prilagođavati drugima, uvidela sam da je bio u pravu. Možda se veze između ljudi povremeno moraju menjati, obnavljati, kao koža koja se mora skinuti, jer ono što se razvija ispod nje drugačije je i možda bolje. Molila je da čuje Sonju. Da joj se javi kad dođe kući.

„Svakako, svakako", izustih.

Nekoliko trenutaka nije se čulo ništa osim vetra koji je u naletu udarao u prozore. Osećala sam potrebu da joj kažem još nešto ali nisam umela ništa da smislim. Vetar je duvao prilično jako...

Posle večere Sonji sam ispričala ceo razgovor. Zaplakala je:

„Još uvek živimo. Uprkos svemu, dišemo i još uvek se nadamo."

„Pozvaćeš baku, Sonja", upozorih je na obećanje.

Nisam umela ostaviti mržnju za sobom. Ne, ne mogu to učiniti, jer nije bilo mržnje u meni. Nemam više ništa što bilo ko želi...

U krevet sam se spustila sa jednostavnim osećanjem života. Smogla sam snage da ponovo osetim godine iza...

Vetar je duvao cele te noći. Mogla sam da čujem more, isti onaj talas koji je nekada davno zapljuskivao mene i Ivana. Sad, u ovom trenutku bez njega, kao da sam ponovo započinjala da gradim... vratila sam se na mesto odakle smo zajedno počeli. Ivan je platio nečije dugove, stajali su nas mnogo života...

Pred zoru sam sanjala: na vidiku nikog nema, ni otisak stopala u pesku, tražim ih svuda dok me talas plime zapljuskuje... i ugledam ih najednom, doživljavajući nešto što ranije nikad nisam iskusila. U trenutku pomislih da je to možda samo zbog onog što sam preživela. Ali, bilo je više od toga. Osetila sam kako bol prerasta u moć, čudnu snagu koju ranije nikada nisam imala... Ti čudni tragovi u pesku; podsećali su me da je opet moguće sve ono što je godinama živo...

Do jutra vetar je stao. Da li je san poruka onog zbog čega je bila potrebna sva ova drama, to veliko rušenje, nestajanje jedne zemlje, zbog toga... ovog jednostavnog života i rada...

Sonja uđe u sobu.

Vera snažno zagrli svoju ćerku, ćutnjom koja spaja i nespojivo...

Beleška o autoru

Rada Milčanović rođena je u požeškom kraju, u Milićevom Selu. Inžinjer je hortikulture. Živi i radi u Beogradu.

Do sada je objavila knjige: *Nemiri duše* (roman 1996), *U senci istine* (roman, 1997), *Senke u sutonu* (roman, 1998), *Ostrvo od peska* (zbirka pesama, 1999) i *Plamen iz srca tišine* (roman, 2000).

Rada Milčanović
CONTRA RATIONEM

Urednik i recenzent
Milisav Savić

Likovni urednik
Ratomir Dimitrijević

Grafički urednik
Seka Kresović Buneta

Slika na koricama
Bogdan Antonijević

Lektori
Branka Stanisavljević
Olga Pavićević

Korektori
Korektorsko odeljenje PROSVETE

Kompjuterska obrada
Svetlana Jakšić

Izdavač
Izdavačko preduzeće PROSVETA a.d.
Beograd, Čika Ljubina 1

Za izdavača
Čedomir Mirković, direktor

Štampa
Vojna štamparija
Beograd, Generala Ždanova 40b

Tiraž
1000

2000.

ISBN 86-07-01247-9

CIP – Каталогизација у публикацији
Народна библиотека Србије, Београд

886.1-3

МИЛЧАНОВИЋ, Рада
 Contra racione / Rada Milčanović. – Beograd : Prosveta, 2000 (Beograd : Vojna štamparija). – 279 str. – 21 cm. – (Savremena proza 2000. / [Prosveta, Beograd]

Tiraž 500.
ISBN 86-07-01247-9

ID=86712332

www.ingramcontent.com/pod-product-compliance
Lightning Source LLC
Chambersburg PA
CBHW062153080426
42734CB00010B/1666